本书受国家社科基金一般项目"西部低碳城市新兴产业培育的制度联动机制研究"（编号：16BJL118）的资助

秦艳　蒋海勇　著

新兴产业培育的
制度联动机制

▶ 基于西部低碳城市的研究

INSTITUTIONAL LINKAGE MECHANISM
FOR THE CULTIVATION OF EMERGING INDUSTRIES

Research on the Low-Carbon Cities of
China's Western Region

社会科学文献出版社
SOCIAL SCIENCES ACADEMIC PRESS (CHINA)

序　言

应对气候变化是全球的共同责任，各国必须采取行动。习近平主席在第七十五届联合国大会上宣布"中国将提高国家自主贡献力度，采取更加有力的政策和措施，二氧化碳排放力争于 2030 年前达到峰值，努力争取 2060 年前实现碳中和"。以新发展理念为引领，在推动高质量发展中促进经济社会发展的全面绿色转型，是我国新时代发展的必由之路。城市是社会经济发展的中心，低碳城市建设是实现全面绿色低碳发展的关键举措。自 2010 年开展低碳城市建设试点以来，我国低碳城市建设已经取得了显著成效，但在产业升级和经济结构调整、能源结构优化及绿色低碳经济体系建设三个方面仍然面临着巨大的挑战，西部地区尤其如此。

《新兴产业培育的制度联动机制——基于西部低碳城市的研究》一书对西部低碳城市新兴产业培育的制度联动机制进行了系统研究，紧跟学科前沿，有广阔的应用前景。全书分为五章，主要包括：低碳城市新兴产业培育的理论基础、西部低碳城市新兴产业发展现状、低碳城市制度对西部城市新兴产业培育的影响和西部低碳城市新兴产业培育的制度联动机制。作者首先从理论上提出通过制度联动促进低碳城市新兴产业培育的构想，并以此作为实现城市碳减排和经济增长双重目标的方式；然后较详细地界定了低碳城市新兴产业培育制度联动的内涵，系统梳理了国内外低碳城市制度颁布的时间脉络，进而建立起城市新兴产业发展水平的量化评价指标，并以此为基础分析了低碳城市制度对城市新兴产业培育的影响机理且进行了实证检验；最后就西部低碳城市新兴产业培育的制度联动机制进行了深入探讨，构建了西部低碳城市新兴产业培育的制度联动机制。在研究脉络上，全书以时间和地区两个方面为链条，阐述清晰且内容翔实。

本书创造性地将低碳城市和新兴产业培育结合在一起做系统性研究，学术价值、理论价值和应用价值较为突出。本书提出的核心观点——低碳城市建设应形成"低碳-城市-产业"的制度联动，实现城市碳减排和经济增长双重目标，是特别好的创新点和立意点。基于系统论和协同论，从低碳城市建设制度子系统和新兴产业培育制度子系统协同的角度构建西部低碳城市新兴产业培育的制度联动机制，研究西部低碳城市建设制度体系的形成、新兴产业培育制度体系的形成和西部低碳城市新兴产业培育联动机制的构建，观点十分新颖，体现了现代化治理体系的思想内涵。在低碳城市与新兴产业培育的实证分析方面，本书亦有所建树，运用的实证方法丰富且论证较为充分，尤其是作者运用调节效应模型来分析西部低碳城市各项制度因素对新兴产业培育的影响、具体传导路径与机制，在一定程度上丰富了低碳城市与新兴产业培育相关的实证文献。

总体来看，全书结构合理、内容翔实、写作认真、学风严谨，清晰地呈现了在当前高质量发展阶段我国城市实现碳减排和经济增长过程中的重要问题，抓住了西部城市群低碳发展的关键问题，详细阐明了西部城市应如何通过制度联动效应培育和发展新兴产业，进而获得碳减排和经济增长的双重红利，提出的政策建议合理有效。本书对低碳发展和产业转型创新发展双重目标下，战略新兴产业和高技术产业发展方向和增长模式的选择、产业低碳化具有重要意义，对寻找低碳与经济增长的共赢路径也有较强的借鉴意义和政策启示意义。

广西壮族自治区科协党组成员、副主席，研究员

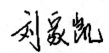

2021 年 12 月于邕

摘　要

实现碳达峰、碳中和目标是新时代我国经济社会高质量发展的内在要求。城市是社会经济发展的中心，也是实现"双碳"目标的核心区域。产业是城市发展的基础和根本动力，相较于东部发达地区，西部地区发展的不平衡不充分问题仍然比较突出，城市产业的"碳锁定"情况较为严重。新时代，西部地区要实现经济发展与碳减排的"双赢"，城市产业的低碳化转型是关键。新兴产业是与低碳城市建设相适应的产业，低碳城市新兴产业培育不是低碳城市建设与新兴产业培育的简单相加，而是一项复杂的系统工程。

新兴产业的培育和发展是城市实现产业低碳化的重要途径。根据生态现代化理论中的城市生态现代化，城市的低碳化转型既是一种经济转型，也是一种环境制度的变革。因此，低碳城市建设急需制度上的革新，通过低碳、城市建设、产业等各项制度间的联动，促进低碳城市新兴产业培育。在低碳城市的建设过程中，要以低碳发展为根本目标，以产业发展为动力，以城市空间为载体，形成"低碳－城市－产业"的制度联动，以实现城市碳减排和经济增长的"双赢"。

低碳城市新兴产业培育的制度联动是指与低碳城市新兴产业培育相关的、存在内部联系的各项制度相互配合、相互协同，以更好地促进低碳城市新兴产业的培育。基于系统论，在低碳城市新兴产业培育制度系统中，通过低碳城市建设制度子系统与新兴产业培育制度子系统间的协同，可以获得制度组合优势、减少各政府部门间的无效博弈、充分调动系统内和系统间的资源，从而可以有效促进低碳城市新兴产业培育。

低碳城市新兴产业发展水平是研究的现实基础。本书基于国泰安数据库和 Choice 金融数据库，以通信、计算机、电子和生物医药四大产业的 37 个行业为新兴产业样本，运用信息熵指数法测算了 2007～2018 年我国城市的新兴产业发展指数，分析其变化趋势，并运用 Moran's I 和 Geary's C 指数研究了城市之间的空间自相关性。研究结果表明：2010 年之前，城市新兴产业发展指数受 2008 年金融危机影响波动较大；2012～2018 年，城市新兴产业发展指数趋于平稳。将城市分为第一、第二、第三批低碳试点城市和非低碳试点城市，整体来看，三批低碳试点城市的新兴产业发展指数均高于非低碳试点城市的新兴产业发展指数。进一步的时空分析显示，2012～2018 年，新兴产业发展的空间范围逐步扩大，发展新兴产业的城市数量不断增加；在空间上，新兴产业发展指数为中高和高水平的城市主要分布在东部、中部地区，西部城市新兴产业发展指数总体偏低。Moran's I 和 Geary's C 指数测度结果表明，城市新兴产业发展指数呈现显著的空间自相关性，但 Moran's I 指数均低于 0.2。通过 Moran 散点图进一步分析发现，城市新兴产业发展指数的空间自相关性主要体现为低碳试点城市新兴产业发展指数在空间上的正相关。

在就低碳试点、城市建设等主要制度因素对城市新兴产业培育的影响机理进行分析的基础上，基于测算的 2012～2018 年 153 个城市的新兴产业发展指数，本书进一步运用调节效应模型实证分析各项制度因素对新兴产业培育的影响并考察影响路径，且采用空间杜宾模型对低碳试点城市的空间溢出效应进行检验。（1）低碳试点、财政、金融、城市建设等制度因素是影响城市新兴产业培育的重要因素。（2）制度因素对城市新兴产业培育的影响存在区域异质性。在东部地区，低碳试点城市建设能显著促进城市新兴产业培育；但在中部、西部地区，当前的低碳试点城市建设还未对城市新兴产业的培育产生显著正向影响。并且，当前中部、西部地区的城市基础设施建设也无法为新兴产业培育提供技术支撑和市场需求，尤其是西部地区，劳动力充足，但人力资本和物质资本投入不足，无法为新兴产业的创新发展提供有效支持。（3）虽然从2010年开始，国家陆续启动了三批低碳试点城市建设，但低碳试点城市建设对新兴产业培育的正向溢出效应还没有真正显现。

低碳城市新兴产业培育制度联动可以看作低碳城市建设制度子系统与新兴产业培育制度子系统间的相互联系、相互作用。在上述理论和实证分析的基础上，本书运用系统论和协同论，从低碳城市建设制度子系统和新兴产业培育制度子系统协同的角度构建了西部低碳城市新兴产业培育的制度联动机制：一是从保障城市建设的城市制度、促进城市低碳发展的低碳制度和加快城市产业碳解锁的产业制度三个维度，形成西部低碳城市建设制度系统；二是从促进新兴产业创新系统形成制度和保障新兴产业创新系统运行制度两个维度，形成新兴产业培育制度系统；三是从创新效应、产业结构升级效应两个方面分析低碳城市建设制度子系统与新兴产业培育制度子系统之间的联动机理，并在此基础上，通过目标整合机制、创新协同机制、管理协调机制，构建西部低碳城市新兴产业培育制度联动机制；四是提出强化组织领导、推进政策制定方式改革、加强部门协调能力建设、深化低碳观念宣传教育等低碳城市新兴产业培育制度联动机制的保障措施。

本书的研究创新主要体现在三个方面：一是从理论上提出了通过制度联动促进低碳城市新兴产业培育的构想；二是基于制度创新和制度联动的思想，界定了低碳城市新兴产业培育制度联动的内涵；三是构建了西部低碳城市新兴产业培育制度的联动机制。

目　录

第一章　绪论

第一节　研究背景和意义

我国正处于工业化、城市化加速推进过程中，二氧化碳等温室气体排放造成的全球气候变暖严重威胁着人类社会发展的可持续性。联合国经济和社会事务部发布的《世界城镇化展望》（2014 年）中估计，到2045 年世界城镇人口会超过 60 亿人。中国作为一个人口大国，城镇人口的增长速度较快，预计 2016~2030 年，将会有约 2 亿人从农村流向城镇。[①] 随着城镇人口的快速增长，交通拥堵、能源消耗增加、环境污染加重等城市问题日益严重。并且，我国在城市化进程加快的同时，工业化进程也在加速，从而导致碳排放量不断增加，英国石油公司（BP）的统计资料表明，中国在 2006 年已经成为全球碳排放总量最大的国家。从2012 年开始，我国采取了一系列措施，包括调整产业结构、能源结构等来减缓二氧化碳排放增速，但是，从总量上看，目前我国仍是世界上最大的碳排放国家。中国正面临着减少碳排放量的严峻挑战。城市是社会经济发展的中心，也是碳排放的主要贡献地，因此，建设低碳城市成为中国实现低碳发展的关键。2010 年，我国开始了第一批低碳城市建设试点。经济发展与气候保护的协调是我国低碳城市发展的目标（庄贵阳，

---

① 《国务院关于印发国家人口发展规划（2016~2030 年）的通知》（国发〔2016〕87号），中华人民共和国中央人民政府网站，http://www.gov.cn/zhengce/content/2017-01/25/content_ 5163309. htm，2017 年 1 月 25 日。

2007)，西部地区的低碳试点城市不仅是所在地域的发展核心，还是该区域的低碳转型示范，其发展需要实现经济增长与碳减排的双赢。

一 研究背景

（一）我国碳达峰和碳中和目标的约束

2015年6月30日，我国政府向联合国提交了《强化应对气候变化行动——中国国家自主贡献》，承诺力争在2030年前二氧化碳排放量达到峰值。2020年9月22日，在第七十五届联合国大会上，习近平主席承诺我国将在2030年前实现碳排放达峰，并在2060年前实现碳中和。紧接着，在2020年12月12日的联合国"气候雄心峰会"上，习近平主席再次提及碳达峰和碳中和目标。

要实现碳达峰和碳中和目标，必须在优化能源结构、加快产业转型升级、提高能源效率以及完善体制机制等方面加大对症施策的力度。2021年，国家发展和改革委员会提出，从调整能源结构、推动产业结构转型等六个方面施力，确保实现碳中和目标。总的来看，优化能源结构、提高低碳能源比重是实现碳中和的关键（潘家华，2020），这需要大力发展新能源、新能源汽车等新兴产业，增强可再生能源发展潜力和扩大可再生能源市场规模，促进先进制造业、环保产业、新材料、新一代信息技术等低能耗、低排放新兴产业的发展，降低化石能源消耗。在碳达峰、碳中和"双碳"目标约束下，我国必须培育和发展新兴产业，扩大可再生能源的生产能力和应用市场，同时降低传统高碳能源的市场需求，从而推动产业结构和能源结构的优化。

（二）国家层面对低碳城市建设的探索

城市是实现《巴黎协定》碳减排目标的重要责任主体和空间（陈楠和庄贵阳，2018），建设低碳城市是减少城市碳排放、促进城市低碳发展和可持续发展的基本途径。我国的城镇化进程中，不合理的能源结构和产业结构制约着城市的低碳发展，因此要建设低碳城市，则须调整产业结构和能源结构、促进产业转型升级、提升能效、降低能耗。产业是城市发展的基础，也是城市发展的动力源泉，要进行低碳城市建设必须寻求与之相适应的产业。我国低碳城市建设应以新兴产业的培育和发展为基础。一方面，新兴产业对实现产业结构的高级化和合理化具有重要作用，如新材料、新能源产业能有效提高资源利用率，生物医药能满足新的市场需求，信息、互联网等高新技术产业有利于传统产业的改造升级。另一方面，环保、新能源、生物医药、新一代信息技术等新兴产业本身属于环境友好和资源节约型产业，大力发展新兴产业是实现城市经济增长与低碳消耗"双赢"的最佳选择。

2010 年，为实现城镇化快速发展中既发展经济又降低碳排放以应对气候变化这一目的，国家发展和改革委员会开启了第一批低碳城市试点工作，并相继在 2012 年和 2017 年设立了第二批和第三批低碳城市试点，目前全国共有 81 个低碳试点城市。设立低碳城市试点的相关文件中明确提出"加快建立以低碳排放为特征的产业体系""培育壮大节能环保、新能源等战略性新兴产业"。①

（三）社会主义现代化的要求

现代化是一个综合的概念，包括技术进步、产业升级、环境的改善和生活水平的提高，是人类文明进步的普遍趋势。2012 年，党的十八大提出，要坚持信息化、工业化、城镇化和农业现代化的"四化同步"，并同时强调珍爱自然、保护生态。2017 年，党的十九大指出，既要实现第一个百年奋斗目标还要进军第二个百年奋斗目标，到 21 世纪中叶，将我国建设成为物质、政治、精神、社会和生态文明全面提升的社会主义现代化强国。

西方国家的现代化理论用于解释西方的生活方式、技术创新等（Dong，2010），但是，我国作为世界上最大的发展中国家，将现代化视为社会复兴过程，与传统社会特定条件的转变相关，例如经济、传

---

① 《国家发展改革委关于开展低碳省区和低碳城市试点工作的通知》（发改气候〔2010〕1587 号），中华人民共和国中央人民政府网站，http://www.gov.cn/zwgk/2010-08/10/content_ 1675733.htm，2010 年 8 月 10 日。

播、居住环境和价值论的范式转变（Rosker，2014）。南京大学洪银兴教授（2020）指出，我国的现代化不是西方国家曾经走过的浪费、掠夺资源的现代化，而是追求人与自然环境和谐共生的现代化。与西方传统的现代化不同，我国的现代化既追求工业、信息、城市的现代化，还注重生态现代化。我国的现代化进程中必须实现生态现代化，但生态现代化并不等于"零增长"，即不是以牺牲经济增长来换取生态环境的保护，而是在现代化进程中实现经济社会发展与自然环境的和谐共生。城市是现代社会的核心区域，城市低碳发展与新兴产业发展的融合正是我国现代化的要求在城镇化进程中的具体体现。

（四）新时代西部地区向高质量发展的转变

党的十八大以来，西部地区的经济获得了快速发展。2019 年，云南、贵州、西藏的地区生产总值增速在 8.0% 以上，除内蒙古的增速为 5.2% 外，其他西部省份的增速均在 6.0% 以上。西部地区的发展为我国全面建成小康社会奠定了坚实基础，也为国家发展扩展了战略回旋空间。但是，相较于东部地区，西部地区的发展差距仍然较大，且不平衡不充分问题仍较为突出，同时生态环境问题不断暴露，如 2014 年《新京报》等媒体报道的腾格里沙漠企业排污造成的巨型"排污池"、2017 年中办国办通报的祁连山的生态环境问题等。因此，在进入中国特色社会主义新时代和区域协调发展新阶段的背景下，需要推动西部地区的高质量发展，形成西部大开发的新格局。2020 年，中共中央和国务院发布了《关于新时代推进西部大开发形成新格局的指导意见》，从推动高质量发展、加大美丽西部建设等七个方面提出了推动新时代西部大开发的 36 项建议，指出应充分发挥西部地区的比较优势，积极发展互联网、人工智能、大数据等新兴产业，在改造传统动能的同时培育新动能；同时，也提出要加快促进西部地区的绿色发展，"实施能源消耗总量和强度的双控制度，全面推动重点领域节能减排"。①

---

① 《中共中央　国务院关于新时代推进西部大开发形成新格局的指导意见》，中华人民共和国中央人民政府网站，http://www.gov.cn/xinwen/2020-05/17/content_5512456.htm，2020 年 5 月 17 日。

西部地区向高质量发展转变，一方面需要加快制度创新和强化环保制度的执行，促进西部地区的绿色低碳发展；另一方面，还须加强创新能力建设，在承接产业转移的同时积极发展新兴产业，培育新动能，建立现代化产业体系。在西部地区城市发展中，通过制度创新推动城市建设、低碳、产业等制度间的联动，进一步促进城市的绿色低碳发展和加快新兴产业的培育，是形成西部地区高质量发展新格局的现实选择。

二　研究意义

（一）理论意义

低碳城市新兴产业的培育和发展需要低碳发展、城市建设、产业培育等方面的制度协同。制度是低碳城市新兴产业发展的重要推动力，西部地区低碳城市新兴产业的发展，需要多种类型、不同属性的制度作为保障。近年来，为了促进低碳城市建设，并且实现城市碳减排和经济增长的双赢，中央陆续出台了多项相关的法律法规、规划方案和专项政策，各低碳试点城市也制定出台了相关地方性法规、低碳试点实施方案、低碳发展规划、专项政策等多项制度。在低碳城市建设中，是不是制定的制度越多、参与的部门越多，就越能促进低碳城市建设和城市新兴产业的发展？在多项制度并存的情况下，又如何实现各项制度间的协同联动、提高制度整体效能？有关这些问题的理论研究尚存不足，城市碳减排和经济增长的双赢需要有效的理论思路予以指引。

从制度经济学角度来看，制度过少时会出现制度的推动力不足，而制度过多时会出现制度效能下降，因此存在单项制度效能与整体制度效能间如何实现平衡的问题（李瑞昌，2020）。如果单项制度效能较高，但不同制度间存在不协同的问题，就会导致整体制度效能降低；为了获得较高的整体制度效能，有可能会牺牲单项制度的效能。当然，最理想的状态是单项制度效能和整体制度效能都能达到最高。要实现单项和整体都达到高制度效能的理想状态，就应当在提高单项制度效能的同时，减少不同制度间的壁垒，促进各项制度的协同，形成不同制度间功能相互匹配的有机的制度联动机制。本书突破了当前低碳城市建设制度体系中各制度的分割壁垒，构建了低碳发展、城市建设、产业培育之间的制度联动分析框架，在深入分析制度联动机制推进低碳城市新兴产业培育机理的基础上，设计了"低碳-城市-产业"的制度联动机制，以期形成系统性的制度合力。本书为如何充分发挥制度合力以培育和发展低碳城市新兴产业提供了理论思路，从制度联动的视角为我国低碳城市建设和新兴产业发展的协同提供了理论支撑。

（二）现实意义

我国一直重视应对气候变化，始终将绿色发展、低碳发展作为推动高质量可持续发展的重要举措。从"十二五"规划开始，我国即将降低单位 GDP 碳排放强度作为主要约束性目标，促进经济的低碳发展；在 2015 年提出，到 2030 年左右实现碳排放达峰等自主贡献目标，并为实现该目标采取了节约能源、优化能源结构、提高能效、调整产业结构等措施。清华大学气候变化与可持续发展研究院 2020 年发布的《中国长期低碳发展战略与转型路径研究》项目综合报告指出，我国的低碳发展潜力和低碳发展空间较大，但在产业升级和经济结构调整、能源结构优化及绿色低碳经济体系建设三个方面仍然面临着巨大挑战。

城市是区域发展的核心，由工业、交通、建筑等多个部门组成，并且这些部门都属于终端用能部门，优化城市能源结构和产业结构、加强城市的节能减排可以有效降低我国城市乃至全国范围的二氧化碳排放，因此低碳城市建设是实现我国绿色低碳发展的最佳路径。在城市中，工业部门是能源消耗和二氧化碳排放的最主要部门，工业部门能源消费量占到全国终端能源消费总量的 65%。那么，要建设低碳城市，则须调整产业结构和能源结构、促进产业转型升级、降低能耗。发展先进制造业、绿色建筑、新能源汽车等新兴产业可以有效降低城市能耗、减少二氧化碳排放量；发展新能源等新兴产业有利于优化能源结构，从源头降低二氧化碳排放量。尤其是在我国西部地区，发展的不平衡不充分问题仍然比较突出，对于协同推进经济发展、污染防治，推动区域协调发展，以及实现西部地区高质量发展和社会主义现代化，城市的绿色低碳发展是重要的解决之道。西部城市的低碳发展需要实现经济发展与碳减排的双赢，而发展新兴产业是达成"双赢"的根本途径。新兴产业培育有利于推动城市产业结构的转型升级，有效降低城市二氧化碳排放，进一步推动城市发展。

本书通过分析当前西部低碳城市建设中低碳发展、城市建设和产业培育等相关制度现状，厘清制度推进低碳城市新兴产业培育的机理，运用系统论和协同论，基于西部低碳城市建设制度系统与新兴产业培育制度系统间的互动，构建促进西部低碳城市新兴产业培育的制度联动机制，以期提高西部低碳城市建设制度整体效能，更好地实现西部地区低碳城市和新兴产业的高质量发展。

第二节 文献综述

一 国内外研究综述

（一）低碳城市的相关研究

1. 低碳城市的内涵

2003 年，英国发布了白皮书《我们能源的未来：创建低碳经济》，指出低碳经济可以在降低能源消耗和减少污染排放的同时提高经济产出。日本学者 KS 等（2007）建立了一种用于描述城市层面的低碳经济发展情景。世界自然基金会（WWF）将低碳城市定义为在城市经济高速增长的同时保持能源消耗和碳排放仍处于低水平（袁晓玲和仲云云，2010）。

我国学者庄贵阳和张伟（2004）提出，我国城市基础设施建设要走低碳化之路。胡鞍钢（2007）在《中国如何应对全球气候变暖的挑战》一文中提出，低碳城市主要包括能源低碳化及城市绿化率和废弃物处理率的提高。夏堃堡（2008）将低碳城市定义为"在城市实行低碳

经济",形成可持续良性发展的能源生态系统。在此基础上,付允等
(2008)提出,低碳城市就是通过发展低碳经济、低碳技术和改变生活
方式等最大限度地降低碳排放,最终形成清洁高效低碳可持续发展的城
市。中国科学院可持续发展战略研究组(2009)则将低碳城市视为通
过实施绿色交通和建筑、改变消费理念等发展低碳经济的空间载体。戴
亦欣(2009)、刘志林等(2009)认为,低碳城市是一种在保障居民生
活质量不断提升下的有利于碳减排的城市建设和社会发展模式。同济大
学城市可持续发展与公共政策研究所的陈飞和诸大建(2009)提出,
低碳城市就是要实现城市经济增长与碳排放脱钩,包括相对脱钩和绝对
脱钩。中国城市科学研究会(2010)认为,低碳城市建设就是在城市
中推广和应用零碳、低碳技术,通过对能源的集约和节约利用,有效减
少城市碳排放。袁晓玲和仲云云(2010)在总结夏堃堡等人的低碳城
市定义的基础上,将低碳城市描述为以低碳经济为发展方向、以低碳生
活为行为特征、以低碳社会为建设蓝图,通过改变社会经济运行模式、
优化能源结构,最大限度降低碳排放的节约型和环境友好型社会和可持
续良性发展的能源生态系统。付允等(2010)在梳理对国内外低碳城
市的已有研究基础上,概括指出低碳城市具有经济性、安全性、系统
性、动态性和区域性5个方面的特征。周枕戈和庄贵阳等(2018)指
出,低碳城市不仅要有"低碳排放""高碳生产力"等低碳经济的一般
特征,还要有使"全体居民共享现代化建设成果"的包容性发展特征。

总体来看,国内外学者对低碳城市的认识是以低碳经济理论为基础
的,认为低碳城市建设发展应体现最大限度降低碳排放的要求,形成绿
色低碳与经济增长协调统一的城市建设和社会发展模式。

2. 低碳城市的建设方式

围绕着低碳城市的建设方式问题,国内外学者进行了一系列研究,
主要包括低碳城市规划、模式和路径等。

在低碳城市规划方面,国外十分重视城市总体规划,《纽约市城市
总体规划(2008~2030)》九章内容中除第九章之外均涉及"碳减排"

的内容（宋彦和彭科，2011）。Jenny 和 Will（2008）通过分析英国的空间规划系统与减少二氧化碳排放目标之间的关系，提出空间规划的适应和促进新技术的能力对城市低碳发展意义重大。

潘海啸等（2008）在研究如何建构符合低碳目标的城市结构中提出了改进城市交通与土地使用规划编制的建议，认为要将城市规划与区域性公共交通体系相结合，构建地区"公共交通发展走廊"以降低交通的能耗。顾朝林等（2009，2010）指出，城市规划是低碳技术集成的重要平台，低碳城市规划是城市实现二氧化碳减排的重要技术，低碳城市建设应在城市规划中融入低碳的理论和技术，并建立了低碳城市规划研究理论框架。Chen 和 Zhu（2013）以低碳城市上海为例，从城市空间的角度对低碳城市的发展进行了探讨。林姚宇和吴佳明（2010）提出，在利用空间规划促进城市低碳发展方面可以借鉴世界大城市气候领导联盟（C40）的实践经验。庄贵阳等（2011）进一步指出，我国城市的低碳发展要规划先行，通过规划把握低碳发展的整体方向和模式，并提出 5 个方面的重点任务，包括产业结构的低碳化、能源供应的低碳化、低碳化城市基础设施和空间布局、社会消费模式的低碳化，以及低碳生态系统与碳汇建设。

封颖和蔡博峰（2012）探讨了低碳城市规划的逻辑框架和重点问题，认为我国的低碳城市规划方法体系还不够成熟，提出应基于城市的低碳目标和发展路线图、温室气体清单，以及低碳发展指标体系、重点方向、重要措施，形成低碳规划的逻辑框架。王雅捷和何永（2015）对低碳城市规划的方法进行了研究，认为从规划技术方法来看，主要涉及城市的低碳发展路线图、低碳规划策略、规划碳排放的情景分析、碳排放清单等；并进一步指出，核心要求是在碳排放清单中包含城市规划要素，加强城市终端活动、规划策略与碳排放核算间的关联性。罗曦和郑伯红（2016）则提出，目前的城市规划中未包括能源规划，这不利于城市碳减排目标的实现，建议在城市规划体系中加入能源规划内容。王胜和孙贵艳（2017）认为，当前我国低碳城市规划存在性质定位不明确、编制中反映的利益诉求不够全面、内容上与其他规划不连贯及与发展要求存在不符等多方面问题，应运用大数据等技术方法对低碳城市规划加以完善。

在低碳城市的建设模式方面，早在 1980 年，丹麦就设立了太阳和风社区（Sun & Wind Community），即建立公共社区，并采用以风能和太阳能为主的可再生能源作为主要能源。2008 年，世界自然基金会（WWF）与中国住房和城乡建设部选取上海和保定作为低碳城市发展试点（金石，2008）。紧接着，2010 年中国正式确立了第一批低碳城市试点，随后，又分别确立了第二批和第三批试点城市。

学者们大多在总结已有低碳城市建设经验的基础上就低碳城市建设模式进行探讨。陈柳钦（2010）总结了丹麦的低碳社区、英国应对气候变化的城市行动等国外典型的低碳城市建设模式。林姚宇和吴佳明（2010）总结了 C40 城市的基地低碳、结构低碳、形态低碳、支撑低碳和行为低碳五种实践模式，认为值得我国低碳城市建设借鉴。刘文玲和王灿（2010）在对当前低碳城市的实践进行总结分析的基础上，从目标模式和过渡模式两个方面将低碳城市的建设分为四种模式，其中，目标模式是指形成综合型低碳社会，三种过渡模式包括低碳支撑产业、低碳产业拉动、示范型以点带面；并指出现阶段我国低碳城市建设应通过低碳社区示范来探索有效模式，并将推进产业低碳化视为转型的关键。连玉明（2010）提出低碳城市建设应按照顺时、应变、因地、集约的原则，从低碳经济、低碳交通、低碳建筑、低碳社区等 6 个方面构建"六位一体"建设模式。宋德勇和张纪录（2012）归纳了国内外较为成熟的低碳城市发展模式，提出我国低碳城市建设不能千篇一律地模仿，要根据城市自身的类型和特征选择适宜的模式。谢更放和余侃华（2015）根据国内外低碳城市建设的经验，构建了包括战略定位、目标、产业、城市空间、生态空间、设施支撑、近期计划、政策措施 8 个方面在内的发展模式。刘骏（2016）运用 SWOT 定量分析法，对我国发展低碳城市总优势和总劣势力度等进行定量计算，并在构建战略四边形确定战略方向和模式的基础上，提出我国建设低碳城市应采取积极进取型战略模式。王丹丹（2016）认为低碳城市的建设模式应从政府主导发展低碳经济、公民保障共建低碳生活、市场调节建设低碳社会三个维度加以构建，并提出从政策导向、指标落实到意识理念推动的分阶段、分步骤发展路径。

在低碳城市的建设路径方面，学者们的研究主要集中于能源替代、能效提高、城市建筑和交通的低碳化等。付允等（2008）提出低碳城市的建设路径包括：能源发展、经济发展、社会发展和技术发展的低碳化，要加快能源由"碳基"向"氢基"的转变，优化产业结构，加强低碳技术的引进和创新等。毕军（2009）从物质流的视角分析我国城市的低碳发展路径，认为应从能源、生产、消费和排放四个方面推进低碳化。Crane 和 Landis（2010）认为城市碳减排的主要路径包括三个方面：减少使用碳基能源或使用替代的清洁能源、技术创新、转变行为。杨国锐（2010）认为低碳城市建设就是既要实现碳源的低碳化（包括能源、生产和生活的低碳化），还要扩大城市碳汇，并指出城市建筑和交通的低碳化发展是重要途径。Chin 等（2013）通过对马来西亚低碳城市发展战略的案例分析，提出了建设低碳城市的有效措施，包括提升能源效率、增加低碳清洁能源的使用、生活消费行为的低碳转变等。Kocabas（2013）将降低城市建筑物的碳排放作为主要策略。Jiang（2016）估算了中国城市居民住房的碳排放量，结果显示，降低能源强度是减少城市建筑碳排放的重要因素。Kazuki 和 Yoshitsugu（2013）则认为交通系统是低碳城市建设中的关键，提出通过设计低碳交通来建设低碳城市的路径和措施，包括发展公共交通、降低汽车使用等。Li 等（2019）通过对我国低碳试点城市的发展特点、趋势和低碳路径的分类分析，提出不同类型城市低碳发展的中长期路径。

另外，一些学者还从开展国际碳减排合作、路径措施等方面进行了研究。Jong 等（2013）认为，开展国际低碳技术和科学知识合作有利于建设低碳城市，提出要与发达国家开展低碳合作，并给出了中外合作的有效途径。Zhuang 和 Zhou（2017）提出，中国城市低碳发展的路线图包括 6 个方面，从碳排放核算、未来情景分析、碳减排目标设定、主要部门行动计划、碳减排潜力评估到碳减排政策措施实施。

3. 低碳城市建设的制度创新和支撑政策

国内外学者就减少二氧化碳排放的相关制度创新，如碳排放的环境规制、碳排放交易、碳税等进行了大量研究，但就低碳城市建设的制度创新进行直接探讨的文献相对较少。杨国锐（2010）指出，碳锁定是技术与制度的综合体，低碳城市建设既要有低碳技术做保障，又要有制度的改进，否则，低碳技术难以在社会上推广运用，碳解锁也难以实现；他还进一步提出，要围绕低碳城市的建设路径，建立合理有效的制度来予以保障，如创新对地方政府的考核评价制度、建立碳排放交易市场和政策工具的创新（直接管制、税收调节、财政补贴）。申进忠（2011）围绕天津市的建筑能效交易制度，对低碳城市的制度创新进行了探讨，并提出了健全强制型交易机制、建立合同能源管理与能效交易联动机制等制度创新建议。Chen 等（2013）在对现行低碳城市建设及其相关制度进行分析的基础上，提出制度调整及人口、土地、城市设施的协同效应决定着城市的碳减排，并认为碳排放总量控制和排放权交易是建设低碳城市的重要制度创新之一。章文光和马振涛（2014）指出，我国低碳城市建设中，地方政府的制度创新行为有决定性影响；通过对珠海市低碳试点中地方政府制度创新的分析，发现地方政府推动碳减排的主要手段是规划引领、任务分解等，而部门之间协调力度不足、试点制度层级不高等问题是影响低碳试点效果的重要原因；提出要在低碳发展制度上进行突破创新，需要形成行政机制、市场机制和社会机制的"三方机制"合力，清晰界定相应的政府职权，以及实现中央与地方政府的职责同构。王珍珍和王旭（2014）依据新制度经济学理论，通过重点探讨我国传统的"重中心、轻边缘"思想对低碳城市建设实践的影响，揭示了非正式制度对我国城市低碳发展的影响机理，并提出低碳城市建设要注重各制度因素、制度与非制度因素关系的协调。

关于低碳城市建设的支撑政策，学者们在分析低碳城市规划、建设模式和路径时就空间规划、能源替代、提高能效、技术支撑和低碳消费等多个方面提出了一系列的政策建议，此外，部分学者还专门就低碳城市建设的支撑政策进行了探讨。崔健（2011）比较了我国和日本低碳城市建设的政策差别，认为我国低碳城市建设在政策上要推动城市结构向集约型转变，要尽快制定相关政策和规范，实现低碳城市建设制度化。盛广耀（2016，2017）梳理了我国低碳城市建设的现有政策文件，并就政策的演进、创新等特征进行了分析，认为要强化政策协同、创新政策机制，并进一步提出可以运用混合扫描模型，从政策层次、政策机制、政策领域三个维度构建我国低碳城市建设政策体系，同时提出要采用强制性和激励性的政策工具大力推动低碳型新兴产业发展。刘天乐和王宇飞（2019）就我国试点城市的低碳政策落实情况进行了分析，发现存在政策目标不够科学、内容过于宽泛、执行主体权利责任不匹配、缺乏相应政策评价等多个问题，认为应对我国低碳城市试点政策重新定位，构建配套机制。Zhao 等（2019）总结了影响低碳城市建设的相关政策，提出低碳城市的建设共受到 15 个方面的政策影响，包括区域性规划政策、城市总体规划政策、城市交通规划政策、建筑节能政策、绿色建筑政策、预制建筑政策、经济激励政策、碳排放交易政策、温室气体监管政策、低碳产业发展政策、淘汰落后产能政策、工业许可证政策、可再生能源利用政策、煤炭和化石能源限制政策，以及环境保护政策。

综合低碳城市相关研究来看，低碳城市是低碳发展与经济增长相协调的、统一的城市建设和社会发展模式，其建设是一项复杂的系统工程，涉及经济、能源、环境和社会等多个方面，需要通过城市规划、能源替代、提高能效、产业低碳化、生活方式低碳化等多个途径实现，其中，产业低碳化是关键之一。因此，低碳城市建设应因地制宜，根据城市自身的特点来选择适宜的模式和路径。并且，破解城市的碳锁定，不仅需要科学技术的进步，还要有制度的变革和多方面的政策支持。此外，低碳城市的建设和发展还依赖于制度层面的改革，要有强有力的政策制度和具体的实施行动（诸大建和陈飞，2010）。

（二）新兴产业的相关研究

1. 新兴产业和战略性新兴产业

新兴产业的概念是相对已有的旧产业提出的，Porter（1980）从企业战略制定的角度将新兴产业定义为新形成的或重新形成的产业。贾建国和王其藩（1998）将新兴产业定义为经济增长中技术上先进、增长率较快、需求潜力大的产业群。陈刚（2004）从产业生命周期的角度指出，新兴产业是处于产业生命周期形成阶段的产业，是产业结构演进中的新生力量。程巍和郎丽（2006）认为新兴产业是技术创新、新消费需求拉动及其他因素变化导致的结果，并且对新经济增长点的培育起着重要作用。黄南（2008）指出，新兴产业对传统产业的逐步替代是产业发展的必然选择，也是经济持续繁荣的关键，并且新兴产业的发展离不开技术的创新和产业政策的引导。

由于战略性新兴产业是技术创新、竞争力提升和产业结构转型升级的重要途径，理论界对战略性新兴产业的内涵展开了探讨。Bart（2004）认为，相比于新兴产业，战略性新兴产业在推动经济社会发展方面更具潜力，并将战略性新兴产业定义为"经济社会未来发展方向"。陈玲等（2010）将战略性新兴产业定义为新兴产业与新兴科技的深度融合，既是产业发展的方向，也是科技创新的方向。肖兴志（2011）从新兴性、战略性对战略性新兴产业的内涵进行了解释，认为新兴性包括创新性、需求性、盈利性和成长性；战略性具有全局性、长远性、导向性和动态性等特征。贺俊和吕铁（2012）探讨了战略性新兴产业概念的经济学内涵，认为主导技术成熟度和市场成熟度是决定新兴性的两个维度；战略性则不仅是从产业层面，还要从国家的深层次经济利益来考量。刘铁和王九云（2012）指出，战略性新兴产业是资源消耗少、技术密集、综合效益高、成长潜力大的产业，并且战略性新兴产业的培育和发展是经济社会实现可持续发展的战略选择；战略性新兴产业是指对国家经济长期发展起着全局性、根本性作用的新兴产业，从产业范围来看，新兴产业的范畴要大于战略性新兴产业，当前大部分新兴产业也是战略性新兴产业。孙国民（2014）认为，战略性新兴产业的战略性体现为该产业在国家战略目标实现中的重要性或战略地位，新兴性则表明该产业是新出现和新兴起的。董铠军（2019）从创新的强外部性角度对战略性新兴产业进行了界定，认为战略性主要表现为强外部性，新兴性表现为实现创新过程中的巨大不确定性，提出基于创新的强外部性是战略性新兴产业的本质特征。

总的来说，新兴产业是在新兴技术推动和新需求拉动的共同作用下产生的新行业或新的经济部门。相比于传统产业，新兴产业具有技术含量高、资源集约和附加值高的特点。战略性新兴产业是指对国家发展起着全局性、战略性作用的新兴产业，其战略意义和战略地位更加凸显。从产业范围看，新兴产业的范畴要大于战略性新兴产业。目前在我国，对新兴产业的研究主要集中于战略性新兴产业。

2. 培育和发展新兴产业的制度环境和政策选择

Porter（1980）从科技创新、新的顾客需求、相对成本结构改变、新产品的开发等方面对新兴产业的产生原因进行了分析，其中，技术创新被看作新兴产业发展的主要影响因素。Arrow（1962）打破新古典经济学将技术进步作为经济增长外生变量的研究框架，将技术进步内生化，因此被看作内生增长理论的思想源头。之后，Romer（1986）的知识溢出模型和 Lucas（1988）的人力资本溢出模型都强调了人力资本的重要性，也都属于技术决定论范畴。与此不同，North（1990）将制度作为经济增长的重要影响因素，认为产权制度通过提高私人收益推动了技术进步，并提出技术进步、资本、教育等就是经济增长本身。新兴产业是处于萌芽期和成长期的产业，因此新兴产业的培育离不开良好的制度环境和制度安排。Nelson（2002）进一步将制度解读为"社会技术"，并指出制度是产业演化发展的重要内生因素。眭纪刚和陈芳（2016）、黄凯南和乔元波（2018）研究了产业的技术进步与制度创新的相互关系问题，认为两者之间存在相互影响、相互促进的协同演化关系。

围绕着培育和发展新兴产业的制度环境、政策选择问题，国内外学者展开了广泛研究。Scott（1995）提出，认知、规范、管制的约束有利于新的社会技术远景的构建，从而可以促进新兴产业的发展。Enzensberger 等（2002）认为政策工具的组合方式和运行机制对可再生能源产业的发展起着重要作用，但政策工具的设计和选择难度较大，应充分考虑传统能源部门、可再生能源部门和政策制定者等重要利益者的利益和要求，确定设计和选择合适政策工具的要素评价方法。Agterbosch 等（2004）在分析经济、制度、技术和社会条件之间关系的基础上，强调社会条件和制度在市场发展中的重要性，认为不同的产业组织具有不同的实施能力，因此需要社会条件和制度的动态配置来促进风电产业等新兴产业的发展。Dosi 等（2006）考察了知识产权制度对专利率和基础创新率的影响，对将知识产权作为技术创新鼓励的理论和经验证据进行了批判，指出政府的政策干预应着重于在以持续性变化和不确定性为特征的环境中提高技术创新的收益。Sun 和 Liu（2010）指出，尽管中国国家创新体系的资金结构从政府模式转向了以企业为中心的模式，但新兴产业具有市场和技术不确定的特征，政府在制度层面的扶持和推动在新兴产业培育和发展过程中仍起着重要作用。Bianchi 等（2011）通过对 2000~2007 年全球前 20 名生物医药行业参与者的访谈，建立了描述生物制药公司采用的开放式创新模型，并指出行业协会和政府部门在新兴产业创新系统中发挥着重要的协调作用。Liu 等（2011）通过对 1980~2005 年中国中央政府机构发布的 287 项政策以及 2006~2008 年为实施《科学和技术发展中长期计划》引入的 79 项政策进行定量分析，指出创新政策是涵盖科技、工业、金融、税收和财政政策的组合，政府机构间的协调至关重要。Ruan（2014）认为制度变革对产业发展具有重要作用，新兴产业可由制度变革引发，从传统行业演变而来，政府政策则可能影响新兴产业的发展轨迹。

吴敬琏（1999）提出，新兴产业的发展离不开"有利于创新的制度"。万钢（2010）指出，要加快培育和发展战略性新兴产业，把握新兴产业发展规律，技术自主研发、政府扶持政策是新兴产业发展的重要前提。朱瑞博（2010）提出，把握技术经济新范式的发展趋势及内在要求是我国战略性新兴产业培育的关键，同时还需要实施体制机制创新战略。陈玲等（2010）提出，地方政府对产业政策的执行受到政治和经济的双重激励，由于新兴产业具有无法现时兑现，且与本地的资源禀赋相关，因此中央政府应通过调整经济激励和政治激励的有效性，引导地方政府的政策行为，提升政策执行效果。乔晓楠和李宏生（2011）以污水处理产业为例，深入分析了我国战略性新兴产业的成长机制，指出应从需求政策、投融资政策和竞争政策三个方面建立政策体系，以保障战略性新兴产业的培育。狄乾斌和周乐萍（2011）指出，我国正处在战略性新兴产业培育发展的关键时期，并从集群式发展、技术突破、优化产业孵化器功能等方面提出了战略性新兴产业的发展路径。段小华（2011）指出，应根据产业的发展阶段和产业的关联性综合规划战略性新兴产业的培育和发展，并且制定相适应的培育政策。李奎和陈丽佳（2012）建立了新兴产业发展的双螺旋模型，并在此基础上形成了促进我国战略性新兴产业培育和发展的钻石模型。

熊勇清和郭兆（2012）分析了中央政府、地方政府和企业的不同目标利益和行为取向，提出从市场和产业两个角度形成相关利益协调机制，以确保在战略性新兴产业培育过程中，中央政府、地方政府和企业行为取向的一致性。张冀男和苏相锟（2012）认为，有效政府在新兴产业培育中起着重要作用，但是地方政府往往存在一哄而上、激励失当等问题，因此应进一步完善财政激励政策，增强政府要素供给能力，并采取开拓市场和加强协调等措施。于斌斌（2012）基于进化博弈模型剖析了新兴企业与传统企业的创新衔接机理，指出政府补贴、法制等会推动传统企业向创新型企业演化。顾海峰（2011）指出，完善的金融体系对战略性新兴产业的培育和发展具有重要的支持作用。李桢和刘名远（2012）指出，我国的战略性新兴产业发展面临着核心技术缺乏、产业基础区域差距较大、体制性障碍等问题，因此，应借鉴发达国家经验，建立完善的服务支撑体系、产业支撑体系和政策支撑体系，以促进新兴产业的健康发展。袁中华和冯金丽（2012）认为，新兴产业的发展主要表现为新兴企业的诞生与进入，或者表现为现有企业的扩张，是资源要素向新兴产业转移和集中的过程，需要产权制度、市场准入制度、产业融资制度、企业兼并制度等制度保障。

许萧迪等（2014）指出，新兴产业的培育需要建立适应性制度，并为促进新知识传播、形成通用性规则和标准等构建支撑性制度环境；同时基于地方政府与中央政府之间、不同区域地方政府之间的政策博弈，从政府视角对战略性新兴产业培育的政策设计、政策实施进行了分析。曲永军等（2014，2015）对后发地区战略性新兴产业的发展动力进行了研究，认为其包括政府的推动力、市场的拉动力、创新的带动力和企业的驱动力，要保障动力的持续，需要协调政策支持、发挥市场作用、加强地区之间的合作等。洪勇和张红虹（2015）通过对政策文件的分析，发现我国有关战略性新兴产业的培育政策存在功能失衡、内容可执行性相对欠缺等问题，认为需要加强政策设计的系统性、强化政策的执行和协同。王钦等（2017）认为，我国政府的产业政策对新兴产业培育始终产生影响，"十三五"期间，战略性新兴产业的发展应以形成核心能力为主要目标，因此政府的产业政策也应强调能力导向，注重对新兴产业能力的发现和强化。白恩来（2018）研究了政策支持战略性新兴产业发展的机制，认为在宏观层面，政策总体有效，但效果非常微弱，导致这种情况的根本原因在于产业政策制定过程中忽视了产业异质性问题。许珂和耿成轩（2018）实证分析了我国25个省区市的制度环境与战略性新兴产业创新能力的协调情况，结果表明多数地区并不协调，认为应同时推进制度环境的优化和新兴产业创新能力的提高。

肖兴志等就我国战略性新兴产业的发展进行了系列研究，分析了产业的发展策略、政府产业政策取向（肖兴志和邓菁，2011）、产业的创新效率及影响因素（肖兴志和谢理，2011；肖兴志等，2013）、财税支持政策及政府补贴的效果（肖兴志，2011；肖兴志和王伊攀，2014）、企业生存状态（肖兴志等，2014）等，指出针对战略性新兴产业的发展，未来应采取措施解决制约产业发展的技术创新、市场需求困境等问题（肖兴志，2018）。张宇等（2019）基于美、德等国在第二次工业革命时期新兴产业发展的经验，提出新兴产业的制度创新应由政府和市场协同推进，政府的制度供给起主导作用，同时也要调动企业进行制度创新的积极性。张杨勋（2020）通过实证研究新兴产业相关政策对新材料产业创新效果的影响，发现产业政策的影响在具有行业比较优势的地区更为明显。许冠南等（2020）提出，后发国家应通过构建知识与商业深度融合的创新生态系统来培育新兴产业。刘畅和王蒲生（2020）认为，我国新兴产业的产业政策存在目标同质化、政策结构不合理、基层政策可操作性不强等问题，提出"十四五"时期我国新兴产业发展应制定合理战略，发挥新型举国体制在重大技术突破创新中的作用，构建多元化的社会融资支撑体系等。中国工程院院士杜祥琬的团队（刘晓龙等，2020）指出，要将战略性新兴产业的培育和发展作为现代化产业体系的重要方面，新时期尤其要有针对性地培育产业集群，制定"十四五"新兴产业发展专项规划。

综合新兴产业培育相关研究，由于新兴产业固有的不确定性和高风险性特征，其发展离不开技术的创新和产业政策的引导。纵观国内外学者对新兴产业培育和发展的研究，政府的制度保障对新兴产业的培育起着重要作用，但对制度设计的合理性、实施的有效性及不同制度间的衔接性等问题还需进行深入研究，尤其是如何实现不同制度政策之间的联动问题有待进一步关注。

（三）低碳城市建设与新兴产业培育研究

我国低碳城市建设试点的核心是寻找低碳与经济的共赢路径（庄贵阳，2020）。我国低碳城市试点政策将建立低碳产业体系列为低碳城市建设的主要任务，要求"培育壮大节能环保、新能源等战略性新兴产业"。① 发展新兴产业是低碳城市建设的重要内容，但既有文献中很少将两者综合起来进行探讨。

林伯强（2009）提出，通过调整产业结构和转变发展模式，可以将低碳发展对经济增长的影响降到最低，低碳城市建设为产业结构调整提供了机会。何建坤（2010）提出，低碳城市建设需要低碳的产业体系、低碳的交通体系、低碳的消费模式和低碳的建筑模式，并且要通过加强技术创新促进低碳新兴产业的发展。梁本凡（2014）指出，传统的城镇化过程也是工业化过程，随着我国逐渐进入工业化中后期，以工业为主的城市需要结合自身发展规模和阶段，逐步推动产业的转型和升级，通过发展新兴产业，在减少能源消耗的同时提高产业链附加值。耿世刚等（2019）探讨了我国低碳城市建设应如何对接产业转型的问题，认为需要不断优化城市经济结构，大力发展低碳产业，应以低碳产业发展促进城市产业转型，并要培育战略性新兴产业。逯进等（2020）提出，低碳城市政策可以发挥命令控制型、市场激励型、公众参与型三种不同环境规制工具各自的优势，推动城市产业结构优化升级；通过实证检验了低碳城市政策对城市产业结构升级的影响，发现低碳城市政策存在显著促进作用，建议通过政策引导资金投入战略性新兴产业和高新技术产业。

综上，新兴产业的培育和发展是实现城市产业低碳化的重要途径，而低碳城市建设通过推动产业结构的转型升级，可以进一步促进城市新兴产业的培育和发展。

二　简要述评

随着城镇化进程的加快和工业化进程的加速，我国城市的碳排放仍

---

① 《国家发展改革委关于开展低碳省区和低碳城市试点工作的通知》（发改气候〔2010〕1587 号），中华人民共和国中央人民政府网站，http：//www.gov.cn/zwgk/2010－08/10/content_ 1675733.htm，2010 年 8 月 10 日。

在增长。减少碳排放、实现碳达峰是未来我国城市发展必须面对的严峻挑战。发展低碳经济、建设低碳城市成为我国城市发展的关键目标。现有研究表明，低碳城市是低碳发展与经济增长协调统一的城市建设和社会发展模式，其建设是一项复杂的系统工程。产业的低碳化是低碳城市建设的关键之一，培育和发展新兴产业是建设低碳产业体系的重要内容，同时，低碳城市建设通过推动产业结构的转型升级，可以进一步促进城市新兴产业的培育和发展。无论是低碳城市建设还是新兴产业培育，制度变革都是重要的影响因素，破解城市的碳锁定需要多方面的政策支撑和制度变革，新兴产业的兴起和发展也需要良好的制度环境保障和制度创新。

低碳试点城市建设推动了相关城市的规划、能源、交通、产业等多个方面制度政策的改革探索，但是，我国低碳城市建设仍然在摸索过程中，制度设计的合理性、实施的有效性有待进一步改进。尤其是低碳城市建设和新兴产业培育都涉及低碳、城市建设、产业等多方面制度，体系庞杂，制度政策的碎片化问题较为明显，如何使它们有效衔接形成合力值得关注。低碳试点城市建设的实践中，有关部门往往是将碳减排政策与产业政策等简单叠加，政策之间的有机衔接不足，急需形成相应的理论思路对此予以指导。从现有研究来看，学者们就低碳城市建设和新兴产业发展的各项制度分别提出了有针对性的建议，但对相关制度的衔接、联动等问题研究不足。在当前加快我国现代化建设和实现碳达峰、碳中和"双碳"目标的现实背景下，就如何推动低碳城市建设和新兴产业培育相关制度的衔接联动，如何从制度层面更好地促进低碳城市新兴产业培育等问题进行深入探讨，是具有重要的理论意义和现实意义的。

第二章 低碳城市新兴产业培育的理论基础

第一节 生态现代化理论

一 现代化理论的发展

现代化理论是一种涉及经济学、政治学、社会学等多种学科的综合性理论。18 世纪,以法国的孔德和圣西门为代表的思想家尝试着将自然科学应用于人类社会的研究中。19 世纪后期到 20 世纪初期,德国的马克斯·韦伯与维尔纳·松巴特认为自然科学与社会科学有着本质的区别,考虑到人类社会的复杂性,不能简单采用传统的自然科学进行研究。进入 20 世纪后,开始出现工业化理论和发展理论。英国的发展经济学家罗森斯坦·罗丹于 1943 年发表了题为《东欧和东南欧国家工业化的若干问题》的论文,提出发展中国家应通过实现工业化解决贫困问题。霍利斯·钱纳里(1989)认为,工业化与经济增长存在重要联系,是发展的中心内容。很多学者将工业化看作是从传统农业经济向现代工业经济转变的过程,从而将工业化与现代化相关联,认为工业化过程也是经济发展过程。对于发展中国家来说,经济发展更是一个深刻的、复杂的工业化过程,是包含经济形式、经济结构和经济体制的持续性进步的现代化过程(赵晓雷,1992)。

随着现代化进程进入高级阶段，开始出现"零增长"理论和可持续发展理论。面对经济盲目增长带来的资源、环境等问题，1968年，英国科学家亚历山大·金和意大利实业家奥莱里沃·佩切伊共同创办了罗马俱乐部，其宗旨是研究科技变革对人类发展的影响，通过对人口、资源、污染、工业化、粮食、教育和贫困等全球性问题的系统分析，阐明世界面临的主要风险和困难，以提高公众和政策制定者的全球意识。1972年，罗马俱乐部发布了题为《增长的极限》的报告，指出人类社会的增长主要由人口的剧增、粮食的短缺、加速的工业化、不可再生资源的枯竭和生态环境的恶化五种发展趋势构成，这五种趋势相互制约、相互影响。在生态学中存在一个"环境容量"，即生物种群的增长存在一个上限，一旦达到这个上限，种群就会停止增长。人口和工业快速增长导致的环境污染越来越严重，不可再生资源的消耗也越来越大，考虑到地球资源的有限性，《增长的极限》报告中借鉴生态学中"环境容量"的定义提出了增长极限论，也称为"零增长"理论。虽然"零增长"理论指出了工业、人口增长不能超过地球环境容量，揭示了经济增长与生态环境间的对立关系，但是这一理论忽视了人类的主观能动性，否认了人类科学技术对环境容量的调节作用。

1987年，世界环境与发展委员会通过了《我们共同的未来》，该报告重点分析了全球人口、能源、粮食、工业、物种和遗传资源以及人类居住等多个方面，对人类面临的社会、经济和环境问题进行了系统探讨，并在此基础上提出了可持续发展概念。与"零增长"不同，可持续发展不是把环境保护与经济增长简单地对立起来，而是将环境保护与人类的发展结合起来。可持续发展概念的提出是对过去发展道路的反思，过去粗放式的发展模式是不可持续的，必须寻求环境与发展相协调的可持续发展道路。1992年，在巴西里约热内卢召开的联合国环境与发展大会通过了《气候变化框架公约》和《21世纪议程》等公约和文件，正式提出了可持续发展战略，明确了环境与发展的关系，将可持续发展理论付诸行动。在能源方面，风能、水能、生物质能和太阳能等可再生能源将得到大力开发和利用；在城市建设方面，推行绿色、低碳的环保设计和建筑；在交通运输方面，无污染的新能源汽车将逐步替代使用化石能源的汽车。因此，从经济角度来看，可持续发展不再追求经济增长的数量，而是更注重经济发展的质量。将传统的高消耗、高投入和高污染的生产、消费模式转变为资源节约、高收益和低排放的集约型经济发展方式。可持续发展要求对污染大、能耗低的产业进行限制，但为效益高、绿色低碳的新能源、新一代信息技术、智能制造等新兴产业的发展提供了发展机遇，培育了新的经济增长点。从生态环境角度来看，可持续发展强调经济增长必须与环境承载力相协调，将自然资源和环境成本内部化，将人类的发展限制在生态环境可承载范围内。从社会发展角度来看，可持续发展注重社会公平，追求在不超出生态环境容量的情况下，提高人类的生活质量，实现社会发展的可持续。

从"零增长理论"到可持续发展理论，研究者们对现代化的概念进行了深入研究。当前，国内外研究者逐步将现代化研究的侧重点放在科学技术创新、体制机制改革上，寻求通过提高经济发展质量，满足人民日益增长的美好生活需要。因此，现代化是一个从落后到现代的过程，也是整个社会系统不断进化的过程（阎小培和翁计传，2002）。从经济学角度来看，现代化就是经济从不发达到发达、消费模式从低级转向高级的过程。通常，信息化、工业化是经济现代化的主体，而经济现代化是现代化的核心。从系统论角度来看，现代化过程是基于科学技术创新和制度创新，提高社会自控能力，实现人类发展与环境保护相协调的过程。

二 生态现代化理论的产生

1978 年，美国社会学家邓拉普和卡顿撰写的《环境社会学：一个新的范式》发表，标志着环境社会学已成为一门独立的学科。在这篇论文中，邓拉普和卡顿提出了"新生态范式"理论。与传统社会学不同，"新生态范式"强调以生态环境为中心，从社会与环境之间的互动关系入手建立新的研究框架和形成新的研究领域。并基于此提出"环境三维竞争功能",即环境为人类及其他生物提供生存空间、生存资源及对各类废弃物的储存空间,任何一种功能的超负荷使用,都会导致其他功能的非正常使用。人类在生产和生活过程中对环境的不合理使用,会破坏这三种功能间的协调,从而导致严重的环境问题。

Spaargaren 和 Mol（1992）基于现代化与环境危机间的关系,将现有的理论分为三大思想流派,即新马克思主义理论、反生产力理论和后工业社会理论。新马克思主义理论以 Schnaiberg 提出的"跑步机理论"为主要代表。Schnaiberg（1980）认为,资本积累的过程由少数强大的公司不断推动,即对更高生产率、利润率的追求是资本主义经济生产的最终目标;并指出"结构分析家（如马克思）的广泛制度视角"是分析这些大公司如何获得并保持这种大规模生产控制权的最佳方法。工业社会将经济增长作为发展的中心动力,经济的快速增长、资源的过度消费、废弃物的大量排放,导致形成"大量生产——大量消费——废弃物大量排放"恶性循环,最终结果就是生态环境的破坏。Schnaiberg 指出,不合理的制度和经济政策是导致这种恶性循环的根本原因,只有从制度层面进行改革,才能彻底解决由此导致的环境问题。

由于过度依赖 Baran 和 Sweezy 等理论家的分析,Schnaiberg 侧重资本的积累过程,而忽视了工业化生产与环境问题间的关系。Barry Commoner、Ivan Illich、Rudolf Bahro 和 Otto Ullrich 等学者对新马克思主义理论进行了反思。Ullrich（1979）认为新马克思主义理论过分关注生产的社会关系,而对生产力的分析不足,提出应从机器生产的角度深入分析工业系统。反生产力理论对社会福利的衡量标准进行了探讨,指出在分别采用国内生产总值、人与自然的福祉作为衡量标准时,得到的结果相差甚远,原因在于在生产系统中存在不适应人与自然需要的技术系统。基于此,Bahro（1984）提出了"工业裁军"。

从 20 世纪 50 年代发展起来的工业社会理论认为,现代化国家的主要特征表现为工业的发展（Badham,1984）。Bell（1976）在《后工业社会的来临》（*The Coming of Post-Industrial Society*）一书中，对后工业社会理论进行了分析。后工业社会中的"后"是指工业社会发展的新阶段，此时经济向着以服务业为基础的经济转变。后工业社会理论是在欧美发达国家完成工业化后的背景下提出的，强调技术和科学在社会发展中的作用，认为理论知识是社会发展的中轴。并且，Bell 将后工业社会确定为信息社会，认为信息技术和知识要素是促进社会发展的重要推动力。但是，季卫兵和刘魁（2015）指出，后工业社会理论存在明显的不足。（1）服务业不能完全取代工业在国民经济中的重要地位，尤其是 2008 年国际金融危机后，以美国为代表的发达国家纷纷提出"再工业化"战略，表明实体经济的基础性作用。也就是说，应该根据一个国家在一定时期内的社会需求来确定其占主导地位的产业，而不应一概而论。（2）后工业社会理论在强调知识和技术中心地位的同时，凸显"技术决定论"，忽视了环境、能源等自然要素的支撑作用。人类通过技术对自然资源无节制的开发，导致生态环境问题日益严重。因此，需要对技术进行有效的控制，减少其带来的环境风险，真正实现可持续发展。

1987 年，世界环境与发展委员会提出了"可持续发展"的概念。从政治角度来看，可持续性关系现代社会的制度发展。可持续发展通过工业化将生态环境质量与经济增长结合起来，并将经济增长和技术发展作为现代化的两个重要特征和可持续发展的前提条件，而不是造成环境破坏的主要原因。总体而言，可持续发展是一个相对比较广泛的概念，是人类发展的目标。

20 世纪 80 年代，柏林科学中心在一项研究中提出了"生态现代化"的概念，他们被称为环境政策研究的"柏林学派"，对德国的环境问题研究产生了深远影响。与可持续发展概念相比，生态现代化强调工业化社会中现代化进程与环境间的关系。生态现代化不是针对已经出现的环境问题进行末端治理，而是一种基于技术、以创新为导向的环境政策，即通过生态创新来改善环境。从经济学角度来看，现代化是生产过程和产品的系统性技术进步。现代化是资本主义市场经济发展的必然趋势，而工业化国家中日益激烈的创新竞争则加速了技术现代化。生态现代化的任务就是影响技术进步的方向，从而改变现代化对生态环境的影响，通过提高创新竞争力和降低成本实现生态环境保护和经济增长的双赢（Janicke，2008）。由此，也可以将生态现代化解释为生产和消费过程的生态重组。

Spaargaren 和 Mol（1992）将生态现代化理论与新马克思主义理论和反生产力理论进行对比分析，指出：（1）与反生产力理论相反，生态现代化理论认为朝着高度工业化或者超级工业化发展是解决环境问题的唯一可能途径，也就是在工业化与生态环境间寻求一种平衡；（2）生态现代化理论也不同于新马克思主义理论，生态现代化理论很少关注生产关系变化或者资本主义生产方式的改变，而是重点关注工业系统的发展，认为可以从生产和消费两个方面对现代社会的生态结构进行调整。生态现代化理论阐明了现代社会与环境间的关系，对环境问题进行了更详细的定义，有利于深入理解环境与现代化间的关系。

三 基于生态现代化的环境制度化

生态现代化理论将生态利益、生态观点等作为现代化社会制度发展的基本前提，因此，生态现代化理论可以帮助政策制定者有效解决环境纠纷和冲突。社会科学家通常采用生态现代化理论来分析西方工业化国家的环境制度化过程。Mol（2006）将生态现代化看作一个环境制度化过程，指出政治现代化、文明社会以及市场动力和经济主体是欧洲生态现代化理论的三大关键要素。从制度层面来看，生态现代化是指从环境规律和环境利益的角度对现代结构进行重组；从政府层面来看，环境制度化过程中，逐步由自上而下的、分级的、命令-控制型的、集中的环境监管转变为灵活的、分散的、协商一致的环境治理方式；从市场层面来看，生产商、客户、消费者、信贷机构、保险公司及公用事业部门、商业协会等市场参与者逐渐成为生态结构调整的社会载体和创新、改革的主体，从而使得环境目标成为制定经济决策的重要影响因素。

大多数工业化国家自 20 世纪 60 年代末或 70 年代初开始将环境保护纳入国家政治和政策，即环境制度化。20 世纪 70 年代以来，许多西方国家开始设立专门的政府机构、部门、法律机构处理环境问题。到 20 世纪 80 年代，欧洲学者开始引入生态现代化的概念，基于经济和环境的双重目标对生产和消费过程进行设计、组织和分析。尤其是在 OECD 国家，20 世纪 80 年代后期，生产和消费领域的制度发生了深刻变化。例如，在企业内部建立环境管理体系和环境部门，促进企业对资源的节约和循环利用，从而提高企业的竞争力；在国家层面推出生态税、环境责任、环境保险等，并通过生态标签、环境信息管理等制度将环境意识融入经济体系的供给和需求之中。

大多数发展中国家从 20 世纪 80 年代末到 20 世纪 90 年代初才开始进行环境制度化。我国的环境制度化过程始于 1972 年，在斯德哥尔摩联合国人类环境会议之后。1974 年，国务院环境保护小组成立，负责制定环境保护的相关政策和规定；2008 年，国家环保总局升格为环境保护部；2018 年，十三届全国人大一次会议通过，将环境保护部变更为生态环境部。目前，我国已经在全国范围内建立了广泛的、较为完整的环境制度体系。Mol（2006）将生态现代化理论用于分析我国的环境改革，通过对我国在城市、工业方面环境保护工作的回顾，系统分析了推动我国环境制度化的社会、政治和经济动力。1978 年，我国开始转向以市场为基础的发展模式，生态环境利益开始在经济领域制度化，如自然资源补贴、排污费等制度，并逐步扩展到生产领域，采取更高水平的 ISO14000 认证、清洁生产、工业生态计划等。2010 年，低碳城市试点项目的正式启动，推动了城市领域的环境制度化，进一步促进了环境保护制度与城市规划、城市产业政策的结合。

四　城市生态现代化

现代工业城市以城市空间的不断扩展、人口和工业的快速增长及污染排放的加重为主要特征，但城市空间、资源和环境容量具有有限性，因此，现代工业城市的传统发展模式是不可持续的。在生态环境压力下，城市必须做出响应，防治生态环境的退化，推动城市系统的生态转变。刘昌寿（2007）认为，现代工业城市向生态城市转变的过程即城市生态现代化。从理论角度来看，生态现代化理论与城市规划、城市发展等相关理论的结合形成了城市生态现代化理论。

城市化、工业化导致的碳排放问题日益严重，二氧化碳等温室气体排放导致的气候变化问题是当前亟须解决的问题。城市是社会经济发展的中心，也是碳排放的主要贡献地，推动城市经济由传统经济发展模式向低碳经济发展模式转型是实现城市可持续发展的关键。回顾生态现代化理论的发展历程，可以将低碳经济看作生态现代化理论在城市经济中对碳排放等环境问题的具体应用（刘文玲等，2012）。因此，城市生态现代化理论对推动城市经济的低碳转型、促进低碳城市建设有着重要的借鉴意义。生态现代化理论强调环境技术创新的重要性，低碳城市建设也必须以低碳技术进步与创新推动的能效提高为着力点；生态现代化理论注重同时从生产端和消费端进行生态结构调整。因此，低碳城市建设既要注意降低生产端的能源消耗问题，也要充分发挥消费端的能动性，通过建立消费者的低碳消费观念，减少消费行为产生的碳排放，同时倒逼生产的低碳转型，从而形成促进城市碳减排的长效机制。城市的低碳转型既是一种经济转型，也是一种环境政策的变革。因此，低碳城市建设需要制度上的低碳转型，积极调动参与者的主观能动性。

五　生态现代化理论与低碳城市新兴产业培育

Poumanyvong 和 Kaneko（2010）提出，生态现代化理论、紧凑型理论和城市环境变迁理论是城市低碳化发展的三大基础理论。

城市环境变迁理论将城市发展与环境问题结合（Mcgranahan 等，2001）。城市为了获得快速发展，会大力发展工业，由此带来空气、水等污染问题。随着城市的不断发展，城市变得越来越富裕，可以通过技术创新、产业结构调整以及制定严格的法律法规来减少城市的碳排放。但是，随着城市人口的剧增，能源密集型产品被大量消费，这又会进一步加剧城市的环境污染。因此，城市发展带来的财富效应对城市环境污染的净影响无法确定。

紧凑型城市理论认为，提高城市密度有利于提高城市公共基础设施的规模经济，例如公共交通、学校、医院、供水、供电等，通过规模经济可以降低城市的二氧化碳排放（Jenks等，1996）。

生态现代化理论将城市化看作一个社会的转型过程。在社会发展的低、中级阶段，经济增长目标往往高于环境的可持续发展目标，从而导致严重的环境污染问题。当社会发展到高级阶段时，环境污染问题日益严重，寻求社会的可持续发展成为关注的焦点，人们聚焦于通过技术创新、城市化及制造业的转型升级来降低经济增长带来的环境影响，减少二氧化碳排放。生态现代化理论综合了城市环境变迁理论中城市发展的动态性和紧凑型城市理论中的规模性。

借鉴邓拉普和卡顿提出的"环境三维竞争功能"模型，城市为人类提供了生活空间、为产业发展提供了生产空间，同时也是污染物的排放空间，任何一种空间功能都不能过度使用。基于此，低碳城市建设是解决三种空间功能冲突及促进其相互协调的最佳方式。低碳城市建设以低碳经济为基础，通过树立低碳消费观念减少生活中的碳排放，推动低碳技术创新降低产品生产中的碳排放，从而最大限度地减少人类因碳排放而对环境产生的影响。根据生态现代化理论，低碳城市是城市化进程中的高级阶段，经济增长目标与环境保护目标同等重要；而且，低碳城市建设并不意味着经济零增长，而是通过产业结构和能源结构的优化调整，实现经济增长与碳减排的双赢。新能源、新能源汽车、新一代信息技术、高端装备制造业、环保产业等新兴产业属于低能耗、低排放型产业，因此，在低碳城市培育这些新兴产业有利于实现增长和减排双重目标。另外，生态现代化理论强调生态创新，强调通过影响技术进步方向，推动城市、产业朝着适应环境的方向发展。鉴于此，我们认为低碳城市新兴产业的培育是生态现代化理论的具体实践，也是城市高质量发展的重要途径。

总的来说，生态现代化理论主要包括技术创新和制度创新两大核心机制（金书秦等，2011），其中，环境技术创新是生态现代化理论的重要内容（Huber，2004），并强调逐步从末端治理技术向清洁型技术转变。通过新技术的不断更新、扩散，可以促进以新一代信息技术、新能源、高端装备制造业等为代表的新兴产业的培育和发展。这些新兴产业不同于传统的工业，不以大量消耗资源、能源和污染环境为代价，在一定程度上缓解了经济增长与污染排放间的矛盾。从技术创新的角度来看，生态现代化过程也是新兴产业的培育和发展过程。并且，生态现代化理论也强调制度创新，既重视政府在环境管理中的重要作用，也重视市场的调节作用，将市场作为重要因素纳入政府环境政策的制定、设计和实施全过程，从而促进经济增长与环境保护间的结合。因此，生态现代化理论为低碳城市新兴产业培育提供了理论基础，一方面激励技术创新为新兴产业发展提供技术支撑；另一方面通过推动环境制度化，促进低碳、城市建设和产业等方面相关制度的联动，为低碳城市新兴产业发展提供制度保障。

第二节　产业发展理论

产业发展是指单个产业或产业总体的产生、成长、进化全过程（苏东水，2000）。经济发展不仅指一个国家或地区在经济产出、人均收入等方面经济数量的增加，也包括经济结构变化产生的经济质量的变化，其中，经济结构变化包括产出的规模和功能变化。经济发展包含产业发展，而产业发展则是经济发展的前提，尤其是代表产业未来发展方向的新兴产业更是经济发展的重要基础。城市经济发展是城市建设的重要物质基础，低碳城市建设不仅要降低城市碳排放，同时也要促进城市经济的发展。本部分将基于产业生命周期理论、产业结构理论对新兴产业发展规律进行探讨，为低碳城市新兴产业培育提供理论支撑。

一 产业生命周期理论

（一）产业生命周期理论的主要内容

20 世纪 50 年代，随着社会科学和自然科学的快速发展，不同学科间开始相互交叉渗透。经济学家将生物学中的生物进化理论用于分析产业系统的运行和发展规律，将单个厂商产品或单个产业的发展过程比作生命有机体的生命周期。Vernon（1966）提出的产品生命周期理论认为，企业或者产品从进入市场到被淘汰的整个过程可以分为投入、成长、成熟和衰退四个阶段。产品生命周期主要是反映产品在市场上的营销生命周期，即市场对产品的需求的时间变化规律。在投入期，产品的销售额处于缓慢爬升状态；进入成长期后，产品销售额快速增长；到达成熟期后，产品销售额呈现缓慢增长状态；进入衰退期后，产品销售额将急剧下降。20 世纪 70 年代，Abernathy 和 Uterback 提出了技术创新 A-U 模型，基于产品生命周期与创新的结合，将产品创新、工业创新划分为流动、转移和专业化三个阶段。A-U 模型为理解创新和产业演化间的关系提供了基础。进入 20 世纪 80 年代，产品生命周期理论逐渐演变。Gort 和 Klepper（1982）在研究产品生命周期的基础上，扩展范围，根据产业中的厂商数量将产品生命周期划分为进入、大量进入、稳定、淘汰、成熟五个阶段，形成了 G-K 模型。

产品生命周期理论主要关注生命周期曲线的形状，以及各阶段产品的营销策略、开发策略，生命周期的识别、诊断和评价等。产业生命周期理论研究的不再仅是某单一产品的市场规律，而是某个产业的演化规律，是产业演化理论中的重要内容，即在 SCP 范式下，研究产业的发展阶段与产业结构、绩效间的关系。产品的生产、销售是产业部门发展的基础，产业部门的生命周期主要由产品生命周期来确定。当某种产品在生命周期中走向衰亡时，通过技术创新不断引入新的产品以满足市场需求，使该产品所属产业得以继续发展。因此，产品生命周期曲线的包络线就是产业生命周期曲线（见图2-1）。

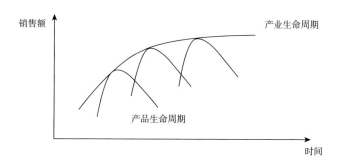

图 2-1　产品生命周期曲线与产业生命周期曲线

产业也会经历从成长到衰落的发展过程，因此，可以将产业生命周期划分为导入、成长、成熟、衰退四个阶段（见图2-2）。对于传统产业而言，在产业生命周期的导入期，进入的厂商数量少、产值比重低；进入成长期，产值比重迅速增长；进入成熟期时，市场需求增长缓慢，市场容量较为稳定；一旦进入衰退期，技术相对落后，需求开始萎缩，产出减少，在没有技术创新的情况下，该产业最后会退出市场。

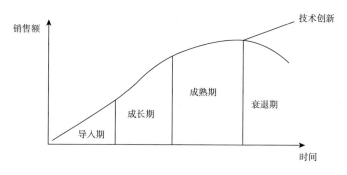

图 2-2　产业生命周期曲线

（二）产业生命周期与新兴产业培育

新兴产业具有创新性、正外部性、不确定性，其中，不确定性包括产品、技术共识、市场竞争的不确定性及消费者偏好的不确定性等

（Benner 和 Tripsas，2012）。新兴产业与传统产业的生命周期存在诸多差异（李超等，2015），这些差异主要表现在以下三个方面。第一，相比传统产业，新兴产业企业的整合或淘汰出现的时期更晚。传统产业中企业的整合或淘汰往往会出现在进入导入期之后（Horvath 等，2001）；新兴产业对技术和创新的要求较高，具有较高的进入门槛，同时投资回收期也较长，通常在进入成熟期后才会出现实力较强的大企业对实力相对较弱的企业进行收购的现象（Cappetta 等，2006）。第二，新兴产业由于技术发展较快，不存在先发优势（Buenstorf，2006）。新兴产业是由技术变革推动其发展的，在技术发展较快时，先进入者的第一代技术很快就会过时，因而先进入者反而面临更高的投资风险。第三，新兴产业不能以专利数量作为衡量创新能力的唯一标准（McGahan 和 Silverman，2001）。相比于已进入成熟期的传统产业，新兴产业的专利数量并不多。新兴产业面临更大的市场不确定性，因此，新兴产业企业通常以最快的速度推出新设计、新产品，满足快速变化的消费者需求，以提高自身的竞争力。

针对新兴产业生命周期的各阶段，应采取与之相适应的策略。在新兴产业生命周期的导入期，组织同时受到技术环境和制度环境的双重影响（DiMaggio 和 Powell，1983），技术环境从效率的角度要求生产的最大化，制度环境则根据合法性机制要求采用广为接受的组织形式。新兴产业面临制度环境的不确定性，需要通过合资等途径得到制度环境的认可（Wade 和 Porac，1999），或者得到其他组织的支持等，这些都等同于制度合法性（Mezias 和 Kuperman，2001），即参照现行的价值观、准则和社会构架系统，新兴产业组织行为是恰当的或正确的（Suchman，1995）。因此，在新兴产业处于导入期时，其发展更需要良好的制度环境。

传统产业在从导入期进入成长期的过程中，会出现销售额迅速攀升，厂商数量快速增多，市场竞争、价格竞争压力增大的现象，但是，对于新兴产业而言，在从导入期向成长期发展的过程中，这些特征指标不会发生太明显的变化。在产业处于生命周期的不同阶段时，厂商进入率会发生很大变化，同时资本市场会对厂商的进入和退出产生影响。新兴产业是在技术进步的推动下产生的，此时有大量的企业进入，从而表现为产业内竞争增强；竞争程度的提高会使产品的消费者效用提高，销售额快速上升，同时竞争力较弱的新进者会被挤出。因此，新兴产业无论是在导入期还是在成长期，都表现为较高的销售额增长率，由导入期过渡到成长期时，销售额和厂商数量不会发生太明显的变化。在这一阶段，新兴产业仍然面临着较高的不确定性和风险性，需要政府进一步搭建产业发展平台，提供政策扶持。

A-U 等经典产业生命周期模型中，都以主导设计作为产业从成长期进入成熟期的标志。学术界普遍认同企业规模与研发支出间存在高度相关性，随着企业规模的增大，企业研发回报率也会提高，因而企业会进一步提高研发投入（Bergek 等，2008）。但是，对新兴产业而言，主导设计的产生过程极为复杂。Birchenhall（1998）以高新技术产业为例建立了创新系统仿真模型，结果显示，当高新技术产业从成长期进入成熟期时，对于受众范围窄的"直升机"来说，创新的多样化会减少，会出现一种主导设计；但对于受众范围广泛的"普通飞机"而言，产品创新没有下降，从而出现多个主导设计。进入成熟期的新兴产业，技术创新和迭代升级仍然快速。另外，在该阶段，企业的整合和淘汰将会加快。因此，在这一阶段在继续提供对技术创新的支持之外，政府还应关注产业集群的发展。

基于新兴产业生命周期的特殊性，一旦进入衰退期，新兴产业的"新兴性"将不复存在，因此对新兴产业发展的研讨应主要集中在产业发展的成熟期及其之前的各阶段（陶银海，2019）。

二 产业结构理论

（一）产业结构相关理论

1. 产业结构调整理论

从静态角度来看，产业结构是指国民经济中的部门结构，即各产业部门间以及各产业部门内部的构成，同时还包括各产业部门间的技术经济联系。从动态角度来看，产业结构调整过程是指起主导或支柱作用的产业部门不断转换、替代的规律及其对应的结构效应和结构效益（刘琳，2016）。

为了进一步探寻产业结构调整规律，研究者进行了深入研究。其中，比较有代表性的理论包括以下几个。一是配第-克拉克定律。17世纪，威廉·配第发现收入差距会推动劳动力由低收入产业向高收入产业转移，在此基础上，柯林·克拉克通过对发达国家的劳动力转移问题进行实证研究，发现了产业结构变化规律，即随着经济的不断发展和人均国民收入的提高，劳动力会从农业转向工业，再由工业转向服务业（苏东水，2000）。二是霍夫曼定理。德国经济学家霍夫曼对18个国家在1880~1929年的工业化进程进行了实证研究，发现在制造业中，消费品部门净产值与资本品部门净产值比例逐渐下降（张平和王树华，2009）。根据霍夫曼比例系数，可以将工业化进程划分为四个阶段：当系数为4~6时是工业化的第一阶段，系数为1.5~3.5时为第二阶段，系数为0.5~1.5时为第三阶段，系数低于1时为第四阶段。三是刘易斯"二元结构"理论。1954年，美国经济学家刘易斯在《劳动力无限供给下的经济发展》一文中提出了"二元结构理论"，即发展中国家的经济结构主要由传统农业部门和现代工业部门组成。由于农业剩余劳动力的工资要远远低于工业部门的边际生产率，农业部门中的劳动力会为工业部门提供无限供给。劳动力的转移也促进了工业劳动力边际生产率与农业劳动力边际生产率之间差距的逐渐减少，最后趋于平衡，从而实现二元经济结构向一元经济结构的转变。四是罗斯托主导产业理论。美国经济学家罗斯托在《经济增长过程》（1951年）和《经济成长阶段》（1959年）等书中对经济成长阶段、主导产业及主导产业扩散效应进行了深入研究，提出了主导产业的三个特征——以科技进步和创新为依托、高速的增长率、较强的扩散效应。并提出基于主导产业的扩散效应，根据主导产业部门的交替变更划分经济成长阶段。

2. 产业结构优化理论

产业结构优化指在市场的自发调节作用下，或者在政府的积极干预下，通过改变投入、产出结构，促进资源的优化配置，最终实现产业结构的合理化和高级化。其中，产业结构合理化是指实现资源在产业和部门间的合理配置，产业结构的关联效应和扩散效应等得到充分发挥，从而使产业整体能力提升。产业结构高级化是指产业结构由低水平向高水平的演化，包括第三产业比重增加、技术密集型产业相对于劳动密集型产业的比重提高，以及由低附加值产业发展至高附加值产业等（刘志彪等，2001）。

（二）产业结构升级与新兴产业培育

产业结构升级其实质是产业由低技术、低附加价值向高新技术、高附加价值的演变发展（周红英等，2011），传统产业的结构升级能够推动战略性新兴产业的形成（孙军和高彦彦，2012）。首先，在产业结构升级的过程中，生产要素质量的不断提升和技术能力的不断积累，为新兴产业的出现提供了物质准备。其次，创新是推动产业结构升级的根本动力，通过引入新的生产函数，推动生产要素在产业部门间流动，提高生产效率，并且促进主导产业的转换，以及基于突破性创新的新兴产业的涌现（柳卸林等，2017）。最后，随着产业升级的推进，落后产业不断被淘汰，高附加值的新兴产业得以保留和发展，新兴产业的产业关联效应和产业带动力得以逐步发挥，新兴产业逐步壮大。陶银海（2019）建立了"一般产业—新兴产业—主导产业—支柱产业"的产业优化选择过程，并以新能源产业为例进一步提出，新兴产业的发展需要市场和政府的共同推动，尤其是需要完善发展支持机制。

传统产业在经历过多次产业结构调整后就会推动新兴产业的出现，因此，向新兴产业转型升级是传统产业进行产业结构调整的主要方向。从产业结构升级追求的目标看，转变经济增长方式、培育新的经济增长点和增强国际竞争力是主要着眼点，发展战略性新兴产业是达成这些目标的最佳方式（刘嘉宁，2011）。2008年国际金融危机后，大力发展新兴产业以实现产业结构调整成为众多国家提振经济的重要路径。王忠宏和石光（2010）指出，我国发展战略性新兴产业有利于提升产业产品附加值、促进绿色低碳经济发展和提高经济增长质量。谷方杰（2016）对"新兴 11 国"的新兴产业发展情况进行了分析研究，发现在这些国家的贸易总额中，节能环保、新能源、信息技术等新兴产业产品进出口贸易额所占比重持续上升；从发展趋势看，"新兴 11 国"的新兴产业正朝着绿色低碳、技术融合以及产业高端化的方向发展。

第三节　制度经济学相关理论

一　制度

（一）制度的概念

美国经济学家凡勃伦开创了制度学派，认为制度是"思想习惯""生活方式"（凡勃伦，1964，第 139~140 页）。康芒斯（1934）认为经济、法律和伦理是现代社会中的三种利益协调方式，并把法律制度作为社会经济制度的主要影响因素和资本主义制度产生的根本原因。新制度经济学家 North（1990）将制度定义为"社会的游戏规制"，也就是"决定人们相互关系的约束"和"规范人的行为的规则"，把制度看成政治规则、合同、经济规制等正式规制与社会规范、道德准则、惯例等非正式规则构成的社会博弈规则。舒尔茨（1994）从降低交易费用、影响所有者之间的生产要素配置、提供组织与个人收入流联系、确定公共品和服务的生产与分配四个方面对制度进行了详细分析。柯武刚和史曼飞（2000）认为，制度会对机会主义产生抑制作用，并通过预见人们的可能行为促进财富创造和劳动分工。

国内学者卢现祥（1996a）在分析马克思理论的所有制理论、国家理论、意识形态理论的基础上指出，North 的制度分析框架是与马克思理论的历史唯物主义框架相重叠的，并且制度在社会经济发展的长期分析中起着至关重要的作用。李建德（2000）将制度看作个体间的共同信息，并且是合作过程中"不可没有的特定信息"，通过共同信息可以对其他个体的行为进行预测，从而减少不确定性和信息不对称性。鲁鹏（2002）虽然认同 North 的规制说，但主张只在"正式规则"的意义上使用制度，不同意将非正式规则纳入制度范畴。黄凯南（2016）将制度定义为，通过参与者间的互动形成的，有利于组织、协调、塑造、约束参与者间互动方式的规则系统。

综合以上研究，可以将制度理解为对人们行为起到约束，以及会对人们可能发生的机会主义行为和任意行为产生抑制的一系列规则。制度作为一种"公共品"，是人们的共同知识，也属人们共同所有。从作用方式角度，可以将制度分为正式制度、非正式制度。其中非正式制度包括伦理道德、文化传统、价值观念、意识形态等，是在历史演进中形成的行为习惯、传统的总和。从层次性角度，可以将制度分为基本制度和派生制度。基本制度主要是指诸如国家宪法这样的基本制度，这类制度相对比较抽象，可操作性不强。派生制度是在基本制度的基础上确定的具体规定和设定的具体实施措施，如各类法律法规（张旭昆，2004），与基本制度相比，派生制度更具有操作性。由于本书的主要研究目的是建立促进低碳城市新兴产业培育的制度联动机制，推动各政府部门间的合作、协调，因此，这里主要探讨正式制度，包括与新兴产业培育和低碳城市建设相关的法律法规、规章政策等。

（二）制度的作用

基于以上关于制度的定义可以看出，制度在降低交易费用、加强主体间合作以及激励方面起着重要作用。主要表现在以下两个方面。

1. 减少信息不对称，降低交易费用

信息不对称，以及随之产生的不确定性、激励不相容是产生交易费用的重要原因。制度通过明确能做什么、该怎么做等问题，为人们提供行动信息，并帮助人们预测他人的可能行为，这有利于降低因信息不对称导致的交易费用。赵术高和李珍（2021）从信息不对称、交易费用的角度分析了国家治理现代化，指出在社会、政治、经济、文化、安全和环境等多重目标下，政治系统的不透明，就会出现信息不对称问题，信息交流中断，从而会使得国家治理偏离最优决策目标，造成福利损失；但是，通过绩效财政、民主财政等制度安排，可以促进居民与政府间的信息交换，缓解信息不对称问题，从而提高资源配置效率。随着社会分工越来越细、技术不断进步，信息不对称问题会变得日益严重，交易费用也会随之增加。因此，社会经济发展的历史也是交易费用治理和制度变迁过程。

2. 激励作用

制度作为共同信息，促进个体间及个体与政府间的信息传导，并通过对个体行为的监督起到导向性的激励作用。产业结构政策可以激励特定产业提高发展能力，从而进一步推动经济增长、产业结构调整；产业组织政策可以激励产业的集群化发展，通过技术外溢的正外部性提高企业的生产效率，增强产业竞争力；产业技术政策可以激励推动骨干企业增强自主创新能力，推动关键技术的研发及核心技术的突破（吴传清和周勇，2010）。

二 制度创新与制度联动

熊彼特（1912）提出的创新理论，将创新定义为产品、技术、组织和市场的创新。在此基础上，道格拉斯·C. 诺斯提出了制度创新，认为制度创新是为创新者得到追加利益而对现有制度安排的变革。当现有制度阻碍了创新者获得更高的预期净收益时，就必须对现有制度进行创新。因此，可以将制度创新定义为，为获得更高的潜在利润而对现有制度进行的变革，即制度创新过程就是从制度失衡到制度均衡的变化过程。卢现祥（1996b）将制度创新划分为组织制度创新、产权制度创新、约束制度创新、管理制度创新四个方面。邓大才（2002）在诺斯提出的制度变迁概念的基础上，将从制度变迁强度来讲的制度变迁方式称为制度创新方式，基于制度变迁强度分为需求诱致性制度变迁和强制性制度变迁。邓大才认为，可以把制度变迁理解为连续的制度创新，只有当制度变迁的预期成本低于预期收益时，制度创新主体才会有进行制度创新的意愿。

国内学者也提出了一些关于制度联动创新或制度联动改革的初步思想。韩保江（2003）提出分配制度与财产权制度的联动创新。岳芳敏和李芝兰（2006）指出，顺德农村税费改革中的制度联动为确保农民减负提供了坚实的制度基础。朱识义（2014）认为，户籍制度与土地制度在制度功能上具有内在的关联性，改革方案的最佳结合点就是两者改革同步进行，形成制度改革的联动。在此基础上，凌永辉和查婷俊（2019）进一步提出，户籍、土地和财税制度改革存在内在联系性，新型城镇化建设内在地要求户籍、土地和财税制度必须进行联动改革。

联动通常理解为当相互联系的多项事物中的一项事物发生变动时，其他事物也会随之而变动，也包含为了相同的利益或目标联合行动的意思（叶森，2009）。制度联动可以理解为在基于相同目标而存在联系的各项制度中，当一项制度改变时其他制度也随之改变，各项制度相互协同配合以实现共同目标。

制度联动以制度间的协同互动为内容，制度协同是实现制度联动的过程。协同论来自自然科学，在经济管理领域得到广泛运用。德国物理学家赫尔曼·哈肯（1971）最早提出了协同论，并将协同定义为系统内各子系统间相互协作，从而使系统产生新的特点和结构的过程。协同论以控制论、耗散结构理论和现代信息论等理论为基础，并且是系统论的重要组成部分。协同论的研究对象是由多个子系统组成的系统，各子系统间存在信息、能量交换，通过系统内的组元互动，从无序状态转为有序状态，最终形成统一的系统。1965年，在《公司战略》一书中，美国战略管理学家 Ansoff 将"协同"概念引入企业管理中，用于分析整体与各部分间的关系，认为协同在企业管理中可以产生价值创造和增值。系统中的各子系统基于总体目标，进行多功能整合，加强各子系间的配合和同向合作，最终形成优势互补、资源集聚的系统整体。协同的另一个作用在于减少各子系统间因不协同而产生的内耗等负面影响，充分利用资源，形成协同效应。因此，基于各子系统互动形成的整体系统功能会大于单个子系统功能的简单相加，从而形成协同剩余。

三　交易费用理论

（一）　交易费用的提出

制度经济学家康芒斯将经济学中的"交易"概念进行了拓展，将"交易"定义为所有权的转移，作为制度经济学的最小单位。康芒斯还将"交易"进行了分类，划分出基于交换关系的买卖交易、上下级间命令和服从产生的管理交易，以及政府对个人的限额交易。但是，康芒斯对交易的定义忽略了交易中的成本，因而无法真正解释经济现实。法国数学家古诺提出，由于交易各方间存在摩擦，因而会产生不可避免的损耗（奥古斯丹·古诺，1994）。马克思指出商业的专门化会产生流通费用。这些研究都表明了交易费用的存在。Coase（1937）指出，在价格系统运行过程中存在"交易费用"。之后，在《社会成本问题》（*The Problem of Social Cost*）一文中，他将交易费用思想用于契约流程的分析，指出在契约的签订、实施过程中，不可避免地会产生一些额外的支出。Arrow（1969）进一步将交易费用定义为经济系统运行的费用。在此基础上，Williamson（1979）运用交易费用概念分析经济组织，并将交易费用分为事前交易费用和事后交易费用，其中，事前交易费用主要指起草协议、谈判即保障协议执行产生的费用；事后交易费用主要包括：交易偏离"契约转换曲线"关联序列产生的错误应变费用、校正错误序列产生的争吵费用、用于纠正错误建立和运转规制结构产生的费用以及兑现承诺产生的约束费用。

关于交易费用的界定，研究者提出了不同的学说，包括交易分工学说、交易合约说、交易维度说、制度成本说和交易行为说等。其中，以张五常为代表提出的制度成本说，从广义的角度将交易费用扩展为包括信息、监督管理及制度结构变化引起的费用。张五常（1999）认为，社会的存在和发展都离不开制度，人与人的社会关系中会产生交易费用，因而交易费用是制度产生的根本原因，交易费用也被称为制度成本。

（二）交易费用的测度

由于缺乏被普遍认可的定义，加上交易费用与文化习俗、政治制度等有关，使得交易费用的量化问题一直存在争议。学者们分别从宏观层面和微观层面对交易费用的测度展开了探讨。在宏观层面，Wallis 和 North（1986）将经济部门划分为转换部门和交易部门，将交易部门利用的资源总价值作为交易部门的交易费用，将转换部门中从事交易服务的员工工资总支出作为该部门的交易费用，两个部门交易费用之和为总交易费用。基于该方法，Dollery 和 Leong（1998）、Hazledine（2001）分别测度了澳大利亚、新西兰的交易费用占 GDP 的比重，国内学者缪仁炳和陈志昂（2002）、金玉国和张伟（2005）测度了我国的交易费用占 GDP 的比重。从测度的结果来看，各国交易费用占 GDP 的比重大多表现为上升趋势。由于 1991 年新西兰处于严重的经济萧条期，此时其交易费用占 GDP 的比重高达 86%，但随后迅速下降，到 1996 年回落到 68%。但有学者认为 Wallis 和 North 提出的交易费用测度方法忽略了非市场部分的交易费用。为此，国内学者赵红军（2005）充分考虑教育、科技、制度等影响因素，采用因素分析法测度了我国 1997~2002 年的交易费用。笪凤媛和张卫东（2009）基于结构方程模型建立多指标多原因模型，构建了非市场交易费用体系，并对我国 1978~2007 年非市场交易费用占 GDP 的比重进行了间接测度，结果显示改革开放后我国非市场交易费用比重下降，表明改革开放以来的体制转型能有效降低非市场交易费用的规模。

在微观层面，研究者对公共部门、行业、企业的交易费用进行了测度。（1）公共部门政策交易费用的测度对政策评价起着至关重要的作用。McCann 和 Easter（2000）提出了将交易费用作为政策经济效率评价指标的假设，并以"减少非点源污染政策"为例，对其交易费用进行了实证测度。结果显示，在总资源保护成本中，该政策的交易费用占到了38%。Mettepenningen（2009）运用普通调查法对比分析了多种农业环境计划产生的成本，并通过一年登记法进行测度。结果显示，在农业环境计划总成本中，交易费用占比为14%；补偿支付中，交易费用占比为25%。（2）行业、企业交易费用测度方面的研究较为广泛。Stoll和Whaley（1983）以价差加佣金作为指标测度了证券交易市场的交易费用，通过对比发现，相对较大的证券交易所，如纽约交易所，其交易费用仅占市场价值的2%；但对于其他相对较小的证券交易所，其交易费用占市场价值的比重可以达到9%。Wallis和North（1986）提出采用利息和非利息支出作为测度商业银行交易费用的指标。在此基础上，Polski（2012）运用该方法对美国商业银行交易费用进行了测度，结果显示，1934年其总交易费用占总收入的69%，到1989年该比值上升到85%。此外，学者还对谷物市场（Gabre-Madhin，2001）、牛奶市场（Royer，2011）等交易费用进行了测度。在研究方法上，研究者指出，对交易费用的测度，不仅可以采用基数方式，还可以运用序数比较的方式。Williamson（1985）提出可以采用比较法对交易费用进行测度。De Soto（1989）对比分析了在秘鲁和美国佛罗里达州依法申请开办企业的时间分别为289天和2小时，由此反映出交易费用的差异。

综合以上分析，从宏观层面来看，交易费用占GDP的比重较大，这需要通过体制转型降低交易费用，提高制度效率；从微观层面来看，交易费用是影响部门、行业、企业等相关政策经济效率的重要因素，应加强各项政策间的协同，提升政策的经济效率。

（三）交易费用理论的应用

交易费用理论作为新制度经济学的重要分析工具，被广泛应用于国家、产业和企业等理论研究中。

在国家治理研究中，道格拉斯·C. 诺斯（1994）基于新古典经济学理性人假设，运用交易费用理论分析了产权制度对经济增长的影响，并提出产权理论、国家理论和意识形态理论是制度变迁的三块基石。汪丁丁等（1992）将制度变迁理论引入国内，用于分析我国的制度改革。杨瑞龙（1998）提出了我国由计划经济体制向市场经济体制过渡的路径，将其分为供给主导、中间扩散、需求诱致三个阶段。许明政和牛树莲（2000）、温洪涛（2010）、金玉国（2005）对交易费用、资源分配效率与制度变迁的关系进行了深入研究，并基于国内的基础数据进行了实证分析，结果表明，我国的体制转型有利于降低交易费用。

在产业理论研究中，产业组织是市场与企业间的中间性组织。新制度学派在产业组织理论中引入了交易费用理论，运用交易费用理论对产业组织进行深入研究。Ciaian 等（2009）将改变农场组织形式产生的交易费用过高作为中欧和东欧国家出现合作农场和家庭农场并存现象的主要原因。Keith Brouthers 和 Lance Brouthers（2003）运用交易费用理论分别对制造商和服务提供商的模式选择进行了对比分析，指出环境不确定性、风险倾向是影响制造商模式选择的主要因素，行为不确定性、信任倾向是影响服务提供商模式选择的主要因素。周燕和潘遥（2019）以新能源汽车产业为例，运用交易费用理论对影响新兴产业发展的财政、税收政策进行了对比分析。研究结果显示，相比于财政补贴政策，税收减免政策所导致的交易费用增加相对较少，主要原因在于财政补贴政策会扭曲市场竞争准则。

在企业理论研究中，交易费用理论为解释企业产生的原因及界定企业的边界提供了较好的研究思路。当连续生产过程中存在不完全合约时，企业作为纵向一体化实体可以消除或者减少资产专业性导致的机会主义问题。张五常（Cheung，1983）认为，企业的设立并不是要取代市场，而是一种合约对另一种合约的取代。Dias 等（2021）以生物质能源行业为例，对从原材料到生物质能整个转化过程的交易费用进行分析，研究结果表明优化交易费用可以获得更高的生产率；同时还发现，运用交易费用理论分析公司的价值链，可以确定是否存在可行的应用程序，并可以确定哪些是公司的交易费用。

四 制度经济学理论与低碳城市新兴产业培育制度联动

制度经济学理论为低碳城市新兴产业培育的各项制度联动机制提供了理论基础。为了更好地协调社会经济发展中人与自然的关系，党的十七大提出了生态文明建设，随后生态文明制度改革逐步推进。但是，我国的环境治理体系仍存在社会、市场、政府权责边界模糊的问题，亟须构建"多元共治"的治理体系，提高环境治理能力（李忠和刘峥延，2018）。党的十九大报告明确提出要"加快生态文明体制改革"。体制改革就是要破除生态文明建设中的体制性障碍，进行制度创新。董战峰和王玉（2021）提出，生态文明制度改革的持续深化是生态文明制度创新的核心。生态文明制度创新是以社会、政治、文化、经济和生态文明的"五位一体"作为基础理论，以行政制度手段作为刚性规范、以经济激励制度作为动力机制、以生态文化教育制度作为内生推力的。

从空间来看，生态文明制度涉及城镇、农村；从内容来看，生态文明制度包括社会、政治、文化、经济、生态、资源、环境等多个方面，并且各方面的制度不是完全平行的，彼此间存在交叉。具体到低碳城市建设来看，它既包括城市生态、资源、环境保护方面的自然资源产权制度、环境监管制度，也包括城市产业、经济发展方面的碳减排、城市规划、产业发展等制度。因此，破除体制障碍、推动制度创新的前提是促进各项制度间的协同、实现制度联动。在低碳城市建设过程中，以低碳发展为根本目标，以产业发展为动力，以城市空间为载体，形成"低碳-城市-产业"的制度联动，以实现城市碳减排和经济增长的"双赢"。低碳城市新兴产业培育的制度联动是指与低碳城市新兴产业培育相关的、存在内部联系的各项制度相互配合、相互协同，以更好地促进低碳城市新兴产业的培育。

基于系统论，在低碳城市新兴产业培育制度系统中，通过低碳城市建设制度子系统与新兴产业培育制度子系统间的协同所获得的协同剩余主要表现在以下四个方面。（1）通过各项制度间的互补，形成制度组合优势；（2）基于自组织理论，子系统间的协同成为推动系统形成有序结构的内部动力，进而在系统有序状态下提高制度在促进低碳城市新兴产业培育中的作用；（3）通过资源和信息共享减少政府各部门间的无效博弈，实现效益最大化；（4）协同会产生正向回馈激励的累积，协同效应会增强制度制定和实施主体的主动性，并且通过正向反馈建立各主体间的长期信任关系，进一步巩固协同效应。因此，低碳城市新兴产业培育制度系统中，低碳城市建设制度子系统与新兴产业培育制度子系统间由于协同效应所产生的协同剩余将进一步强化各项制度间的联动，通过制度联动，使各项制度在低碳城市建设和新兴产业培育过程中能够充分调动系统内和系统间的资源，从而更好地促进低碳城市新兴产业的培育。

小　结

低碳城市建设的重点在于通过能源结构和产业结构的优化调整，在降低城市碳排放的同时实现城市经济增长。而促进基于技术创新的新兴产业培育是实现这一双重目标的有效途径。由低碳城市建设所推动的产业结构升级为新兴产业的形成和发展提供了基础条件和基本动力，但根据产业周期理论，无论是在导入期还是成长期，新兴产业都面临着较高的不确定性和风险性，因此政府的制度保障就显得尤为重要。根据生态现代化理论中的城市生态现代化，城市的低碳转型既是一种经济转型，更是一种环境制度的变革。因此，低碳城市建设亟须制度上的革新，通过低碳、城市建设、产业等各项制度间的联动，促进低碳城市新兴产业培育，实现城市经济增长和碳减排的双重目标。

基于此，本章提出，在低碳城市的建设过程中，应以低碳发展为根本目标，以产业发展为动力，以城市空间为载体，形成"低碳-城市-产业"的制度联动，最终实现城市碳减排和经济增长的"双赢"。基于制度创新和制度联动的思想，可以将低碳城市新兴产业培育的制度联动定义为：与低碳城市新兴产业培育相关的、存在内部联系的各项制度相互配合、相互协同，以有效促进低碳城市新兴产业培育。也就是说，通过低碳城市建设制度子系统与新兴产业培育制度子系统间的协同，获得制度组合优势、减少政府各部门间的无效博弈、充分调动系统内和系统间的资源，从而有效促进低碳城市新兴产业培育。综上，生态现代化理论、产业生命周期理论和产业结构理论及制度经济学相关理论为低碳城市新兴产业培育制度联动方面的研究提供了理论支撑和研究指引。

第三章 西部低碳城市新兴产业发展现状

第一节 新兴产业的内涵

一 新兴产业

新兴产业是相对于传统产业而言的，Porter（1980）将新兴产业定义为新形成的或重新形成的产业。新兴产业是技术上先进、增长率较快、需求潜力大的产业（贾建国和王其藩，1998），是技术创新、新消费需求拉动及其他因素变化导致的结果（程巍和郎丽，2006），处于产业生命周期的形成阶段，是产业结构演进中的新生力量（陈刚，2004）。战略性新兴产业是技术创新、竞争力提升和产业结构转型升级的重要途径，是"经济社会未来发展方向"（Bart，2004），是新兴产业与新兴科技的深度融合（陈玲等，2010）。2010 年 10 月发布的国发〔2010〕32 号文件对战略性新兴产业进行了界定，将其定义为"以重大技术突破和重大发展需求为基础，对经济社会全局和长远发展具有重大引领带动作用，知识技术密集、物质资源消耗少、成长潜力大、综合效益好的产业"。[①]

[①] 《国务院关于加快培育和发展战略性新兴产业的决定》（国发〔2010〕32 号），中华人民共和国中央人民政府网站，http：//www.gov.cn/gongbao/content/2010/content_1730695.htm。

此后，国内理论界围绕战略性和新兴性来定义战略性新兴产业，在战略性上多关注产业的全局性影响和长远带动力（孙国民，2014），在新兴性上主要强调技术创新和突破（肖兴志，2011；贺俊和吕铁，2012；刘铁和王九云，2012；等等）、处于产业生命周期的初始阶段和存在巨大的不确定性（董铠军，2019）。综上，战略性新兴产业是对国家经济长期发展起着全局性、根本性作用的新兴产业。从产业范围来看，新兴产业的范畴要大于战略性新兴产业。当前我国大部分新兴产业也是战略性新兴产业。

总的来说，新兴产业是在新兴技术推动和新需求拉动的共同作用下产生的新行业或新的经济部门。相比于传统产业，新兴产业具有技术含量高、资源集约和附加值高的特点。新兴产业的培育和发展对于促进国民经济社会发展和推动产业结构优化升级起着重要作用。

二 新兴产业的特征

由于新兴产业通常以技术创新作为发展前提，需要运用前沿产业技术，因此新兴产业具有高技术特征。但是，新兴产业发展的市场前景和技术路径具有较大的不确定性，同时伴随着高收益、高风险的特征。

姜大鹏和顾新（2010）指出，新兴产业具有技术的前沿性和不确定性、市场前景光明、初始成本高、收益高等特点。也就是说，新兴产业运用的技术代表着科技前沿，并且，新兴产业是市场未来的方向，新兴产业在市场中的比重会不断增大，并将最终占据重要地位。但是，在新兴产业发展早期，技术还处于研究发展阶段，不确定性较大，因此，新兴产业培育初期成本较高。高风险往往伴随着高收益，未来广阔的市场需求为新兴产业获得高收益提供了基础。郭铁成（2010）指出，新兴产业具有生态性、循环性、智能性和福利性，即相比于传统产业的高能耗、高污染等问题，新兴产业以太阳能、生物质能、水能、风能等可再生能源为动力，通过再利用、资源化和减量化发展循环经济，以信息技术、网络技术等先进技术为支撑，并且根据福利最大化原则确定合理的生产规模。刘玉忠（2011）认为，新兴产业的市场属于"供给创造需求"，因此存在市场需求的不确定性。李晓华和刘峰（2013）认为，培育新兴产业需要促进新兴产业所处生态系统的完善和协调，并指出新兴产业的产业生态系统具有技术不成熟、初期市场规模小、核心企业尚未形成以及标准和监管体系不完善等特征。蒋珩（2014）基于自组织理论将新兴产业看作开放的复杂系统，在自组织机制作用下，系统内各子系统间的相互作用会使系统失稳，从而导致新兴产业的不确定性，但是，随着系统逐步走向有序，这种不确定性也会逐渐降低。

因此，技术的先进性和不确定性、高风险和高收益是新兴产业的基本特征，同时，在节能减排战略及碳达峰、碳中和目标约束下，新兴产业还具有生态性、循环性的特征，并且能够根据福利最大化原则确定合理的生产规模。

三　新兴产业的产业构成

技术进步和生产力的发展推动着新兴产业对传统产业的逐步替代，这是产业发展和演变的规律，也是实现经济持续发展的关键。不断出现的新技术是推动新兴产业持续发展的根本动力，绿色技术的涌现也使新兴产业的内涵得到更新。随着能源消耗不断增加、碳排放问题日益严重，乙醇产业、可再生能源、绿色信息技术等新兴产业得到快速发展。Mingay（2007）通过对绿色信息技术产业发展的分析，指出环境可持续发展是企业选择技术发展路径时的重要影响因素，企业应以环境质量的可延续性作为发展目标。Islam 等（2013）指出，风电技术是未来的主流技术，风电相关的产业将得到快速发展。

不同时期，新兴产业的构成会发生变化，因此应从动态的角度来分析新兴产业的产业构成。纵观新兴产业发展史，经济危机中孕育的科技革命是新兴产业发展的关键动力。1857 年发生了生产过剩危机，电动机和内燃机取代蒸汽机的电气革命推动了电力、石油化工、汽车等新兴产业的发展。1929 年发生了世界经济危机，电子时代取代电气时代的电子革命推动了一批高技术产业的发展。2008 年发生了国际金融危机，与之前危机不同，此次金融危机同时还包含着日益严重的资源、环境问题，因此，经济发展模式向以低污染、低能耗、低排放为特征的低碳经济转型成为大趋势，通过发展低碳经济，推动经济转型以应对危机。为此，生物技术、信息技术、纳米技术、能源技术等获得快速发展，欧盟、美国、日本等发达国家大力培育和发展新能源、新材料、节能环保、信息技术和生物工程等新兴产业，以抢占国际竞争的制高点。2020 年发生的新冠肺炎疫情，进一步促进了大数据、移动互联网、人工智能等信息技术的快速发展，信息技术、生物医药等新兴产业得到了进一步发展。由此可见，新兴产业是在科技革命的推动下产生的，并根据不同阶段的社会需求形成不同的产业构成，总体表现为创新性、时代性等特征。

2008 年国际金融危机使人们意识到新兴产业是经济增长的新引擎，随后各国主动有意识地培育和发展新兴产业。欧盟投入 72 亿欧元大力发展绿色低碳技术，启动低能耗建筑、绿色汽车和未来工厂，加速向低碳经济转型；美国以新能源产业为主要驱动力，推动经济的复苏。我国在 2010 年发布了《关于加快培育和发展战略性新兴产业的决定》，提出通过培育和发展战略性新兴产业抢占新一轮科技和经济发展的制高点，并且到 2020 年，新一代信息技术、节能环保、高端装备制造和生物产业将成为支柱产业，新能源汽车、新材料、新能源产业成为先导产业。[①] 2018 年，国家统计局将战略性新兴产业分类扩大为 9 个领域，在原有 7 个领域的基础上增加了数字创意产业和相关服务业。在 2030 年实现碳达峰、2060 年实现碳中和的双重目标下，战略性新兴产业成为我国绿色低碳循环发展的"助推器"。

---

① 《国务院关于加快培育和发展战略性新兴产业的决定》（国发〔2010〕32 号），中华人民共和国中央人民政府网站，http://www.gov.cn/gongbao/content/2010/content_1730695.htm。

第二节　新兴产业发展趋势

一　产业与生态融合下的新兴产业发展

工业文明的发展促进了物质生产力的提升，但大自然对人类的过度开采和污染排放进行了狠狠的报复，全球环境问题日益严峻，二氧化碳排放导致的气候变化问题尤为突出。我国正处在工业化发展中后期，生态环境形势严峻、资源利用率低、产业创新动力不足、产业不平衡等问题严重阻碍了产业结构的优化升级。因此，应把高科技研发与生态环境保护结合起来，促进产业与生态的融合。

2018年，习近平总书记在全国生态环境保护会议上提出建立"以产业生态化和生态产业化为主体的生态经济体系"。[①] 通过产业生态化、生态产业化促进生态环境保护与经济社会的协调发展，实现产业与生态的融合。

生态产业化强调生态资源是一种特殊的资产，通过社会化大生产和市场化经营来实现生态资源的保值和增值，并主要通过科技创新推动生态经济的发展，如森林资源的产业化（耿玉德，2005）、生态旅游（张昊楠等，2016）等。生态产业化侧重于盘活生态资源，实现"绿水青山就是金山银山"的转化；同时，生态产业化也应考虑生态的脆弱性，必须将其限制在生态环境的可承载范围内。中国社会科学院城市发展与环境研究所陈洪波（2018）指出，当前生态产业化的重点是从农村推进，尤其是在生态资源丰富、人口稀少的地区，通过引智、引资推动生态产业化。

产业生态化是推进生态产业化的前提，强调产业系统与自然生态系

---

① 《习近平出席全国生态环境保护大会并发表重要讲话》，中华人民共和国中央人民政府网站，http://www.gov.cn/xinwen/2018-05/19/content_5292116.htm，2018年5月19日。

统的结合。产业生态化就是以生态环境保护为导向，以绿色、低碳、循环发展为根本途径，运用先进的生态技术，培育和发展资源和能源消耗低、污染排放少、经济效益好的新兴产业（庄贵阳等，2020）。20 世纪 80 年代罗伯特·艾尔斯基于经济系统内及经济系统与环境系统间的物质守恒提出的"产业代谢"理论，以及 1989 年尼古拉斯·盖洛普和罗伯特·弗罗什提出的产业生态系统，推动了产业生态学这一学科的产生，从而为产业生态化提供了理论基础。当前，产业发展与生态环境保护间的矛盾越来越尖锐，要破除生态环境约束，产业生态化是必然选择。

2010 年出台的《关于加快培育和发展战略性新兴产业的决定》，要求资金、技术、科研人才等生产要素加快向新兴产业部门转移，并且在资源能源日趋紧张、节能减排战略约束下，以绿色、低碳化为新的发展方向（金碚等，2011）。因此，产业与生态融合下的新兴产业是未来产业的发展方向，也是我国实现产业结构转型升级的重要路径。

二 新兴产业发展与低碳城市建设的结合

随着城市化进程的加快，城市的资源、环境、人口等一系列问题日益突出，城市化与生态环境间的关系受到关注。20 世纪 70 年代，联合国环境规划署（UNEP）、经济合作与发展组织（OECD）针对环境评价提出了压力-状态-响应（Pressace-State-Response）模型，即 PSR 模型。美国著名经济学家埃莉诺·奥斯特罗姆（Elinor Ostrom，2009）提出社会生态系统（SES）框架，将资源系统、资源单位（包括植物、动物等）、管理系统（政府及其他组织）、资源用户作为社会生态系统的四个子系统。国内学者侧重于将生态系统相关理论与城市化发展结合。马世骏和王如松（1984）提出了社会-经济-自然复合生态系统，在此基础上。王如松等（1988）将城市看作社会、经济、自然的复合生态系统，并对城市复合生态系统展开了深入研究。宋永昌等（2000）从城市生态学的角度对城市生态系统的结构、功能、系统等进行了分析。张文龙（2009）提出了城市化与产业生态化之间的胁迫约束效应，认为城市人口增长、经济发展、空间扩展和社会化对产业生态化产生胁迫效应，产业生态化基于生态承载能力的有限性对城市化产生约束效应；产业生态化通过扩大生态阈值对城市化产生推动力，但产业生态化具有外部性，需要相应的制度作为保障。王效科等（2020）通过对城市系统的结构、过程和功能等特点的分析，提出了城市生态系统研究的"结构-过程-功能-服务"级联范式和黑箱范式。

世界各国及国际组织也纷纷寻求城市建设与生态环境保护间的协调发展模式。1971年，联合国教科文组织第一次提出了"生态城市"的概念；1992年世界环境与发展大会上提出的"人类居住区可持续发展"议题，进一步推动了生态城市的研究；2008年世界自然基金会（WWF）与中国住房与城乡建设部共同启动低碳城市发展项目，并以中国的上海和保定两个城市作为试点；从2010年开始，中国陆续启动了三批低碳试点城市建设，并取得了一定成果；2012年的"里约+20"峰会上也启动了低碳城市规划项目。

在资源、环境和能源的多重压力下，低碳城市是城市化发展的必然趋势。产业是城市发展的基础，也是城市发展的根本动力，要进行低碳城市建设必须寻求与之相适应的产业。产业生态化基于闭路循环的产业生态系统，能够促进资源循环利用、减少污染物排放，从而实现经济效益、生态效益和社会效益的"三赢"，是产业发展的高级形态。培育和发展能耗低、资源利用率高、排污少和生态效益好的新兴产业，如高端装备制造、节能环保、新一代信息技术、新能源、生物医药等产业，是产业生态化的实现路径。一方面，新兴产业对实现产业结构的高级化和合理化起着重要作用，如新材料、新能源产业能有效提高资源利用率，生物医药能满足新的市场需求，信息、互联网等高新技术产业有利于传统产业的改造升级。另一方面，环保、新能源、生物医药、新一代信息技术等新兴产业本身属于环境友好和资源节约型产业，大力发展这些新兴产业是实现城市经济增长与低碳消耗"双赢"的最佳选择。因此，低碳城市建设应以新兴产业的培育和发展为基础，促进城市化与产业生态化的协调发展，以实现城市和经济的高质量发展。

第三节　城市新兴产业发展指数的测算及其变化趋势分析

一　测算方法选择

为了更好地了解新兴产业的发展现状，国内研究者从技术、产业、企业不同层面构建评价指标，对我国新兴产业的发展现状进行评价。在技术层面，栾春娟（2012）通过技术贡献率、技术相关度、多重测量中心度（中介中心度和度中心度）三个方面的指标对战略性新兴产业的共性技术进行了测算。孙早和宋炜（2012）通过构建指标体系对战略性新兴产业的自主创新能力进行评测。

在产业层面，韩凤晶和石春生（2010）以高端装备制造业为例，实证分析了新兴产业企业动态核心能力的主要影响因素。张丽（2015）根据新兴产业的不确定性，运用遗传算法等智能算法，构建了智能驱动下的新兴产业评价体系和评价方法。齐峰和项本武（2015）基于生产函数，测算了资本要素和劳动要素对战略性新兴产业经济增长的推动作用。

在企业层面，上市公司是前景较为光明且在产业中发展较好的企业，具有一定的代表性，研究者倾向于运用上市公司数据对新兴产业发展现状进行评价。赵玉林和石璋铭（2014）根据上市公司数据测算了战略性新兴产业的资本配置效率。王欢芳等（2018）以生物产业为例，基于上市公司数据测度了新兴产业的空间集聚水平。王卉彤等（2019）从企业的盈利能力、偿债能力、成长能力和收益质量四个方面建立了战略性新兴产业发展质量指标体系，并基于上市公司数据对城市层面的新兴产业发展质量进行了测算。白恩来和赵玉林（2018）选取高新技术产业中的 12 个产业作为评价战略性新兴产业发展的样本，采用研发投入、专利申请、主营业务收入、新产品开发数、利润和新产品开发费作为评价指标，通过主成分分析法测算新兴产业发展指数；并以净资产收益率、销售利润率、资产负债率、人均利润、资产报酬率为指标测算了新能源汽车和生物医药微观企业的发展指数。

本书主要探讨城市层面的新兴产业发展情况，在充分借鉴现有测算方法的基础上，综合考虑数据的可获得性，尝试根据上市公司数据测算城市的新兴产业发展指数。

二　数据来源

2019 年，由社会科学文献出版社、国家金融与发展实验室、中国社科院上市公司研究中心共同发布的"上市公司蓝皮书"指出，2012～2018 年，与传统行业相比，生物医药、电子、计算机、通信四大新兴产业的总资产收益率平均高出约 60 个基点，并且，计算机、机械设备、电子、电气设备、通信等行业研发费用占营业收入的比重明显高于化工、钢铁等传统行业，新兴产业在成长性和研发投入方面都较好地反映了经济的未来发展方向。鉴于此，本书基于国泰安数据库和 Choice 金融数据库，选取了生物医药、电子、计算机、通信四大产业涵盖的 37 个行业作为新兴产业样本进行分析，包括中药生产、化学制药、医疗器械、生物医药、保健护理、医疗服务、电子元件、电子设备制造、半导体、消费电子设备、电子器件、光电子器件、计算机软件、计算机硬件、卫星应用、互联网商务、互联网技术、互联网服务、通信设备、互联网金融、其他互联网应用、机器人、通用设备、金属制品、专用设备、地面装备、铁路设备、航空航天装备、船舶与海洋装备、电机、电源设备、轨道交通设备、其他电气设备、航空机场、港口航运、输变电设备、物流。

参考既有的相关研究，根据研究目标，我们选取 A 股市场上的新兴企业作为样本，样本期为 2007～2018 年，时间跨度为 12 年。始于

2007 年，是因为 2008 年各国都将培育和发展新兴产业作为应对国际金融危机的主要途径，我国也采取了增加科技创新投入、加快产业发展和新兴技术的布局、调整经济结构等措施，从 2008 年国际金融危机前一年开始测算，可以对比 2008 年国际金融危机前后新兴产业的发展。样本期截至 2018 年，主要是受到相关统计数据和上市公司数据，尤其是上市公司研发人员、研发资金投入数据可获得性的影响。

通过国泰安数据库和 Choice 金融数据库收集数据后，我们按以下标准对数据进一步筛选：（1）剔除在不同行业分类中重复出现的公司；（2）剔除 ST* 和 ST 公司。最终的"样本新兴企业"为：2007 年 38 家，2008 年 141 家，2009 年 208 家，2010 年 351 家，2011 年 435 家，2012 年 812 家，2013 年 837 家，2014 年 899 家，2015 年 1000 家，2016 年 1160 家，2017 年 1366 家，2018 年 1444 家。从样本新兴企业数量看，2008 年国际金融危机后新兴企业数量如雨后春笋般快速增长，2018 年的数量是 2008 年数量的 10 倍以上（见图 3-1）。

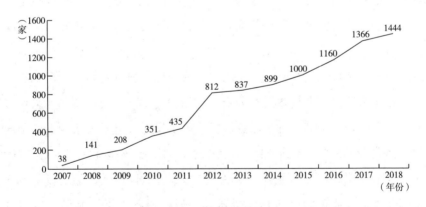

图 3-1　样本新兴企业数量变化

三　城市新兴产业发展指数测算

（一）指标选取

由于新兴产业具有技术先进性、不确定性、高风险、高收益特征，参考王欢芳等（2018）、王卉彤等（2019）、白恩来和赵玉林（2018）等研究者的做法，选取上市公司的研发人员数量、研发投入金额、营业收入和总资产作为新兴产业发展的评价指标。其中，通过研发人员数量和研发投入金额来反映产业的创新能力；通过营业收入来反映产业的盈利能力；通过总资产来反映产业的规模。

（二）测算步骤

上市公司是所属产业中发展较好、发展前景较强的企业，能带动整个产业的发展，因而可以通过上市公司在某个城市的集聚来反映这个城市中该产业的发展水平。基于信息熵指数法的具体测算步骤如下。

第一步，根据公司注册地，将上市公司的四个指标在城市层面进行汇总：

$$X_{ij} = \sum_{l=1}^{k} x_{ilj}$$

式中 x_{ilj} 表示 i 城市 l 企业的 j 指标，j 指标包括总资产、营业收入、研发投入金额和研发人员数量。

第二步，对汇总后的指标数据进行标准化处理：

$$p'_{ij} = \{X_{ij} - \min(X_{ij})\} / \{\max(X_{ij}) - \min(X_{ij})\}$$

第三步，确定 i 城市 j 指标的比重：

$$p_{ij} = p'_{ij} / \sum_{i=1}^{m} p'_{ij}$$

第四步，计算 j 指标的熵值 e_j 和变异系数 g_j：

$$e_j = -\frac{1}{\ln m} \sum_{i=1}^{m} p_{ij} \ln p_{ij}$$

$$g_j = 1 - e_j$$

第五步，确定 j 指标的权重 w_j 及 i 城市新兴产业发展指数 eid_i：

$$eid_i = \sum_{j=1}^{n} w_j p_{ij}, \qquad \text{其中 } w_j = \frac{g_j}{\sum\limits_{j=1}^{n} g_j}$$

测算得到的新兴产业发展指数（eid_i）越大，表明该城市的新兴产业发展得越好。由于运用信息熵指数法测算得到的新兴产业发展指数数值过小，为了方便比较，我们将所有指数数值扩大 100 倍，但其变化趋势没有改变。

（三）测算结果

根据以上测算步骤，我们得到 153 个地级市新兴产业发展指数，涉及全国除西藏以及港澳台地区外的 30 个省区市①（见表 3-1 至表 3-3）。对比分析表 3-1、表 3-2、表 3-3 可以看出，不同城市的新兴产业发展指数相差较大。整体来看，相比于中、西部地区，东部地区②城市新兴产业发展指数普遍较高，尤其是北京、天津、上海、杭州、广州、深圳，其新兴产业发展指数均处于较高水平。西部地区城市新兴产业发展指数普遍偏低。具体来看，2018 年西部地区新兴产业发展指数排名前五的城市为成都、西安、重庆、乌鲁木齐和昆明，其中只有成都和西安的新兴产业发展指数在全国排名相对靠前。由于新兴产业的发展是一个长期过程，部分城市新兴产业发展较晚，特别是营口、新余、永州、白山、咸宁和商洛几座城市到 2017 年才出现新兴产业发展指数。部分城市存在某些年份的新兴产业发展指数缺失的现象，如泰州、嘉兴、连云港、太原、平顶山等，原因是国泰安数据库中这些城市在部分年份没有出现生物医药、电子、计算机、通信四大产业的上市公司相关数据，为了更客观地反映城市新兴产业发展情况，在计算中将缺失值设定为新兴产业发展指数为 0。

---

① 由于西藏地区城市统计数据缺失较多，为了与第三章的实证分析相匹配，暂不考虑西藏地区城市新兴产业发展水平。

② 东部地区包括黑龙江、吉林、辽宁、河北、北京、天津、山东、江苏、浙江、福建、广东和海南；中部地区包括山西、河南、安徽、湖北、江西、湖南；西部地区包括重庆、四川、陕西、云南、贵州、广西、甘肃、青海、宁夏、西藏、新疆、内蒙古。

表 3—1 东部地区城市新兴产业发展指数

城市	2007 年	2008 年	2009 年	2010 年	2011 年	2012 年	2013 年	2014 年	2015 年	2016 年	2017 年	2018 年
北京	8.0340	11.0806	10.9177	12.3948	11.2579	16.8261	21.3286	26.2604	25.0999	23.1487	20.7376	18.0904
天津	19.1336	16.3661	0.5535	0.8113	0.5061	2.2865	3.3123	3.3725	2.3946	2.1337	2.6569	4.0109
石家庄	3.4954	1.3123	0.5545	1.3346	1.1807	0.3916	0.6408	0.6483	0.6717	0.7206	0.7499	0.7041
唐山	—	—	—	0.0394	0.0136	0.0466	0.1238	0.1484	0.1492	0.1361	0.1273	0.1746
邢台	—	—	—	0.1215	0.0812	0.0196	0.0227	0.0180	0.0121	0.0101	0.0091	0.0074
保定	—	—	0.2364	0.1630	0.1420	0.2044	0.4018	0.4103	0.2955	0.5779	0.4795	0.4558
沈阳	0.4535	0.4668	0.1421	0.5924	0.1277	0.3790	0.5469	0.6286	1.1393	0.9551	0.8511	0.7134
大连	—	0.1810	0.1845	0.1594	1.1538	0.3904	0.5091	0.4022	0.2912	0.3784	0.3443	0.3770
鞍山	0.2416	0.1883	0.2602	0.2499	0.2375	0.1048	0.1419	0.1379	0.1505	0.1325	0.1076	0.0872
营口	—	—	—	—	—	0.0127	0.0195	0.0175	0.0285	—	0.0161	0.0160
阜新	—	—	—	—	0.0328	—	—	—	—	0.0266	0.0164	0.0141
上海	3.0577	15.1521	10.6522	12.5613	5.8689	7.6944	9.6842	10.9573	9.3509	9.0080	8.4489	9.1235
南京	3.1042	1.1807	0.5784	0.6268	0.1938	0.5608	0.9124	1.1217	1.2850	1.3014	1.4216	1.3132
无锡	0.0933	0.1011	0.1461	0.5427	0.5370	0.5494	0.8816	1.0082	1.0756	1.1003	1.1516	1.5062
徐州	—	0.1231	0.1178	0.0848	0.0683	0.7734	0.8943	0.7756	0.5122	0.4586	0.5418	0.5388
常州	—	—	0.0621	0.2333	0.2883	0.1828	0.2526	0.2277	0.1990	0.2021	0.3629	0.3284

续表

城市	2007年	2008年	2009年	2010年	2011年	2012年	2013年	2014年	2015年	2016年	2017年	2018年
苏州	0.8331	0.1463	0.1685	0.6627	1.1123	1.0261	1.6785	1.9697	1.8910	2.1589	2.2961	2.3502
南通	—	0.1443	0.5024	0.8723	0.8230	0.4252	0.6346	0.7506	0.9215	1.0146	1.0531	0.9477
盐城	—	—	—	—	0.0228	0.0098	0.0144	0.0152	0.0129	0.0328	0.0406	0.0501
扬州	0.0236	0.0206	0.0238	0.0254	0.0811	0.0290	0.0584	0.0663	0.2476	0.2106	0.4262	0.2804
泰州	—	—	—	0.1622	—	0.0505	0.0643	0.0721	0.0587	0.0458	0.0374	0.0313
杭州	1.4896	2.2321	1.2475	3.8046	3.0647	16.0679	2.7618	3.6221	5.5551	5.9321	6.3273	5.6377
宁波	0.7120	1.4116	0.3719	0.6859	0.6552	0.3917	0.9026	0.9795	0.9458	0.9410	1.1789	1.0601
温州	—	—	0.0546	0.0341	0.0667	0.2512	0.3651	0.4421	0.3876	0.4917	0.4890	0.4417
嘉兴	0.3469	0.4416	—	—	—	0.0469	0.0702	0.0887	0.0736	0.0763	0.0896	0.0857
湖州	—	—	—	0.0261	0.0515	0.0195	0.0360	0.0526	0.0792	0.4334	0.3939	0.3953
绍兴	—	1.9452	0.9911	1.0735	1.3285	0.7087	1.0081	1.0867	1.0466	1.0197	1.0400	1.0904
金华	0.1894	0.5831	0.5228	0.3101	0.3436	0.2157	0.3285	0.3725	0.3827	0.3439	0.3704	0.3290
衢州	—	—	—	—	0.1154	0.0328	0.0535	0.0553	0.0393	0.0399	0.0382	0.0360
台州	1.0593	1.2229	53.1186	0.6014	0.6049	0.4735	0.7690	1.0105	1.0586	1.0521	1.0968	1.0238
丽水	—	0.0344	0.0258	0.0358	0.0225	0.0106	0.0157	0.0196	0.0261	0.0288	0.0272	0.0242
福州	0.2819	3.5287	0.3371	2.5299	4.8978	0.3018	0.4756	0.4132	0.8156	0.9294	1.0005	0.9067

续表

城市	2007年	2008年	2009年	2010年	2011年	2012年	2013年	2014年	2015年	2016年	2017年	2018年
厦门	0.1834	0.0631	0.1513	0.2259	0.3096	0.1571	0.2122	0.2470	0.3419	0.4009	2.7859	2.6340
漳州	—	—	0.0743	0.0695	0.0548	0.0710	0.0818	0.0892	0.0760	0.0727	0.0695	0.0854
南平	—	—	0.2103	0.2007	0.2257	0.0573	0.0885	0.1008	0.0799	0.0727	0.0785	0.0572
龙岩	—	—	—	—	—	0.0996	0.1611	0.2214	0.2202	0.2169	0.1903	0.1636
宁德	—	0.5072	0.0440	0.2673	0.0933	—	—	—	0.0116	0.0158	0.0137	0.5069
济南	—	0.2249	0.3428	—	—	0.1182	0.4973	0.5963	0.5581	0.5600	0.5804	0.6541
青岛	—	0.2049	—	0.6077	2.0947	0.2170	0.3788	0.4362	0.4320	0.5204	0.4535	0.6130
烟台	—	0.2080	0.2231	0.1060	0.0806	0.1477	0.2131	0.2055	0.2682	0.3010	0.3720	0.3845
潍坊	—	—	—	0.4129	0.5399	0.3222	0.5743	0.7607	0.8034	0.7943	0.8399	0.7276
济宁	—	—	—	—	0.0536	0.0828	0.3843	0.3176	0.2259	0.1768	0.2155	0.2168
泰安	—	—	—	0.0260	0.0127	0.0284	0.0385	0.0458	0.0792	0.0851	0.0846	0.0757
威海	—	0.4219	0.4158	0.4148	0.2792	0.1379	0.1963	0.2002	0.1907	0.1851	0.3591	0.3222
德州	—	—	—	0.1295	0.1568	0.0514	0.0733	0.0752	0.0666	0.0589	0.0715	0.0533
广州	9.8071	2.6623	1.6615	3.0301	1.1967	7.1106	1.6550	4.2167	3.9213	3.8237	3.8414	3.7493
深圳	31.9689	25.2474	3.3420	35.3583	28.0611	5.1070	26.1650	12.3788	13.1613	13.4122	12.3353	15.3702
珠海	0.6902	0.5859	0.3571	0.3175	0.3523	0.2443	0.3774	0.4557	0.5863	0.8866	0.9404	0.7985

续表

城市	2007年	2008年	2009年	2010年	2011年	2012年	2013年	2014年	2015年	2016年	2017年	2018年
汕头	0.8202	0.6001	0.3664	0.5365	0.2228	0.2055	0.3493	0.3987	0.3198	0.3641	0.4227	0.3565
佛山	—	—	0.0580	0.2293	0.1030	0.1671	0.2684	0.4064	0.3877	0.3462	0.3652	0.3126
江门	—	—	—	0.0209	0.0063	0.0307	0.0679	0.0856	0.1970	0.5685	0.2877	0.4191
阳江	—	—	—	—	—	—	—	—	—	0.0149	0.0334	0.0314
东莞	—	—	0.1074	0.2038	0.2659	0.2493	0.3703	0.4260	0.5114	0.5279	0.5715	0.5047
中山	—	0.3238	0.2561	0.2205	0.1947	0.0679	0.1040	0.3208	0.3715	0.4318	0.4608	0.6369
揭阳	—	0.0904	0.0858	0.0705	0.0647	0.0240	0.0358	0.0433	0.0406	0.0344	0.0371	0.0349
海口	0.0265	—	—	0.0550	0.1131	0.0707	0.1007	0.0985	0.1194	0.1266	0.1114	0.1121
潮州	—	—	—	—	—	—	—	0.0657	0.0700	0.0667	0.0803	0.0789
泉州	—	—	—	0.0539	0.0343	0.0182	0.0260	0.0584	0.1080	0.1236	0.2196	0.2254
梅州	—	—	0.0284	0.0287	0.0316	0.0165	0.0393	0.0472	0.0832	0.0736	0.0641	0.0597
镇江	—	0.4215	0.1724	0.1593	0.1439	0.0587	0.0888	0.1279	0.1314	0.1137	0.0917	0.0789
惠州	—	—	—	—	0.0209	0.0220	0.0336	0.0488	0.1099	0.1212	0.1479	0.1481
肇庆	—	—	—	—	—	0.0478	0.0665	0.0712	0.0757	0.0747	0.0633	0.0590
淄博	0.1015	0.0813	0.1051	0.1411	0.2125	0.1840	0.2780	0.3234	0.2903	0.3355	0.3543	0.3739
连云港	—	—	—	0.1035	—	0.2678	0.3555	0.4294	0.4252	0.4276	0.4168	0.4504

续表

城市	2007年	2008年	2009年	2010年	2011年	2012年	2013年	2014年	2015年	2016年	2017年	2018年
秦皇岛	—	—	—	—	—	—	—	0.0363	0.0631	0.0650	0.0576	0.1235
三亚	—	—	—	—	—	—	—	—	—	0.0217	0.0120	—
莆田	—	—	—	—	0.0864	0.0257	0.0310	0.0659	0.1648	0.2601	0.2854	0.2517
菏泽	—	—	—	—	—	—	—	—	—	0.2087	0.1822	0.1618
聊城	—	—	—	—	—	0.0726	0.1108	0.1184	0.1070	0.0963	0.0922	0.0762
临沂	—	—	—	—	—	0.0169	0.0299	0.0390	0.0325	0.0310	0.0262	0.0207

表3-2 中部地区城市新兴产业发展指数

城市	2007年	2008年	2009年	2010年	2011年	2012年	2013年	2014年	2015年	2016年	2017年	2018年
太原	—	—	0.0955	0.0657	—	0.3786	0.5231	0.5409	0.3421	0.3319	0.3070	0.2818
长春	—	1.8126	0.2198	0.1947	0.1371	0.1341	0.1610	0.2476	0.2702	0.2628	0.2415	0.2272
吉林	—	—	—	—	0.0249	0.0452	0.0665	0.0660	0.0728	0.0581	0.0527	0.0454
哈尔滨	—	0.2354	—	0.0622	1.0849	0.4784	0.8700	0.9296	0.7386	0.6696	0.5850	0.4724
齐齐哈尔	—	—	—	—	—	0.3031	0.4024	0.4019	0.3214	0.2137	0.1655	0.1428
佳木斯	—	—	—	—	—	0.0539	0.0671	0.0602	0.0439	0.0319	0.0262	0.0228
合肥	—	0.1740	0.2159	0.1844	0.2677	0.3080	0.5344	0.6886	0.7147	0.8065	0.9399	0.9749

续表

城市	2007年	2008年	2009年	2010年	2011年	2012年	2013年	2014年	2015年	2016年	2017年	2018年
马鞍山	—	—	0.0521	0.0511	0.0264	0.0122	0.0179	0.0176	0.0144	0.0113	0.0110	0.0125
铜陵	—	—	—	—	—	0.1423	0.2223	0.2313	0.1426	0.1182	0.1118	0.0898
滁州	—	—	—	—	—	—	—	—	0.0606	0.0524	0.0433	0.0368
宣城	—	—	—	—	0.0143	—	—	—	0.0130	0.0168	0.0199	0.0190
南昌	0.8446	1.2804	0.5764	0.7967	—	0.2307	0.3381	0.3506	0.4241	0.4339	0.5008	0.4419
新余	—	—	—	—	—	—	—	—	—	—	0.0051	0.0154
鹰潭	—	—	—	0.0374	0.0251	0.0139	0.0201	0.0213	0.0182	0.0172	0.0152	0.0136
宜春	—	—	—	0.0329	0.0189	0.0093	0.0159	0.0191	0.0199	0.0203	0.0266	0.0259
抚州	—	—	—	—	—	0.0078	0.0125	0.0148	0.0305	0.0327	0.0382	0.0398
上饶	—	—	0.0983	0.0796	0.0767	0.0205	0.0184	0.0206	0.0172	0.0135	0.0136	0.0126
郑州	0.0446	0.1186	0.2489	0.2589	14.2801	22.3597	0.4798	0.4932	0.4847	0.4937	0.4276	0.3740
洛阳	—	—	—	0.2216	0.2073	0.6000	0.7928	0.7758	0.7397	0.6243	0.5406	0.4682
平顶山	0.5407	—	0.4987	—	—	0.1024	0.1185	0.1634	0.1294	0.1605	0.1352	0.1143
许昌	—	—	0.0555	3.0230	0.0498	0.1735	0.2481	0.3186	0.3085	0.3079	0.2610	0.2016
武汉	0.5063	0.4812	0.4252	3.7235	1.3187	1.2693	1.8877	2.2162	2.3363	2.4532	2.3660	2.2941
黄石	—	—	—	—	3.7280	0.0076	0.0111	0.0116	0.0081	0.2413	0.2720	0.2554

续表

城市	2007 年	2008 年	2009 年	2010 年	2011 年	2012 年	2013 年	2014 年	2015 年	2016 年	2017 年	2018 年
十堰	—	—	—	—	0.0178	0.0085	0.0116	0.0226	0.0383	0.0407	0.0348	0.0242
襄阳	—	0.0706	0.0923	0.1020	0.0728	0.2080	0.2794	0.3027	0.3235	0.2314	0.2593	0.2844
荆门	—	—	—	—	—	0.0134	0.0238	0.0288	0.0366	0.0347	0.0305	0.0388
长沙	0.0473	0.3584	0.2720	0.3157	0.0805	1.3667	1.7795	1.5740	1.9096	1.7211	1.7077	1.6155
株洲	—	—	—	0.0641	0.0444	0.0426	0.0642	0.0710	0.0822	0.0777	0.0775	0.0696
益阳	—	—	—	0.0811	0.0704	0.0302	0.0426	0.0444	0.0787	0.0727	0.1124	0.1078
永州	—	—	—	—	—	—	—	—	—	—	0.0098	0.0095
白山	—	—	—	—	—	—	—	—	—	—	0.0055	0.0056
蚌埠	—	—	0.0708	0.1200	0.1280	0.0957	0.1106	0.1204	0.1478	0.1448	0.1104	0.0878
常德	—	—	—	—	—	—	—	—	0.0290	0.0380	0.0369	0.0425
荆州	—	—	0.0396	0.0337	0.0148	0.1841	0.2996	0.3835	0.3323	0.4038	0.4375	0.4172
南阳	0.1042	0.0727	—	0.0476	0.0237	0.0129	0.0181	0.0224	0.0256	0.0209	0.0208	0.0370
芜湖	—	—	0.0509	0.0541	0.0457	0.0854	0.1250	0.1578	0.2777	0.3326	0.3177	0.2712
焦作	—	—	—	0.0195	0.0040	0.0051	0.0068	0.0074	0.0135	0.0135	0.0158	0.0153
衡阳	—	—	—	—	0.0173	0.0171	0.0244	0.0289	0.0351	0.0360	0.0333	0.0158
宜昌	—	—	—	—	—	0.0296	0.0396	0.0419	0.0305	0.0489	0.0689	0.0659

续表

城市	2007年	2008年	2009年	2010年	2011年	2012年	2013年	2014年	2015年	2016年	2017年	2018年
通化	—	—	—	0.0146	0.0563	0.0811	0.1231	0.1477	0.1445	0.1525	0.1441	0.1307
景德镇	—	—	—	—	—	—	—	—	0.0160	0.0170	0.0172	0.0170
大同	—	—	—	—	0.0143	0.0102	0.0181	0.0208	0.0251	0.0220	0.0201	0.0187
淮南	—	—	—	—	—	—	—	—	0.0071	0.0063	0.0099	0.0067
黄冈	—	—	—	—	—	0.0129	0.0199	0.0209	0.0171	0.0165	0.0164	0.0157
鸡西	—	—	—	—	—	—	—	—	0.0738	0.0610	0.0423	0.0349
随州	—	—	—	—	—	—	—	—	—	0.0098	0.0103	0.0086
咸宁	—	—	—	—	—	—	—	—	—	—	0.0168	0.0155
新乡	0.8700	0.3812	0.1978	0.2967	0.0882	0.0357	0.0494	0.0489	0.0452	0.0473	0.0451	0.0465
信阳	—	0.0708	—	0.0571	—	0.0161	0.0245	0.0306	0.0343	0.0328	0.0317	0.0268
岳阳	—	—	0.1864	—	—	0.0032	—	0.0481	0.0507	0.0629	0.0552	0.0498
运城	0.1559	—	—	0.0985	—	0.0325	0.0535	0.0586	0.0631	0.0574	0.0558	0.0431
长治	—	—	—	—	0.0920	0.0354	0.0489	0.0509	0.0448	0.0545	0.0556	0.0417
临汾	—	—	—	—	—	0.1117	0.1199	0.1113	0.0917	0.0599	0.0317	0.0215

表 3-3　西部地区城市新兴产业发展指数

城市	2007年	2008年	2009年	2010年	2011年	2012年	2013年	2014年	2015年	2016年	2017年	2018年
包头	—	—	—	—	0.0037	0.0661	0.0913	0.0864	0.0427	0.1615	0.1497	0.1234
柳州	2.0433	1.7480	1.5941	1.4700	1.3699	0.3218	0.4051	0.3356	0.1905	0.1631	0.1590	0.1715
桂林	—	0.0138	0.0139	—	0.0093	0.0381	0.0583	0.0607	0.0513	0.0455	0.0385	0.0293
北海	—	—	0.0329	—	—	0.0075	0.0103	0.0102	0.0075	0.0441	0.0530	0.0559
重庆	6.8767	0.5587	0.0558	0.1498	0.2163	0.2483	0.4245	0.5129	0.5366	0.6079	0.5951	0.6594
成都	—	—	0.3284	0.2682	0.9515	1.4347	2.1462	2.1736	2.1425	1.9195	1.7919	1.6462
自贡	—	0.0483	0.0610	0.0478	0.0387	0.1161	0.1869	0.1957	0.1434	0.1188	0.1103	0.0909
德阳	—	—	—	0.0238	0.0149	0.0067	0.0096	0.0099	0.0092	0.0089	0.0085	0.0085
乐山	—	—	—	0.0659	—	0.0281	0.0325	0.0209	0.0167	0.0129	0.0241	0.0410
眉山	—	—	—	—	0.0416	0.0154	0.0186	0.0193	0.0265	0.0326	0.0422	0.0300
贵阳	1.1343	0.6199	0.7637	0.5559	2.8227	0.3208	0.5175	0.5312	0.5711	0.5072	0.4286	0.3560
遵义	0.1253	0.1242	0.3202	0.0809	0.0829	0.0674	0.0940	0.0802	0.0855	0.0731	0.0708	0.0586
西安	0.1324	0.6201	1.9035	1.9381	0.7061	1.1024	1.5805	2.0102	1.5698	1.6586	1.6039	1.2532
宝鸡	—	—	—	—	—	0.0482	0.0617	0.0629	0.0778	0.0701	0.0632	0.0530
汉中	—	—	—	0.0478	0.0356	0.0200	0.0293	0.0352	0.0410	0.0353	0.0318	0.0280

续表

城市	2007年	2008年	2009年	2010年	2011年	2012年	2013年	2014年	2015年	2016年	2017年	2018年
兰州	—	—	—	0.0210	0.0070	0.0758	0.1138	0.1762	0.1940	0.1552	0.1469	0.1226
西宁	—	—	—	—	—	0.1355	0.2188	0.2103	0.1737	0.1748	0.1951	0.1535
乌鲁木齐	—	1.4650	1.5185	1.3484	1.4865	0.2519	0.4036	0.4886	0.7696	0.6917	0.7352	0.6473
安顺	—	—	—	—	—	0.0263	0.0396	0.0403	0.0365	0.0401	0.0363	0.0308
南宁	—	—	—	—	—	—	0.1567	0.1103	0.0543	0.0381	0.0320	0.0797
天水	—	—	0.0970	—	—	0.0470	0.0830	0.1220	0.1569	0.1452	0.1322	0.1200
梧州	0.1012	0.1031	—	—	—	0.0575	0.1117	0.1080	0.0457	0.0716	0.0601	0.0492
昆明	0.1690	0.1377	0.1255	0.0881	0.0772	0.3083	0.5000	0.5719	0.5428	0.5003	0.4888	0.4731
咸阳	—	—	—	—	—	0.0400	0.0495	0.1112	0.0608	0.0506	0.1333	0.1370
绵阳	—	—	—	—	—	0.0503	0.0704	0.0665	0.1353	0.1179	0.0865	0.0738
商洛	—	—	—	—	—	—	—	—	—	—	0.0054	0.0086
石嘴山	—	—	—	—	0.0782	0.0250	0.0366	0.0270	0.0258	0.0303	0.0113	0.0063
遂宁	—	—	—	—	0.0582	0.0199	0.0224	0.1051	0.1229	0.1234	0.1121	0.0999
乌兰察布	—	—	0.0182	0.0340	0.0210	0.0152	0.0236	0.0205	0.0236	0.0242	0.0222	0.0171
延安	—	—	—	0.0787	0.0577	0.0224	0.0296	0.0312	0.0813	0.1126	0.1035	0.0881

四　低碳试点城市新兴产业发展指数变化趋势

从 2010 年起，国家发展和改革委员会（以下简称国家发改委）陆续启动了三批低碳城市试点，根据国家发改委发布的第一批、第二批、第三批低碳试点城市名单，我们将 153 个城市分为四组样本城市：第一批低碳试点城市（包括天津、保定、杭州、厦门、南昌、深圳、重庆和贵阳 8 个城市）、第二批低碳试点城市（包括北京、石家庄、吉林、上海、苏州、宁波、温州、南平、青岛、武汉、广州、桂林、遵义、乌鲁木齐、镇江、昆明、秦皇岛、景德镇和延安 19 个城市）、第三批低碳试点城市（包括嘉兴、烟台、沈阳、大连、南京、常州、金华、衢州、合肥、宣城、抚州、济南、潍坊、长沙、株洲、中山、柳州、成都、兰州、西宁、三亚 21 个城市）、非低碳试点城市。对比四组城市新兴产业发展指数平均值的变化情况（见图 3-2）。

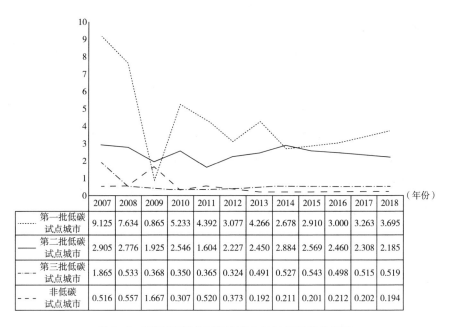

	2007	2008	2009	2010	2011	2012	2013	2014	2015	2016	2017	2018
第一批低碳试点城市	9.125	7.634	0.865	5.233	4.392	3.077	4.266	2.678	2.910	3.000	3.263	3.695
第二批低碳试点城市	2.905	2.776	1.925	2.546	1.604	2.227	2.450	2.884	2.569	2.460	2.308	2.185
第三批低碳试点城市	1.865	0.533	0.368	0.350	0.365	0.324	0.491	0.527	0.543	0.498	0.515	0.519
非低碳试点城市	0.516	0.557	1.667	0.307	0.520	0.373	0.192	0.211	0.201	0.212	0.202	0.194

图 3-2　不同组别城市新兴产业发展指数变化趋势

以 2008 年为第一个时间节点，发现所有城市的新兴产业发展都受到了 2008 年国际金融危机的影响，试点城市新兴产业发展指数都出现了不同程度的下降。其中，第一批低碳试点城市新兴产业发展受到的影响最大。造成第一批低碳试点城市新兴产业平均发展指数急剧下降的主要贡献者是天津、厦门、深圳。这三个城市的经济基础较好，但都属于外向型经济，通过产品出口参加国际交换和国际分工，因此受国际金融危机影响较大。为了应对国际金融危机，加快经济复苏，国家采取了提高出口退税率、下调存款准备金率、增加财政科技投入、加大基础产业和基础设施投资力度等措施，并通过实施国家重大科技专项，大力发展信息、环保、生物、新能源汽车等新兴产业。因此，从 2009 年开始，多数城市的新兴产业快速发展，尤其是深圳和杭州两个城市的新兴产业发展指数增长较快。

2010 年，国家发改委发布了《关于开展低碳省区和低碳城市试点工作的通知》，确立了第一批低碳试点城市。以 2010 年为第二个时间节点发现，第一批低碳试点城市在 2010～2012 年城市新兴产业发展指数出现下降。可能的原因在于，低碳试点城市建设往往意味着更为严格的环境规制，短期内会对技术创新产生抑制作用（董直庆和王辉，2019），因而对新兴产业的发展在短期内产生负向影响。

2012 年，国家发改委发布了第二批低碳试点城市名单。以 2012 年为第三个时间节点发现，第二批低碳试点城市新兴产业发展没有受到低碳试点城市建设的负向影响，新兴产业发展指数呈现增长趋势。之所以会出现以上情况，其原因有二。一是，2010 年国务院发布了《关于加快培育和发展战略性新兴产业的决定》，提出重点培育和发展新一代信息技术、节能环保、高端装备制造、生物、新能源、新能源汽车和新材料七大新兴产业，并要求进一步加大财政、金融政策支持，以保障新兴产业的培育和发展。[①] 但该扶持政策的促进作用存在一定的时滞性。二

---

① 《国务院关于加快培育和发展战略性新兴产业的决定》（国发〔2010〕32 号），中华人民共和国中央人民政府网站，http://www.gov.cn/gongbao/content/2010/content_1730695.htm。

是，低碳试点城市建设短期内表现为环境规制加强，其遵循成本对企业技术创新产生负向影响，不利于新兴产业发展，但从长期看，低碳试点城市建设会推动城市创新水平的提升和产业的升级（佘硕等，2020），从而促进城市新兴产业的发展。因此，2012～2014年，在低碳试点政策、相关产业政策的共同作用下，第二批低碳试点城市新兴产业发展指数表现为明显的增长趋势。

2014年5月，习近平总书记在河南考察时第一次提出了"新常态"一词，新常态意味着我国的经济发展要从以追求数量为主的高速增长转向以追求质量为主的中高速增长。因此，以2014年作为第四个时间节点发现，2014～2018年，第一批低碳试点城市的新兴产业发展指数表现为缓慢增长趋势，第二批低碳试点城市的新兴产业发展指数表现为缓慢下降趋势，第三批低碳试点城市和非低碳试点城市的新兴产业发展指数变化不大。2017年，国家发改委发布了第三批低碳试点城市名单，2017～2018年，第三批低碳试点城市的新兴产业发展指数变化较为平稳。

整体来看，低碳试点城市的新兴产业发展指数均高于非试点城市的新兴产业发展指数。新常态下，经济增长从要素、投资驱动转向创新驱动，经济结构优化升级成为新常态的主要特征，经济增长整体表现为增速下降；但对于具有创新优势的城市，其经济仍会表现为增长趋势。低碳试点城市建设最大的特征就是通过低碳技术创新促进碳减排与经济增长的双赢，国际金融危机之后，在低碳试点政策和相关产业政策的共同作用下，低碳试点城市新兴产业发展指数在波动中缓慢增长，尤其是第一批低碳试点城市，在创新驱动下表现出明显的增长趋势。

综合以上分析可以看出：（1）在2010年之前，样本中的低碳试点城市都不同程度地受到了国际金融危机的影响，新兴产业发展指数出现下降，非低碳试点城市以内向型经济为主，反而出现了短暂的上升；（2）2012～2018年，低碳试点城市新兴产业发展指数趋于稳定，相比较而言，非低碳试点城市新兴产业发展指数一直处于较低水平。从数据中还可以发现，低碳试点城市新兴产业的发展同时受到低碳试点政策和战略性新兴产业培育相关政策的影响。在低碳试点城市建设初期，环境规制的遵循成本可能会对新兴产业的发展产生负向作用，但随着相关产业政策的逐步发力，环境规制的创新补偿效应逐渐显现，对新兴产业发展的促进作用增强，最终产生了"1+1>2"的效果。

第四节　西部低碳试点城市新兴产业发展的时空特征分析

在上一部分中，我们将样本城市分为第一批低碳试点、第二批低碳试点、第三批低碳试点和非低碳试点城市，并进行了时间变化趋势分析。从分析结果看，低碳试点城市与新兴产业发展之间存在一定的相关性。本部分将从时空特征角度对这种相关性进行进一步分析，并对经济基础薄弱、新兴产业发展指数普遍较低的西部地区城市进行重点讨论。

一　西部低碳试点城市新兴产业发展的时空分析

为了更好地反映西部低碳试点城市新兴产业发展的时空特征，我们对东部、中部、西部地区的低碳试点城市和非低碳试点城市的新兴产业发展指数进行对比分析。基于第三节中不同组别城市新兴产业发展指数的变化趋势分析，2012年后新兴产业发展指数开始趋于平稳变化，因此，在时间上我们选取2012年和2018年进行对比。运用K-均值聚类分析法对城市新兴产业发展指数进行聚类，将153个样本城市分为低发展（0.0031~0.9999）、中低发展（1.0000~1.6462）、中高发展（1.6463~5.6377）和高发展（5.6378~22.3597）四个等级（见表3-4和表3-5）。

表3-4　2012年城市新兴产业发展水平分级

	东部	中部	西部
低发展城市	石家庄、唐山、邢台、保定、沈阳、大连、鞍山、阜新、南京、无锡、徐州、常州、南通、盐城、扬州、泰州、宁波、温州、嘉兴、湖州、绍兴、金华、衢州、台州、丽水、福州、厦门、漳州、南平、龙岩、济南、青岛、烟台、潍坊、济宁、泰安、威海、德州、珠海、汕头、佛山、江门、东莞、中山、揭阳、海口、泉州、梅州、镇江、惠州、肇庆、淄博、连云港、莆田、聊城、临沂	太原、长春、吉林、哈尔滨、齐齐哈尔、佳木斯、合肥、马鞍山、铜陵、南昌、鹰潭、宜春、抚州、上饶、洛阳、平顶山、许昌、黄石、十堰、襄阳、荆门、株洲、益阳、蚌埠、荆州、南阳、芜湖、焦作、衡阳、宜昌、通化、大同、黄冈、新乡、信阳、岳阳、运城、长治、临汾	包头、柳州、桂林、北海、重庆、自贡、德阳、乐山、眉山、贵阳、遵义、宝鸡、汉中、兰州、西宁、乌鲁木齐、安顺、天水、梧州、昆明、咸阳、拉萨、绵阳、石嘴山、遂宁、乌兰察布、延安
中低发展城市	苏州	武汉、长沙	成都、西安
中高发展城市	天津、深圳		
高发展城市	北京、上海、广州、杭州	郑州	

注：表中加粗的城市为国家发改委在2010年、2012年发布的第一批和第二批低碳试点城市。

表3-5　2018年城市新兴产业发展水平分级

	东部	中部	西部
低发展城市	石家庄、唐山、邢台、保定、沈阳、大连、鞍山、营口、阜新、徐州、常州、南通、盐城、扬州、泰州、温州、嘉兴、湖州、金华、衢州、丽水、福州、漳州、南平、龙岩、宁德、济南、青岛、烟台、潍坊、济宁、泰安、威海、德州、珠海、汕头、佛山、江门、阳江、东莞、中山、揭阳、海口、潮州、泉州、梅州、镇江、惠州、肇庆、淄博、连云港、秦皇岛、莆田、菏泽、聊城、临沂	太原、长春、吉林、哈尔滨、齐齐哈尔、佳木斯、合肥、马鞍山、铜陵、滁州、宣城、南昌、新余、鹰潭、宜春、抚州、上饶、郑州、洛阳、平顶山、许昌、黄石、十堰、襄阳、荆门、株洲、益阳、永州、白山、蚌埠、常德、荆州、南阳、芜湖、焦作、衡阳、宜昌、景德镇、通化、大同、淮南、黄冈、鸡西、随州、咸宁、新乡、信阳、岳阳、运城、长治、临汾	包头、柳州、桂林、北海、重庆、自贡、德阳、乐山、眉山、贵阳、遵义、宝鸡、汉中、兰州、西宁、安顺、乌鲁木齐、南宁、天水、梧州、昆明、咸阳、绵阳、商洛、石嘴山、遂宁、乌兰察布、延安

续表

	东部	中部	西部
中低发展城市	**南京**、无锡、绍兴、台州、**宁波**	长沙	**成都**、**西安**
中高发展城市	天津、**苏州**、杭州、**厦门**、广州	**武汉**	
高发展城市	**北京**、**深圳**、上海		

注：表中加粗的城市为国家发改委在 2010 年、2012 年和 2017 年发布的三批低碳试点城市。

　　从发展变化来看，从 2012 年到 2018 年，发展新兴产业的城市数量不断增加，并且部分城市，尤其是东部地区低碳试点城市新兴产业发展指数变化较大。从 2012 年到 2018 年，南京、宁波由低发展城市转变为中低发展城市，厦门由低发展城市快速发展为中高发展城市，苏州由中低发展城市转变为中高发展城市，深圳由中高发展城市转变为高发展城市；但杭州和广州则由高发展城市转变为中高发展城市。

　　下面将以变化较大的厦门和广州两个城市为例做一简要对比分析。（1）厦门凭借其在生态、人文环境等方面的优势，积极改善营商环境，吸引高质化、高端化项目入驻，大力培育金融技术服务、软件与信息服务等新兴产业，尤其是软件与信息服务，在平台经济、信息安全、行业应用软件、云计算等细分领域快速发展，被称为"中国软件特色名城"，这也是推动厦门由 2012 年的低发展城市快速发展成为中高发展城市的主要原因。（2）尽管广州在大健康等新兴产业方面快速发展，但其高技术制造业所占比重不高，规模以上六大高耗能行业，包括石油、非金属矿物制品业、有色金属冶炼、煤炭及其他燃料加工业、黑色金属冶炼和压延加工业、化学原料和化学制品制造业的能耗还在持续增加，统计数据显示，2018 年其综合能耗同比增长 5.6%。正是由于传统高能耗产业比重过大，广州由 2012 年的高发展城市转变为 2018 年的中高发展城市。从 2012 年至 2018 年西部低碳试点城市新兴产业发展指数变化较小，各城市一直处在低发展和中低发展水平。

　　从空间分布来看，城市新兴产业的发展存在较为明显的空间分异特征。表3-5中的2018年城市新兴产业发展情况显示，中高和高发展城市都分布在东部和中部地区，且均为低碳试点城市；而西部城市多为低发展城市。为了进一步分析西部低碳试点城市新兴产业发展指数的空间差异，根据新兴产业发展指数，从低到高选取柳州、贵阳、成都三个不同层次的西部低碳试点城市进行对比分析。（1）柳州重点培育智能电网、工业大数据、城市轨道交通和装配式建筑四大新兴产业，推动智能制造产业的发展，主要以"柳工"为龙头企业发展新兴产业，在2012~2018年，"柳工"快速发展，但其引领带动作用还没有得到充分发挥，还没有真正形成规模效应，因此目前柳州市新兴产业发展水平整体还偏低。（2）近年来，贵阳重点发展大数据，推动"制造"转向"智造"，对传统产业进行改造升级，2018年其主要新兴产业企业包括振华科技、高鸿股份、航天电器、新天药业、朗玛信息、圣济堂、益佰制药、中航重机等，但是，这些企业在研发人员数量和研发资金投入方面普遍水平偏低，城市新兴产业发展指数仍处于低发展水平。（3）成都围绕大数据、智能制造、创意等产业大力发展新兴产业园，2012年开始，一大批新兴产业企业快速发展，到2018年，成都的新兴产业企业在数量和规模上都有显著增长，但与东部地区的北京、深圳、上海、杭州、广州等城市相比，其新兴产业发展的水平明显偏低，仅属于中低发展水平。

综合以上分析，我们可以得出以下几条结论。（1）2012~2018年，从整体来看，东部城市新兴产业发展较快，尽管西部城市新兴产业发展水平有所提高，但是与东部城市相比，西部城市新兴产业总体发展水平仍较低。（2）通过对比分析厦门和广州两个东部低碳试点城市新兴产业发展指数的动态变化发现，降低高能耗产业比重是加快新兴产业发展的重要因素之一，这为西部城市新兴产业的发展提供了经验。作为东部地区产业转移的重要承接地，西部在承接产业转移的同时要避免高能耗产业比重的增加，应充分发挥产业转移的技术溢出效应，大力发展新兴产业，避免出现"污染天堂"。（3）从柳州、贵阳和成都三个西部低碳试点城市新兴产业发展指数的动态变化分析可以看出，这些城市新兴产业企业的发展水平参差不齐，新兴产业的发展往往依赖于一家或者几家龙头企业，城市新兴产业发展整体水平较低。这也说明，西部城市，尤其是西部低碳试点城市的新兴产业还有很大发展空间。

二 西部低碳试点城市新兴产业发展的空间自相关性检验

前面主要从地理空间的区域划分角度对城市新兴产业发展的时间变化和空间分布进行了分析，但新兴产业的发展还受到城市经济基础、收入水平等非地理因素的影响，接下来我们将采用经济距离权重（潘海峰和张定胜，2018），即以城市间地区生产总值差距来反映经济距离，对城市新兴产业发展指数的空间自相关性进行检验。一般情况下，两个城市间经济距离越近，城市间产业发展水平越相似。

我们运用 Stata 15.0 软件测度了 2012~2018 年城市新兴产业发展指数的全局莫兰指数（Global Moran's I）和吉尔里指数 C（Geary's C）（见表3-6）。

表3-6　2012~2018 年城市新兴产业发展指数的空间自相关性检验结果

Moran's I					
年份	I	E（I）	sd（I）	z	p-value
2012	0.076	−0.008	0.040	2.089	0.037
2013	0.084	−0.008	0.037	2.487	0.013
2014	0.125	−0.007	0.034	3.942	0.000
2015	0.122	−0.007	0.033	3.910	0.000
2016	0.128	−0.007	0.034	3.962	0.000
2017	0.137	−0.007	0.035	4.156	0.000
2018	0.156	−0.007	0.037	4.443	0.000
Geary's c					
年份	c	E（c）	sd（c）	z	p-value
2012	0.675	1.000	0.108	−3.016	0.003
2013	0.670	1.000	0.130	−2.544	0.011

Geary's c					
年份	c	E（c）	sd（c）	z	p-value
2014	0.515	1.000	0.138	-3.520	0.000
2015	0.526	1.000	0.142	-3.344	0.001
2016	0.529	1.000	0.137	-3.440	0.001
2017	0.527	1.000	0.131	-3.623	0.000
2018	0.542	1.000	0.118	-3.868	0.000

如表 3-6 所示，2012~2018 年样本城市新兴产业发展指数的 Moran's I 指数均为正，且都在 5% 的水平上显著，说明该指数存在全局空间自相关；Geary's C 指数均介于 0 和 1 之间，且都在 5% 的水平上显著，说明该指数存在局部空间自相关。这些表明城市新兴产业发展在经济距离上存在显著的正向相关关系。

为了能更加直观地呈现各城市新兴产业发展指数的空间自相关性，绘制 2018 年城市新兴产业发展指数的 Moran 散点图（见图 3-3）。在图中可以看到，大部分城市位于 L-L 和 H-H 板块。具体而言，在 H-H 板块中，既包括东部地区的北京、天津、上海、南京、无锡、杭州、厦门，也包括中部地区的武汉、长沙，以及西部地区的成都、西安。这个结果与前面基于地理空间的区域分布吻合。总体来说，西部地区除成都和西安外，包括新兴产业发展指数在西部排名靠前的重庆、乌鲁木齐、昆明、贵阳等低碳试点城市在内，均处于 L-L 板块，新兴产业发展水平整体偏低。

前面测度的城市新兴产业发展指数的 Moran's I 指数较低，均低于 0.2，通过 Moran 散点图进一步分析发现，城市新兴产业发展指数的空间自相关性主要体现在低碳试点城市新兴产业发展指数在空间上呈现的正相关性。低碳试点城市建设提出的调整产业结构、建设低碳型产业体系等措施有利于城市新兴产业发展。但是，低碳试点城市的建设能否真正推动新兴产业发展仍是一个有待进一步分析的问题，尤其是对于经济

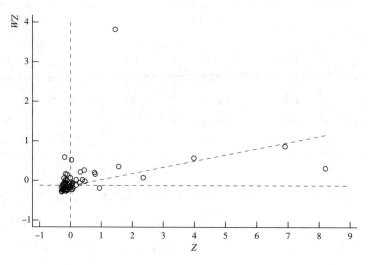

图 3-3　2018 年城市新兴产业发展指数 Moran 散点图

基础薄弱，新兴产业发展水平相对较低的西部地区。在总结东部地区经验的基础上，西部地区如何实现低碳试点城市建设与新兴产业培育的协同有待深入探讨。

小　结

新兴产业是在新兴技术推动和新需求拉动的共同作用下产生的新行业或新的经济部门，根据不同阶段的社会需求形成不同的产业构成，总体表现为创新性、时代性等特征。当前，全球环境问题日益严峻，二氧化碳排放导致的气候变化问题尤为重要。我国正处在工业化发展的中后期，生态环境形势严峻、资源利用率低等问题仍然突出，因此产业与生态融合下的新兴产业是未来产业的发展方向，也是我国实现产业结构转型升级的重要路径。面对碳达峰、碳中和的"双碳"目标约束，低碳城市建设成为城市化进程中的必然选择。产业是城市发展的基础和根本动力，能耗低、资源利用率高、排污少和生态效益好的新兴产业则是与之相适应的产业类型。因此，促进低碳城市的新兴产业培育是解决工业化、城市化与生态环境保护间矛盾，以及实现碳达峰、碳中和"双碳"目标的重要途径。

基于此，本章基于国泰安数据库和 Choice 金融数据库，以生物医药、电子、计算机、通信四大产业涵盖的 37 个行业作为新兴产业样本，选取上市公司的研发人员数量、研发投入金额、营业收入和总资产作为新兴产业发展评价指标，基于信息熵指数法测算了 2007～2018 年我国 153 个城市的新兴产业发展指数。（1）从时间变化趋势看，2010 年之前，城市新兴产业发展指数受 2008 年国际金融危机影响波动较大，2012～2018 年，城市新兴产业发展指数趋于平稳。（2）将所测算的样本城市分为第一、第二、第三批低碳试点城市和非低碳试点城市进行分析，整体来看，低碳试点城市的新兴产业发展指数总体高于非低碳试点城市。（3）进一步的时空分析显示，2012～2018 年发展新兴产业的城市数量不断增加，并且在空间上，新兴产业中高和高发展城市主要分布在东部、中部地区，西部城市的新兴产业发展指数总体偏低。进一步的 Moran's I 和 Geary's C 指数测度结果表明，城市新兴产业发展指数呈现显著的空间自相关性，主要体现为低碳试点城市新兴产业发展指数在空间上的正相关。东部城市经济发展水平较高，为新兴产业的发展提供了较好的经济基础，因此，处于 H-H 板块的城市以东部低碳试点城市为主。对于西部地区而言，除成都和西安外，包括新兴产业发展指数在西部排名靠前的重庆、乌鲁木齐、昆明、贵阳等低碳试点城市在内都处于 L-L 板块，新兴产业发展指数整体偏低。

虽然低碳试点城市建设提出的调整产业结构、建设低碳型产业体系等措施都有利于城市新兴产业的发展，但是，低碳试点城市的建设能否促进新兴产业的发展？如何促进新兴产业的发展？这些问题仍有待进一步探讨，尤其是对于经济基础薄弱，新兴产业发展水平相对较低的西部地区而言。

第四章 低碳城市制度对西部城市新兴产业培育的影响

制度作为约束人们行为的社会规制，可以分为正式制度和非正式制度。社会上多数人的低碳"信念"相对欠缺（卢现祥和李程宇，2013），关于低碳发展的非正式制度还未有效形成，目前有关低碳发展和低碳城市建设的制度主要以法律、法规、政策等正式制度为主。有鉴于此，基于构建低碳城市新兴产业培育制度联动机制的目标，本章将对国家层面发布的有关低碳发展的法律法规、政策及西部地区低碳试点城市制定的相关地方性法规、政策进行梳理，并在此基础上进一步探讨低碳城市制度对城市新兴产业培育的影响机理并进行实证检验。

第一节 低碳城市制度概述

一 低碳制度

低碳制度可以理解为促进经济社会低碳发展的一系列规制。目前低碳发展的正式制度主要包括基于"命令-控制"的低碳法律法规，和基于市场的碳排放权交易、碳限额、碳税、碳标签等。

（一）"命令-控制"型的低碳法律法规

低碳法律的制定具有一定的强制性，可以为能源安全、大气污染防治起到保障作用，同时也为低碳产业投资者建立信心。作为资本密集型行业的能源基础设施前期投资大，回报期较长，低碳法律制度确立的长期碳减排目标为低碳产业投资提供了保障（Boute，2012），从而对低碳产业投资起到了促进作用。例如，英国在2008年制定了《气候变化法案》，确定了温室气体的强制性减排目标，包括能源方面限制化石燃料碳排放的"碳排放绩效标准制度"、促进可再生能源发展的差异上网电价合同制度、针对生产领域的碳价格支持制度和针对消费领域的相关低碳法律制度。

为促进经济社会的低碳转型，我国也进行了大量的立法和法律法规修订工作。以低碳发展相关研究中高频使用的"低碳""节能减排""新能源""循环经济"为关键词，对国家法律法规数据库中的法律法规[①]进行全文检索，结果显示，涉及"低碳"的有效法律法规为378件，其中，国家层面的法律法规4件，地方性法规374件；涉及"节能减排"的为233件，其中，国家层面的法律法规4件，地方性法规229件；涉及"新能源"的为377件，其中，国家层面的法律法规6件，地方性法规371；涉及"循环经济"的为299件，其中，国家层面的法律法规6件，地方性法规293件。

国家层面的法律和行政法规主要涉及环境保护、节能和清洁能源、低碳循环生产等领域，相关法律和行政法规列示于表4-1。

表4-1 国家层面与低碳发展相关的主要法律和行政法规

涉及领域	法律、行政法规名称	通过或修改时间
环境保护领域	《中华人民共和国固体废物污染环境防治法》	2020年第二次修订
	《中华人民共和国大气污染防治法》	2018年第二次修正
	《中华人民共和国环境保护法》	2014年修订
节能和清洁能源领域	《中华人民共和国节约能源法》	2018年第二次修正
	《公共机构节能条例》	2017年修订
	《中华人民共和国可再生能源法》	2009年修正
	《民用建筑节能条例》	2008年公布

① 法律法规包括宪法、法律、行政法规、地方性法规和司法解释。

续表

涉及领域	法律、行政法规名称	通过或修改时间
低碳循环生产领域	《中华人民共和国循环经济促进法》	2018 年修正
	《中华人民共和国清洁生产促进法》	2012 年修正
环境税收领域	《中华人民共和国环境保护税法》	2018 年修正
	《中华人民共和国环境保护税法实施条例》	2017 年公布

资料来源：国家法律法规数据库，https://flk.npc.gov.cn/。

地方性法规占我国低碳相关法律法规的绝大多数，法规文件较为庞杂。从相关地方性法规的内容来看，在"低碳"方面，以促进文明行为和大气污染防治领域的法规为主，核心内容是倡导绿色低碳生活和消费；在"节能减排"方面，以节能和环保领域的法规为主，核心内容是推进重点领域节约能源、减少污染物排放；在"新能源"方面，以大气污染防治、交通运输、科技进步等领域的法规为主，核心内容是鼓励发展新能源和新能源车；在"循环经济"方面，以循环生产、固体废物污染防治、垃圾管理、环境保护等领域的法规为主，核心内容是鼓励循环清洁生产和资源循环利用。另外，在环境税收领域，辽宁等18个省（自治区、直辖市）的人大常委会就本地区的环境保护税适用税额等做出了决定或决议。在地方促进低碳发展的立法探索中，一些具有突破性的低碳立法创新值得重视：2012 年，深圳市通过了《深圳经济特区碳排放管理若干规定》，明确在深圳实行"强制+自愿"的碳排放管控制度，建立碳配额、碳抵消、碳交易制度；2016 年，南昌市制定了《南昌市低碳发展促进条例》，就南昌市的低碳发展规划、低碳经济、低碳城市和低碳生活等内容进行了较为全面的规定，可以说在我国地方性低碳综合立法探索中具有里程碑意义。

（二）基于市场的低碳制度

基于市场的低碳制度具有市场调节作用。2001 年英国开始实施气候变化税，其目的在于通过税收提高企业的能源利用效率及促进绿色新能源技术的开发。《京都议定书》（1997 年 12 月通过，2005 年 2 月正式生效）提出基于市场的联合履约（JI）、清洁发展机制（CDM）及排放贸易（ET）。2005 年 1 月，欧盟建立温室气体排放贸易机制（EU-EST），通过明确碳排放配额数量，可以对买卖双方起到激励作用，相比于单纯的罚款，EU-EST 更能提高企业减排的自觉性。2013 年，英国建立了排放价格支持机制，以气候变化税的形式对电力生产企业的能源使用征税，形成碳排放权交易的外部调控，从而将针对能源消耗的气候变化税与针对二氧化碳等温室气体的减排形成互补，促进节能与碳减排间的协同（龙英锋和丁鹤，2020）。为避免因气候变化税较强的权力性而可能导致的被征税企业或行业的抵触，英国还制定了气候变化协议，能源密集型企业、行业可以与政府签订自愿减排协议，完成协议规定即可享受提高气候变化税减免比例的优惠。为了推动消费领域的低碳发展，英、德、法等国推出了碳标签制度，即将产品生命周期中产生的碳排放量以标签的形式贴在产品上，告知消费者产品的碳足迹信息（Upham 等，2011）。2007 年，英国在日常商品包装上使用碳标签。2008 年，德国实现产品碳足迹标签试点，同年法国 Casino 公司推出碳标签。

通过借鉴英、德等国经验，我国对建立基于市场的低碳制度进行了探索。2011 年，国家发改委发布了《关于开展碳排放权交易试点工作的通知》，将天津、北京、重庆、上海、深圳五个城市和湖北、广东两省确定为碳排放权交易试点。2016 年，国家发改委发布了《关于切实做好全国碳排放权交易市场启动重点工作的通知》，确定 2017 年正式在全国启动碳排放权交易。2020 年生态环境部通过了《碳排放权交易管理办法（试行）》。为了更好地落实碳达峰和碳中和目标，2021 年，生态环境部出台了《关于加强企业温室气体排放报告管理相关工作的通知》和《碳排放权交易管理暂行条例（草案修改稿）》，以更好地协调各部门对全国碳市场的共同监管。生态环境部负责碳市场的技术规范，中国人民银行、国务院市场监督管理部门等机构参与碳排放权交易机构和碳排放权注册登记机构的监督管理。

此外，2015 年，我国首次提出了用能权使用和交易制度，并在 2016 年出台了《用能权有偿使用和交易制度试点方案》，将福建、浙江、四川和河南 4 个省份作为试点。用能权交易制度侧重前端管理，碳排放权交易制度侧重末端治理，两项制度相互补充，但同时也存在重叠和交集（康家梁和杭莎妮，2020）。另外，我国于 2009 年开始推行碳标签制度，在 2013 年发布了《低碳产品认证管理暂行办法》。

二　城市制度

（一）城市制度概述

城市是人口及其生产、生活最密集的空间，也是对生态系统产生最大影响的空间单元。当城市对生态系统的需求超过其生成能力，或城市排放的废弃物超过环境承载力时，就会导致生态系统自身的"输入—输出"代谢失衡，最终表现为资源的耗竭和环境的污染。

1965 年，美国学者 Thompson 在其《城市经济学导言》一书中，将城市建设与经济学结合，对城市经济发展的基本原理及存在问题和政策进行了分析。此后，研究者不断运用经济学理论、方法对城市问题展开研究，从城市消费需求和经济资源角度对城市规模和城市增长进行预测，通过对城市环境问题、交通拥堵问题的经济分析，为政府的经济政策制定提供决策支持。从经济学角度看，作为城市居住环境和经济活动的主要载体，城市空间不仅具有公共性、物质性和社会性等属性，还具有资源稀缺性等经济属性。随着城市化进程的加快、人口的快速增长以及社会分工和经济活动越来越复杂，土地、环境容量等自然资源的稀缺性变得日益突出。因此，城市空间不仅是物理空间，同时还具有经济空间的特征。纵观经济理论发展史，从经典区位理论，到新古典经济学，到公共经济学、新马克思主义政治经济学、空间经济学，再到新制度经济学，各学派都赋予了城市空间大量的经济属性。尤其是新制度经济学，它在新古典经济理论的基础上引入产权、交易费用，将制度作为重要因素引入城市空间规划中。尤其是产权制度，它是将城市公共环境的外部性进行内化的关键，也有利于促进城市环境资源的有效配置（吴远翔，2009）。面对城市空间快速增长带来的环境问题，有必要对其制度性根源进行探讨和反思。

对于城市制度的内涵和影响我国城市化的制度因素，国内学者有过众多探讨。董卫（1996）提出，城市制度是在一定政治经济制度下，规定人和空间的基本关系的准则和规范，并指出其主要内容包括城市的空间构成、建筑和土地权属、人口分布和资源开发利用等规则。陈忠（2003）则认为，城市制度的本质是城市成员在相互交往中所产生和体现的交往规则，包括基于上层建筑的正式规则和基于市民社会的非正式规则，涵盖了城市的经济、政治、文化、环境和生活制度。李强（2008）指出，在城市的空间发展中，城市规划制度、城建投融资制度和土地制度等对各类主体具有约束和激励作用，从而影响城市的空间发展。洪世键和曾瑜琦（2016）在实证分析的基础上，将财政分权制度、城市经济发展水平、城市人口、城市道路交通作为城市空间增长的主要驱动因素。对东部地区而言，财政分权的驱动力最大，对中西部地区而言，城市道路交通是主要驱动因素。踪家峰和林宗建（2019）总结了我国70年的城市化发展，指出户籍制度和土地制度是影响城市化的主要制度因素，其中户籍制度改革是推动城市化的直接因素，土地制度中的征地制度和土地配额制度是影响城市化进程的重要因素。总体来看，城市制度是规范城市成员之间关系、城市成员与城市空间关系的基本准则，是推动城市发展的基础；在内容上，城市制度是空间规划、经济、政治、文化、环境和生活等制度的统一体。

（二）城市制度对我国城市化进程的作用

王世福和易智康（2021）指出，我国已经从城市化快速发展阶段转向深度发展阶段，因而需要与之相匹配的城市制度，以提高可预见性，降低不确定性，降低交易成本，以及减少城市更新带来的负外部性。因此，制度在城市化进程中可以起到约束和引导作用，而通过具有强制约束的法律、法规、政策等正式制度，以及道德规范、文化传统等非正式制度，可以减少城市中的社会、经济活动对自然环境的影响。

林颖（2016）将城市设计看作一种制度设计，即在城市开发建设中，对相应的行为进行约束、激励的行为规制。朱猛（2017）将制度安排和制度环境作为外在的制度驱动力，将中央和地方政府、居民个体、契约组织作为行为主体，从制度与行为视角对城市空间增长机制和增长模式进行了分析。他从结构上将城市空间增长制度分为政治、经济和规划制度，其中政治制度主要包括行政区划制度和行政治理制度；经济制度主要包括城市土地使用制度、产权制度；规划制度主要指城市空间的规划制度。城市设计与城市空间的关系可以理解为，城市空间在空间资源配置过程中不断优化，自发地演进，但在快速发展中往往会导致公共空间的同质、缺失及资源环境破坏等问题，因而需要城市设计作为一种新的制度对城市空间环境进行优化。我国城市设计制度的实施路径主要有：（1）将城市总体设计与城市总体规划结合，基于城市设计方法明确城市的风貌形态特征、三维空间格局，为城市总体规划的定位和发展战略提供支持；（2）将城市设计融入控制性详细规划中，如浙江省宁波市编制城市设计导则，并设定为地方法定文件，为城市建设管控提供法定依据；深圳采取强制性要求，将城市设计作为控制性详细规划的一个部分。

自 20 世纪 90 年代开始，城市行政区划制度、城市财税制度、城市户籍制度、城市空间规划制度、城市土地制度等对我国的城市化进程产生了重要影响。其中，城市行政区划制度会影响城市政治地位。省会城市、直辖市相比于地级和其他城市拥有更大的土地使用权和财政自主权，并且有更强的资源调控能力，因而表现出更快的发展速度。城市财税制度主要是对城市的经济发展产生影响（陈小坚，2014）。城市户籍制度是城市人口增长的重要影响因素，户籍制度的改革是加快城镇化进程的主要动力。从 1984 年的《关于1984 年农村工作的通知》到 2016 年的《关于深入推进新型城镇化建设的若干意见》，我国户籍制度在逐步改革，降低了对人口流动的限制，促进了我国城镇化发展。城市土地制度主要通过征地制度和土地配额制度对城镇化产生影响。目前政府主导的征地制度会损害农民的利益，现有的土地配额制度在一定程度上导致了土地配置、人口在空间上的不匹配（踪家峰和林宗建，2019）。

城市空间规划制度主要通过从宏观的发展战略到微观的具体管理，实现对城市空间的规划和管理。从纵向来看，城市空间规划制度可以划分为国家、省（区市）、市、县和乡五个等级；从横向来看，城市空间规划制度包括国家发改委的主体功能区规划、国民经济和社会发展规划，国土资源部的土地利用总体规划和国土规划，住房和城市建设部的城市发展战略规划、城镇体系规划，生态环境部的生态功能区划、环境保护规划以及市政工程规划和交通规划等专项规划。可见，城市空间规划制度涉及经济社会发展、土地利用、城市规划、生态环境保护等多个方面的规划，为解决各规划间的衔接问题，2014 年国家发改委、住建部、国土资源部和环保部联合下发了《关于开展市县"多规合一"试点工作的通知》，确定了 28 个市县作为试点。其中，福建厦门市率先在2015 年将《厦门经济特区多规合一管理若干规定（草案）》列入立法；广西贺州市构建了"1+3+X"规划体系，即以发展总体规划为引领，以环境保护规划、土地利用规划和城乡规划为主体，结合林业、交通、水利等规划，形成相互协调的规划体系；浙江德清县建立了"多规合一"的信息平台，同时为工业技改项目、选商引资项目提供合规性审查，通过信息要素叠加消除空间矛盾。

三　低碳城市制度

低碳城市的概念和实践最早源于英国、日本等发达国家。2003 年英国政府发布了以"我们的能源未来：创建低碳经济"为主题的《英国能源白皮书》，2007 年日本政府颁布了"日本低碳社会模式及其可行性研究"，各国地方政府也制定了许多相关政策，如哥本哈根碳中和城市建设、伦敦市的"气候变化行动平台"、马尔默百分百采用可再生能源城市建设、纽约市将减少碳排放的相关内容和具体措施作为重要内容纳入了城市总体规划。低碳城市制度是城市低碳化发展中规范城市成员之间、城市成员与城市空间之间相互关系的基本规则，是低碳制度与城市制度的结合。低碳城市制度将低碳发展理念融入城市化发展中，包括空间规划、新能源开发和应用、低碳交通、建筑节能、产业结构调整及经济激励等多个方面。低碳城市建设是一个复杂的过程，Zhao 等（2019）从城市规划、工业发展法规、建筑节能、能源利用、经济措施和监督措施六个方面分析了 2010~2019 年我国低碳城市制度的演变，并提出影响低碳城市建设的 15 项政策，包括区域性规划、城市总体规划、城市交通规划、建筑节能、绿色建筑、预制建筑、经济激励、碳排放权交易、温室气体监管、低碳产业发展、淘汰落后产能、工业许可证、可再生能源利用、煤炭和化石能源限制以及环境保护。在此基础上，可以将低碳城市制度划分为七个方面，包括：城市空间规划制度、交通制度、建筑制度、能源制度、产业制度、科技制度和相关经济政策。

第二节　西部低碳试点城市制度现状

从 2010 年起，国家发改委分别确定了三批低碳试点城市名单，其中有 26 个西部城市，具体包括重庆市、贵阳市、呼伦贝尔市、桂林市、广元市、遵义市、昆明市、延安市、金昌市、乌鲁木齐市、乌海市、柳州市、成都市、玉溪市、普洱市思茅区、拉萨市、安康市、兰州市、敦煌市、西宁市、银川市、吴忠市、昌吉市、伊宁市、和田市、第一师阿拉尔市。下面将以西部低碳试点城市为样本，从地方性法规、综合性政策、专项政策三个方面分析西部低碳城市制度现状。

一　西部低碳试点城市建设的地方性法规

西部各低碳试点城市制定了相应的促进低碳发展的地方性法规，目前有效的法规具体列示于表4-2。

表4-2　西部低碳试点城市促进低碳发展的地方性法规

城市	地方性法规名称	通过或修改时间
重庆	《重庆市节约能源条例》	2019年修订
	《重庆市环境保护条例》	2018年第二次修正
	《重庆市公共汽车客运条例》	2018年通过
	《重庆市大气污染防治条例》	2018年第二次修正
昆明	《昆明市大气污染防治条例》	2020年通过
	《昆明市节约能源条例》	2019年修正
	《昆明市科学技术进步与创新条例》	2019年修正
	《昆明市文明行为促进条例》	2018年通过
	《昆明市道路交通安全条例》	2021年修正
	《昆明市再生资源回收管理条例》	2013年通过
	《昆明市机动车排气污染防治条例》	2013年通过
	《昆明市公共汽车客运条例》	2013年通过
乌鲁木齐	《乌鲁木齐市机动车和非道路移动机械排气污染防治条例》	2018年通过
	《乌鲁木齐市大气污染防治条例》	2021年第二次修订
	《乌鲁木齐市公共文明行为条例》	2016年通过
	《乌鲁木齐市建筑节能管理条例》	2010年修订
银川	《银川市文明行为促进条例》	2021年修正
	《银川市机动车排气污染防治条例》	2018年修改
	《银川市城市生活垃圾分类管理条例》	2016年通过
	《银川市建筑节能管理条例》	2011年通过
贵阳	《贵阳市建设生态文明城市条例》	2019年修正
	《贵阳市大气污染防治办法》	2017年通过
	《贵阳市民用建筑节能条例》	2011年通过
兰州	《兰州市大气污染防治条例》	2019年通过
	《兰州市机动车排气污染防治条例》	2018年通过
	《兰州市城市公共汽车客运管理条例》	2017年通过
西宁	《西宁市文明行为促进条例》	2019年通过
	《西宁市建设绿色发展样板城市促进条例》	2018年通过
	《西宁市大气污染防治条例》	2021年第二次修正

续表

城市	地方性法规名称	通过或修改时间
成都	《成都市生活垃圾管理条例》	2020 年通过
	《成都市环城生态区保护条例》	2012 年通过
金昌	《金昌市文明行为促进条例》	2020 年通过
遵义	《遵义市城市文明建设若干规定》	2019 年通过
普洱	《普洱市文明行为促进条例》	2020 年通过
呼伦贝尔	《呼伦贝尔市大气污染防治条例》	2019 年通过
吴忠	《吴忠市文明行为促进条例》	2019 年通过
乌海	《内蒙古自治区乌海市及周边地区大气污染防治条例》	2019 年通过

资料来源：国家法律法规数据库 https：//flk.npc.gov.cn/。

从内容来看，这些法规主要涉及倡导低碳生活、推动节能减排和新能源的推广使用、鼓励循环清洁生产和资源循环利用等。例如，昆明、乌鲁木齐、银川等 8 个城市都制定了"文明行为促进条例"，以倡导绿色低碳消费；昆明、重庆制定了"节约能源条例"，乌鲁木齐、银川和贵阳制定了"建筑节能管理条例"，这些地方性法规都有利于推动节能减排的实施；昆明、重庆等 8 个城市制定了地方性的"大气污染防治条例"和（或）"公共汽车客运条例"等法规，这有利于对大气污染物排放的控制和新能源汽车的推广等；银川、成都制定的"生活垃圾分类管理条例""生活垃圾管理条例"等地方性法规有利于推动清洁生产和资源的循环利用。

二　西部低碳试点城市建设的综合性政策

（一）国家层面低碳试点城市建设政策

国家发展和改革委员会发布的开展国家低碳城市试点文件为我国低碳城市建设提供了综合性的政策指引。2010 年、2012 年和 2017 年，国家发改委先后发布了三次开展国家低碳城市试点工作的通知，确定在广东等 6 省和天津市等 81 个城市先后开展低碳试点。国家开展低碳城市试点工作的政策文件及其主要政策内容列示于表 4-3。

表 4-3　国家开展低碳城市试点工作的政策文件及其主要政策内容

文件名称	政策主要内容
《国家发展改革委关于开展低碳省区和低碳城市试点工作的通知》（发改气候〔2010〕1587 号）	（1）研究制定低碳发展规划； （2）制定低碳发展的配套支持政策； （3）建立低碳产业体系； （4）建立碳排放的统计、管理体系； （5）提倡低碳生活和低碳消费。
《国家发展改革委关于开展第二批低碳省区和低碳城市试点工作的通知》（发改气候〔2012〕3760 号）	（1）编制低碳发展规划； （2）建立绿色低碳、循环环保的低碳产业体系； （3）建立碳排放的统计、管理体系； （4）建立控制碳排放的目标责任制； （5）提倡低碳生活和低碳消费。
《国家发展改革委关于开展第三批国家低碳城市试点工作的通知》（发改气候〔2017〕66 号）	（1）编制低碳发展规划； （2）建立碳排放目标的考核机制； （3）探索低碳发展的制度创新和政策创新； （4）提升低碳发展的管理能力。

注：政策内容根据文件自行整理。

（二）西部低碳试点城市的地方性综合政策

各低碳试点城市制定的地方性的试点工作（实施）方案、低碳发展规划，明确了低碳城市建设的总体要求、原则和目标、重点任务与工作（涉及能源、产业、交通、建筑、生活、碳汇等多个方面）、保障的政策措施等内容。就西部地区来看，26 个试点城市均制定了低碳试点工作（实施）方案，如《重庆市"十二五"控制温室气体排放和低碳试点工作方案》（2012 年）、《贵阳市低碳城市试点工作实施方案》（2013 年）、《成都市低碳城市试点实施方案》（2017 年），等等。贵阳、桂林等 11 个城市还编制了专门的低碳发展规划（见表 4-4）。2020 年成都市发布了《关于构建"碳惠天府"机制的实施意见》，提出通过运用多种方式为各类城市主体的节能减碳赋予一定的市场价值，构建能自动、持续发展的碳普惠生态圈。另外，一些城市有关生态文明建设的政策文件，也为城市低碳发展提供了综合性政策支持，如银川市的生态立市战略等。

表 4-4　西部低碳试点城市的低碳发展规划

城市	文件名称	发布年份
贵阳	《贵阳市低碳发展中长期规划（2011~2020 年）》	2013
桂林	《桂林市低碳城市发展"十三五"规划（2016~2020 年）》	2016
昆明	《昆明市"十三五"节能减排低碳发展规划》	2016
金昌	《金昌市低碳试点城市发展规划（2016~2020 年）》	2016
延安	《延安市低碳发展中长期规划（2015~2030 年）》	2017
广元	《广元市"十三五"低碳发展规划》	2017
普洱	《普洱市低碳发展规划（2016~2020 年）》	2017
兰州	《兰州市低碳城市发展规划（2017~2025 年）》	2017
银川	《银川市低碳城市发展规划（2017~2020）》	2018
安康	《安康市低碳发展规划（2018~2030 年）》	2018
柳州	《柳州市低碳发展规划（2017~2026 年）》	2019

注：根据各市政府网站公开资料自行整理。

三　低碳试点城市专项政策

根据本章第一节的分析，低碳城市建设主要涉及低碳城市空间规划、低碳城市交通、低碳城市建筑、低碳城市能源、低碳城市产业、低碳城市科技和低碳城市相关经济政策七个方面，下面将从这七个方面对低碳试点城市的专项政策进行分析，并从国家、西部地区两个层面进行对比。

（一）低碳城市空间规划

在区域性规划方面，我国的区域一体化规划打破了城市间的行政边界，通过区域内的资源配置和环境保护协调，推动了整个区域内城市碳排放问题的协同解决。尤其是长三角城市群、珠三角城市群、泛珠三角城市群以及西部地区的成渝城市群、兰州-西宁城市群、关中城市群等城市群的建设，打破了传统城市间的行政和地理边界，为推动低碳城市建设奠定了空间基础。

在城市总体规划中，将降低碳强度作为重要目标，如通过公共交通系统的改善以减少交通碳排放，同时在污染物排放总量控制、绿色建设、优化城市空间布局、生态空间规划、生态环境保护等多个方面采取措施。2016 年国务院对《南京市城市总体规划（2011 ~ 2020）》和 2017 年国务院对《沈阳市城市总体规划（2011 ~ 2020 年）》的批复中，要求建设环境友好型、资源节约型城市，以及根据绿色循环低碳理念对城市基础设施进行规划建设。2018 年国务院对《上海市城市总体规划（2017 ~ 2035 年）》的批复中，提出要推动上海的绿色低碳发展，引导绿色交通出行、降低建筑和产业能耗及优化能源结构。

就西部低碳试点城市来看，2015 ~ 2017 年，国务院批复了兰州、成都、银川、昆明、贵阳、拉萨、乌鲁木齐等城市的总体规划，批复中均明确要求建设环境友好型、资源节约型城市，强调节能减排、对污染物排放要严格控制，加强保护地方生态功能区和自然保护区。

（二）低碳城市交通

1. 国家层面的政策

在城市交通规划中，主要通过交通运输部制定和实施相关的低碳制度，促进城市绿色低碳公共交通的创新。此外，新能源汽车的推广也在低碳城市建设中起着重要作用。在国家层面，交通运输部逐步推进节能减排标准规范、部门规章建设，为城市低碳交通建设提供制度保障。从政策的内容来看，主要涉及交通领域的节能减排、低碳交通和绿色交通体系的构建和试点、新能源汽车的使用及推广等；从政策的时间分布来看，2011 年、2012 年是政策出台的密集年份，2011 年发布了 9 份政策文件，2012 年发布了 5 份。2010 年以来交通运输部发布的关于低碳交通的主要政策文件列示于表 4-5。

表4-5　2010年以来交通运输部发布的关于低碳交通的主要政策文件

发布年份	政策文件名称
2010	《开展"车、船、路、港"千家企业低碳交通运输专项行动》
	《交通运输部应对气候变化领域对外合作管理暂行办法实施细则》
	《进一步加强道路客运运力调控推进行业节能减排工作》
2011	《建设低碳交通运输体系指导意见》
	《建设低碳交通运输体系试点工作方案》
	《开展建设低碳交通运输体系城市试点工作》
	《进一步做好道路运输车辆燃料消耗量检测和监督管理工作》
	《交通运输行业标准汽车驾驶节能操作规范》
	《"十二五"期第一批全国重点推广公路水路交通运输节能产品（技术）目录》
	《公路水路交通运输行业落实国务院"十二五"节能减排综合性工作方案》
	《公路水路交通运输节能减排"十二五"规划》
	《"十二五"水运节能减排总体推进实施方案》
2012	《交通运输节能减排专项资金支持区域性、主题性项目实施细则（试行）》
	《交通运输节能减排第三方审核机构认定暂行办法》
	《道路运输车辆燃料消耗量达标车型表（第21批）公示》
	《交通运输部关于港口节能减排工作的指导意见》
	《交通运输节能减排能力建设项目管理办法（试行）》
2013	《加快推进绿色循环低碳交通运输发展指导意见》
2014	《交通运输行业贯彻落实〈2014~2015年节能减排低碳发展行动方案〉的实施意见》
	《关于公布交通运输行业首批绿色循环低碳示范项目的通知》
2015	《交通运输部关于加快推进新能源汽车在交通运输行业推广应用的实施意见》
	《船舶与港口污染防治专项行动实施方案（2015~2020年）》
2016	《关于实施绿色公路建设的指导意见》
	《交通运输节能环保"十三五"发展规划》
2017	《关于全面深入推进绿色交通发展的意见》
2019	《交通运输部关于发布交通运输行业重点节能低碳技术推广目录（2019年度）》

注：根据交通运输部网站公开资料自行整理。

2. 西部地区低碳试点城市的地方性政策

西部地区低碳试点城市也在逐步制定地方性的低碳城市交通政策，以打造绿色低碳交通和推广新能源汽车的使用。低碳交通政策制度建设的进展较快，重庆、贵阳、昆明、成都四城市先后入选国家低碳交通试点城市，成为双试点城市。目前，西部低碳试点城市涉及发展绿色低碳交通的相关政策文件主要有：《昆明市低碳交通运输体系建设城市试点实施方案》（2012 年）、《成都市综合交通运输"十二五"规划》（2013 年）、《贵阳市绿色低碳交通运输体系建设区域性试点实施方案（2013~2015）》（2013 年）、《昌吉回族自治州公共汽车客运管理暂行办法》（2015 年）、《兰州市全面深入推进绿色交通发展的实施意见》（2019 年）、《银川市城市步行和自行车交通系统建设实施方案》（2019 年），等等；涉及新能源汽车推广使用的政策文件较多，2010~2020 年，西部低碳试点城市发布的关于新能源汽车的主要政策文件列示于表 4-6。从各城市的发文数量来看，重庆、成都、昆明等城市发文数量较多。

表 4-6　2010~2020 年西部低碳试点城市发布的关于新能源汽车的主要政策文件

城市	文件名称	发布年份
重庆	《重庆市新能源汽车推广应用工作方案（2013~2015 年）》	2014
	《关于加快新能源汽车推广应用的实施意见》	2016
	《重庆市支持新能源汽车推广应用政策措施（2018~2022 年）》	2018
成都	《成都市支持新能源汽车推广应用的若干政策》	2017
	《成都市关于鼓励和规范新能源汽车分时租赁业发展的指导意见》	2017
	《成都市支持氢能暨新能源汽车产业发展及推广应用若干政策》	2019
贵阳	《关于促进贵阳市推广应用新能源汽车的实施意见》	2016
	《市人民政府办公厅关于修订〈市人民政府办公厅关于促进贵阳市推广应用新能源汽车的实施意见〉相关条款的通知》	2017

城市	文件名称	发布年份
昆明	《昆明市加快新能源汽车产业发展和推广应用若干政策（试行）》	2020
	《昆明市新能源汽车充电基础设施规划（2020~2025年）》	2020
	《昆明市加快推进电动汽车充电基础设施建设实施意见》	2020
兰州	《兰州市营运车辆清洁能源推广和改造方案》	2014
乌鲁木齐	《乌鲁木齐市新能源公交车推广应用实施方案（2015~2019）》	2015
银川	《银川市人民政府关于加快新能源汽车推广应用的试行意见》	2016
呼伦贝尔	《呼伦贝尔市公共领域新能源汽车充电设施建设、运营管理办法（试行）》	2016
延安	《延安市新能源汽车推广应用实施方案》	2016
安康	《安康市加快新能源汽车推广应用实施方案》	2017
昌吉	《自治州加快推进"电化昌吉"实施方案》	2017
敦煌	《敦煌市新能源汽车推广应用实施方案（2017~2020年）》	2017
玉溪	《玉溪市加快新能源汽车推广应用工作方案》	2018
普洱	《普洱市电动汽车充换电基础设施规划（2016~2020）》	2017
	《普洱市加快新能源汽车产业发展及推广应用工作实施意见》	2018
	《普洱市支持新能源汽车推广应用激励政策措施的通知》	2020
西宁	《西宁市进一步加快纯电动车推广应用支持锂电新能源产业发展的措施》	2020

注：根据各市政府官方网站、政府公报等公开资料自行整理。

（三）低碳城市建筑

1. 国家层面的政策

在城市建筑中，绿色建筑是实施建筑节能的关键措施，推动低碳城市建设的相关政策中都将建设绿色建筑作为重要任务。表4-7为2010年以来住房和城乡建设部主导发布的低碳建筑主要政策文件。从政策的内容来看，主要涉及建筑节能的技术、标准、实施方案和发展规划等方面；从政策发布的时间看，2010年、2012年是政策发布的高峰年份，2010年发布了7份文件，2012年发布了11份。

表 4-7　2010 年以来住房和城乡建设部主导发布的低碳建筑主要政策文件

年份	政策文件名称
2010	《开展住房城乡建设系统应对气候变化战略和规划研究》
	《民用建筑能耗和节能信息统计报表制度》
	《关于进一步加大工作力度确保完成"十一五"建筑节能任务的通知》
	《关于切实加强政府办公和大型公共建筑节能管理工作的通知》
	《既有建筑节能改造技术推广目录》
	《关于切实加强城市照明节能管理严格控制景观照明的通知》
	《关于进一步加强建筑门窗节能性能标识工作的通知》
2011	《节能建筑评价标准》
	《低碳生态试点城（镇）申报管理暂行办法》
	《"十二五"城市绿色照明规划纲要》
	《落实〈国务院关于印发"十二五"节能减排综合性工作方案的通知〉的实施方案》
2012	《绿色建筑行动方案》
	《既有居住建筑节能改造指南》
	《关于组织 2012 年度公共建筑节能相关示范工作的通知》
	《关于加快推动我国绿色建筑发展的实施意见》
	《绿色超高层建筑评价技术细则》
	《关于完善可再生能源建筑应用政策及调整资金分配管理方式的通知》
	《民用建筑能耗和节能信息统计暂行办法》
	《关于推进夏热冬冷地区既有居住建筑节能改造的实施意见》
	《夏热冬冷地区既有居住建筑节能改造补助资金管理暂行办法》
	《夏热冬冷地区既有居住建筑节能改造技术导则（试行）》
	《"十二五"建筑节能专项规划》
2013	《"十二五"绿色建筑和绿色生态城区发展规划》
2015	《关于绿色建筑评价标识管理有关工作的通知》
2016	《全国城市生态保护与建设规划（2015~2020 年）》
2017	《建筑节能与绿色建筑发展"十三五"规划》
	《住房城乡建设科技创新"十三五"专项规划》
2019	《绿色建筑评价标准》（GB/T 50378-2019）
2020	《绿色建筑创建行动方案》

注：根据住房和城乡建设部网站公开资料自行整理。

2. 西部地区低碳试点城市的地方性政策

西部低碳试点城市按照国家低碳试点和有关推进绿色节能建筑的政策要求，也制定出台了较多有关低碳建设的地方性政策文件，以推动本地建筑节能的实施和绿色建筑的发展。2010~2020 年，西部低碳试点城市发布的关于低碳建筑的主要政策文件列示于表 4-8。重庆、成都、西宁等城市发布的政策文件较多，其中，重庆和成都都先后出台了 6 份相关文件，在数量上明显高于其他城市。

表 4-8　2010~2020 年西部低碳试点城市发布的关于低碳建筑的主要政策文件

城市	文件名称	发布年份
重庆	《重庆市绿色建筑行动实施方案（2013~2020 年）》	2013
	《重庆市公共建筑节能改造示范项目和资金管理办法》	2016
	《重庆市人民政府办公厅关于大力发展装配式建筑的实施意见》	2017
	《重庆市可再生能源建筑应用示范项目和资金管理办法》	2017
	《关于推进绿色建筑高品质高质量发展的意见》	2019
	《重庆市推进建筑产业现代化促进建筑业高质量发展若干政策措施》	2020
成都	《成都市建筑能耗和节能信息统计工作实施方案》	2010
	《成都市绿色建筑行动工作方案》	2014
	《成都市城乡建设委员会成都市规划管理局关于我市新建民用建筑工程执行绿色建筑标准的通知》	2014
	《关于促进成都市建筑产业提质增效健康发展的实施意见》	2018
	《成都市城乡建设委员会等四部门关于新型墙材等建筑材料施行标识管理的通知》	2018
	《成都市建筑节能管理规定》	2020
兰州	《兰州市老旧住宅建筑节能改造实施方案》	2017
	《兰州市大力推进装配式建筑试点工作实施方案》	2017
	《兰州市墙体材料革新和民用建筑节能管理办法》	2018
	《兰州市推进建筑业持续健康发展工作方案》	2019

续表

城市	文件名称	发布年份
西宁	《关于加快推进可再生能源建筑应用示范城市建设的工作意见》	2010
	《西宁市开展公共建筑能效提升示范项目工作方案》	2016
	《西宁市绿色建筑管理办法》	2017
	《西宁市促进建筑业持续健康发展的实施方案》	2018
	《西宁市加快推进绿色建筑发展奖励办法》	2019
昆明	《昆明市可再生能源建筑应用城市示范实施方案》	2010
	《昆明市人民政府关于加快绿色建筑发展工作的实施意见》	2013
	《昆明市住房和城乡建设局关于加强绿色建筑设计和审查工作的通知》	2015
	《昆明市住房和城乡建设局关于进一步加强民用建筑工程项目建筑节能和绿色建筑质量管理工作的通知》	2016
乌鲁木齐	《乌鲁木齐市建筑节能管理办法》	2013
	《关于加快推进我市绿色建筑及建筑产业现代化促进建筑产业升级的实施意见》	2016
	《全面推进绿色建筑发展的实施方案》	2017
银川	《银川市可再生能源建筑应用示范项目管理办法》	2010
	《关于在政府投资公益性建筑及大型公共建筑建设中全面推进绿色建筑行动的实施意见》	2015
	《银川市关于大力推进装配式建筑发展的实施方案》	2018
柳州	《关于加强可再生能源在建筑中推广应用的实施意见》	2010
	《柳州市建筑产业现代化发展试点城市实施方案》	2017
	《柳州市绿色建筑创建行动方案》	2020
玉溪	《玉溪市可再生能源建筑应用城市示范项目管理办法》	2011
	《玉溪市人民政府办公室关于大力发展装配式建筑及产业的实施意见》	2018
延安	《延安市绿色建筑行动实施方案》	2017
	《延安市人民政府办公室关于进一步推进绿色建筑工作的实施意见》	2018
桂林	《桂林市绿色建筑实施细则》	2015
贵阳	《贵阳市绿色建筑行动实施方案》	2015
广元	《广元市人民政府关于加快发展装配式建筑的实施意见》	2017
吴忠	《吴忠市关于大力发展装配式建筑的实施方案》	2017
遵义	《市人民政府办公室关于鼓励发展装配式建筑的实施意见》	2019

注：根据各市政府网站、政府公报等公开资料自行整理。

（四）低碳城市能源

1. 国家层面的政策

我国城市化和工业化快速发展，能源需求也随之增加（Jiang 和 Lin，2013）。低碳城市建设是实现碳达峰目标的重要途径之一，节约能源和优化能源结构是低碳城市建设的重要组成部分。低碳城市的能源制度主要涉及节能减排和新能源发展两个方面。但是，新能源产业具有高风险、高投资以及投资回报不确定的特点，因此，其发展更需要政府在财政等方面的政策扶持（Ouyang 和 Lin，2014）。2010 年以来，从国家层面发布的有关低碳城市能源的主要政策文件列示于表 4-9。由其中可以看出，国家层面发布的低碳城市能源政策，在内容上主要包括新能源的发展规划和利用政策措施、工业领域的节能减排等；从政策发布时间看，2014 年和 2015 年是政策发布的密集年份，2014 年发布了 11 份政策文件，2015 年发布了 8 份；从政策的发布主体看，包括国务院，以及国务院下属的发改委、工信部等多个部门，其中，国家发改委、国家能源局是主要部门，由国家发改委主导发布的政策文件有 21 份，国家能源局主导发布的政策文件有 14 份。

表 4-9　2010~2020 年国家层面发布的有关低碳城市能源的主要政策文件

年份	政策文件名称	发布主体
2010	《中央企业节能减排监督管理暂行办法》	国务院
	《关于进一步加大工作力度确保实现"十一五"节能减排目标的通知》	国务院
	《关于加强工业固定资产投资项目节能评估和审查工作的通知》	工信部
2011	《关于完善太阳能光伏发电上网电价政策的通知》	国家发改委
	《风电场功率预测预报管理暂行办法》	国家能源局
	《风电开发建设管理暂行办法》	国家能源局
	《能源科技"十二五"规划（2011~2015）》	国家能源局

续表

年份	政策文件名称	发布主体
2012	《节能减排"十二五"规划》	国务院
	《能源发展"十二五"规划》	国务院
	《关于完善垃圾焚烧发电价格政策的通知》	国家发改委
	《天然气利用政策》	国家发改委
	《工业节能"十二五"规划》	工信部
	《生物质能发展"十二五"规划》	国家能源局
	《太阳能发电发展"十二五"规划》	国家能源局
2013	《关于做好2013年风电并网和消纳相关工作的通知》	国家能源局
	《2013年工业节能与绿色发展专项行动实施方案》	工信部
2014	《能源发展战略行动计划（2014~2020年）》	国务院
	《加强和规范生物质发电项目管理有关要求的通知》	国家发改委
	《组织开展低碳节能绿色流通行动的实施方案》	商务部等3部门
	《适当调整陆上风电标杆上网电价的通知》	国家发改委
	《重点地区煤炭消费减量替代管理暂行办法》	国家发改委等6部门
	《燃煤锅炉节能环保综合提升工程实施方案》	国家发改委等7部门
	《节能低碳技术推广管理暂行办法》	国家发改委
	《煤电节能减排升级与改造行动计划（2014~2020年）》	国家发改委等3部门
	《全国工业能效指南（2014年版）》	工信部
	《全国海上风电开发建设方案（2014~2016）》	国家能源局
	《关于加快培育分布式光伏发电应用示范区有关要求的通知》	国家能源局
2015	《工业领域煤炭清洁高效利用行动计划》	工信部、财政部
	《关于改善电力运行调节促进清洁能源多发满发的指导意见》	国家发改委、国家能源局
	《关于促进智能电网发展的指导意见》	国家发改委、国家能源局
	《关于开展可再生能源就近消纳试点的通知》	国家发改委
	《关于可再生能源就近消纳试点的意见（暂行）》	国家发改委
	《关于推进新能源微电网示范项目建设的指导意见》	国家能源局
	《关于组织太阳能热发电示范项目建设的通知》	国家能源局
	《电动汽车充电基础设施发展指南（2015~2020年）》	国家发改委等4部门

年份	政策文件名称	发布主体
2016	《关于推进"互联网+"智慧能源发展的指导意见》	国家发改委等3部门
	《关于建立可再生能源开发利用目标引导制度的指导意见》	国家能源局
	《可再生能源发展"十三五"规划》	国家发改委
	《煤炭工业发展"十三五"规划》	国家发改委、国家能源局
	《关于敦煌、日喀则、扬中创建高比例新能源示范城市的复函》	国家能源局
2017	《关于试行可再生能源绿色电力证书核发及自愿认购交易制度的通知》	国家发改委等3部门
	《关于加强"十三五"信息通信业节能减排工作的指导意见》	工信部
	《工业节能与绿色标准化行动计划（2017～2019年）》	工信部
	《地热能开发利用"十三五"规划》	国家发改委等3部门
	《关于可再生能源发展"十三五"规划实施的指导意见》	国家能源局
	《关于加强锅炉节能环保工作的通知》	国家市场监管总局等3部门
2018	《清洁能源消纳行动计划（2018～2020年）》	国家发改委、国家能源局
	《关于节能新能源车船享受车船税优惠政策的通知》	财政部等4部门
2020	《国家能源研发创新平台管理办法》	国家能源局
	《完善生物质发电项目建设运行的实施方案》	国家发改委等3部门

注：根据国务院网站、各部委网站公开资料自行整理。

2. 西部地区低碳试点城市的地方性政策

从区域层面看，我国的中部地区和东部地区是主要的能源消耗地区，西部地区是可再生能源的重要生产基地。西部低碳试点城市在推进节能减排的同时，进一步加大可再生能源的生产和使用，从而提高可再生能源在我国能源结构中的比重，优化城市的能源结构。金昌、敦煌等城市还是国家新能源示范城市，特别是敦煌市，将在城市电力、供热和交通领域实现100%可再生能源的使用。为推进节能减排和发展可再生能源，西部低碳试点城市出台了较多的地方性政策文件，2010~2020 年出台的有关低碳能源的主要政策文件列示于表 4-10。从政策内容看，推动节能的政策较多，发展新能源的政策主要集中于兰州、金昌、敦煌等部分西北城市，西部地区应进一步加强可再生能源的产业化，以增加新能源的供给。从各城市低碳能源政策发文的数量来看，银川、重庆、成都、兰州、西宁等城市的发文数量较多。

表 4-10　2010~2020 年西部低碳试点城市关于低碳能源的主要政策文件

城市	文件名称	发布年份
重庆	《重庆市公共机构节能办法》	2010
	《重庆市加强节能标准化工作实施方案》	2015
	《重庆市公共机构节约能源资源"十三五"规划》	2016
	《固定资产投资项目节能审查实施办法》	2017
	《重庆市区域节能评价审查管理暂行办法》	2019
成都	《成都市能源发展"十二五"规划》	2012
	《成都市"十二五"节能减排综合性工作方案》	2012
	《关于加快推行合同能源管理促进节能服务产业发展的实施意见》	2012
	《成都市节能减排降碳综合工作方案（2017~2020 年）》	2017
	《成都市加快能源消费结构调整实施方案（2017~2020 年）》	2017
兰州	《兰州市"十二五"公共机构节能规划》	2013
	《兰州市 2014~2015 年节能减排低碳发展实施方案》	2014
	《兰州市创建节能减排财政政策综合示范城市节能工作实施方案》	2015
	《兰州市节约能源实施方案》	2018
	《兰州市支持新能源产业发展工作方案》	2019
西宁	《西宁市人民政府办公厅关于做好"十二五"期间节能降耗工作的意见》	2011
	《西宁市 2014~2015 年节能减排低碳发展行动方案》	2014
	《西宁市建设光伏制造业基地的实施意见》	2016
	《西宁市"十三五"节能减排综合工作方案》	2017
	《西宁市"十三五"天然气建设发展规划》	2018

续表

城市	文件名称	发布年份
银川	《银川市 2014~2015 节能降耗行动计划》	2014
	《银川市煤炭消费总量控制实施方案》	2016
	《银川市人民政府办公厅关于下达"十三五"和2017年节能目标任务的通知》	2017
	《银川市 2018~2020 年煤炭消费总量控制工作方案》	2018
	《银川市清洁煤推广工作实施方案》	2019
昆明	《2011 年~2015 年昆明市"绿色光亮示范工程"工作方案》	2011
	《昆明市"十三五"能源发展规划》	2016
	《昆明市公共机构节约能源资源"十三五"规划》	2017
	《昆明市新型基础设施建设投资计划实施方案》	2020
贵阳	《贵阳市"十二五"节能减排综合性工作方案》	2012
	《贵阳市公共机构节能管理办法》	2013
	《贵阳市节能目标考核评价办法》	2014
	《2014~2015 年贵阳市节能减排低碳发展攻坚方案》	2014
乌鲁木齐	《乌鲁木齐市"十二五"节能减排工作的实施意见及部门分工方案》	2012
	《乌鲁木齐市重点用能单位节能管理办法（试行）》	2017
拉萨	《拉萨市能源发展规划（2016~2025 年）》	2017
普洱	《普洱市"十三五"清洁能源产业发展规划》	2017
	《普洱市人民政府关于加强节能降耗与资源综合利用工作推进生态文明建设的实施意见》	2018
	《普洱市加强节能标准化工作实施方案》	2019
	《普洱市"十三五"节能减排综合工作方案》	2019
金昌	《金昌新能源示范城市发展规划（2012~2015 年）》	2014
	《金昌市公共机构节约能源资源"十三五"规划》	2017
	《金昌市降低煤炭消费比重实施方案（2018~2020 年）》	2018
延安	《延安市公共机构节能实施办法》	2014
	《延安市公共机构节约能源资源"十三五"规划》	2017
	《延安市人民政府办公室关于做好全市公共机构节能工作的通知》	2019
桂林	《桂林市"十二五"节能减排综合性实施方案》	2012
	《桂林市风力发电"十二五"发展规划》	2013
	《桂林市能源发展"十三五"规划》	2017

城市	文件名称	发布年份
广元	《广元新能源示范城市发展规划（2012~2015）》	2014
	《广元新能源示范城市发展规划实施方案》	2014
	《广元市节能减排综合工作方案（2017~2020年）》	2017
敦煌	《敦煌新能源城市发展规划》	2011
	《敦煌100%可再生能源应用示范城市规划（2016~2020）》	2016
乌海	《乌海市"十三五"节能降碳综合工作方案》	2017
	《乌海市氢能产业发展规划（2020~2025）》	2020
柳州	《关于加强2020年能耗调控工作的实施方案》	2020
玉溪	《玉溪市人民政府办公室关于严格控制全市能源消费总量的通知》	2018

注：根据各市政府网站、政府公报等公开资料自行整理。

（五）低碳城市产业

1. 国家层面的政策

促进经济发展也是低碳城市建设的重要目标之一，产业的发展是实现经济持续发展的关键。低碳城市的产业制度在推动钢铁、煤炭等传统高污染高排放产业淘汰的同时，通过促进新能源产业、新材料产业、节能环保产业、生物医药、新能源汽车等新兴产业的发展，在降低城市碳排放的同时促进城市经济发展。2010年以来，国家层面发布的有关低碳城市产业的主要政策文件列示于表4-11。

表4-11 2010年以来国家层面发布的有关低碳城市产业的主要政策文件

年份	政策文件名称	发布主体
2010	《国务院关于加快培育和发展战略性新兴产业的决定》	国务院
	《国务院办公厅关于进一步加大节能减排力度加快钢铁工业结构调整的若干意见》	国务院
	《关于加快推行合同能源管理促进节能服务产业发展的意见》	国家发改委等4部门
	《国家发展改革委关于规范煤制天然气产业发展有关事项的通知》	国家发改委
	《当前国家鼓励发展的环保产业设备（产品）目录（2010年版）》	国家发改委、环保部

续表

年份	政策文件名称	发布主体
2011	《工业转型升级规划（2011~2015年）》	国务院
	《工业领域应对气候变化行动方案（2012~2020年）》	工信部等4部门
2012	《环保装备"十二五"发展规划》	工信部、财政部
	《"十二五"国家战略性新兴产业发展规划》	国务院
	《"十二五"节能环保产业发展规划》	国务院
	《节能与新能源汽车产业发展规划（2012~2020年）》	国务院
	《生物产业发展规划》	国务院
	《工业领域应对气候变化行动方案（2012~2020年）》	工信部等4部门
	《新材料产业"十二五"发展规划（节录）》	工信部
2013	《关于加快发展节能环保产业的意见》	国务院
	《关于促进光伏产业健康发展的若干意见》	国务院
	《低碳产品认证管理暂行办法》	国家发改委、国家认监委
2014	《关于加快新能源汽车推广应用的指导意见》	国务院
	《企业绿色采购指南（试行）》	商务部等3部门
	《关于印发重大节能技术与装备产业化工程实施方案的通知》	国家发改委、工信部
2015	《促进绿色建材生产和应用行动方案》	工信部、住房城乡建设部
	《2015年工业绿色发展专项行动实施方案》	工信部
2016	《新能源汽车生产企业及产品准入管理规定》	工信部
	《关于开展绿色制造体系建设的通知》	工信部
	《绿色制造工程实施指南（2016~2020年）》	工信部等4部门
	《关于"十三五"新能源汽车充电基础设施奖励政策及加强新能源汽车推广应用的通知》	财政部等5部门
2017	《关于加强"十三五"信息通信业节能减排工作的指导意见》	工信部
	《工业绿色发展规划（2016~2020年）》	工信部
	《关于加强长江经济带工业绿色发展的指导意见》	工信部等5部门
	《关于加快推进环保装备制造业发展的指导意见》	工信部

年份	政策文件名称	发布主体
2017	《关于促进石化产业绿色发展的指导意见》	国家发改委、工信部
	《工业节能与绿色标准化行动计划（2017～2019年）》	工信部
	《深入推进工业产品生态（绿色）设计示范企业创建工作的通知》	工信部
	《高端智能再制造行动计划（2018～2020年）》	工信部
2018	《关于发布钢铁行业等14个行业清洁生产评价指标体系的公告》	国家发改委等3部门
	《洗染业清洁生产评价指标体系》	国家发改委等3部门
2019	《推动原料药产业绿色发展的指导意见》	工信部等4部门
2020	《新能源汽车产业发展规划（2021～2035年）》	国务院
	《关于加快建立绿色生产和消费法规政策体系的意见》	国家发改委、司法部
	《新能源汽车生产企业及产品准入管理规定》	工信部

注：根据国务院网站、各部门网站公开资料自行整理。

从表4-11可以看出，低碳城市产业制度的制定和实施涉及国务院以及国务院下属的国家发改委、生态环境部、工信部、财政部、科技部、商务部等多个部委，并且很多政策、规划、方案的制定和实施需要多个部门的协同，其中，工信部为政策文件的主要发布主体，由工信部主导发布的文件有18份。在时间分布上，各年发文数量相对平均。对西部地区低碳产业的发展，国家层面的相关政策还提供了有利于发挥西部地区特有资源优势的指引。2014年，国家发改委发布《西部地区鼓励类产业目录》，鼓励甘肃、青海、宁夏和新疆等西部地区大力发展太阳能、风能等新能源产业。商务部分别在2008年、2013年和2017年发布《中西部地区外商投资优势产业目录》，该目录的确定为中西部地区产业低碳发展提供了方向性指导，旨在提高第二产业的标准，减少对污染型产业的投资，以及增加对大型能源储备技术研发和应用方面的投资；鼓励积极有效利用外资，引进国外先进技术，促进西部地区先进装备制造业、风能和太阳能关键零部件等新兴产业的发展。例如，西部地区的青海省大力发展太阳能和风能，2017 年其清洁能源产业产值占其地区生产总值的 45%，成为该地区的支柱产业。

2. 西部地区低碳试点城市的地方性政策

2010～2020 年西部低碳试点城市出台的有关低碳产业的主要政策文件列示于表 4-12。西部地区由于经济发展相对落后，各低碳试点城市都较为重视推动产业结构调整、发展新兴产业，以形成低碳产业体系。从政策内容看，推动和加快发展战略性新兴产业的发展是重点内容。兰州、柳州、成都、重庆等城市发布的政策文件较多，其中，兰州、柳州发文 8 份，成都 7 份、重庆 6 份。柳州是广西的工业基地，该城市在 2017 年入选第三批国家低碳试点城市，因此有关新兴产业的发文较多，且主要集中在 2019 年，柳州市落实国家和自治区有关低碳发展政策、推动城市产业转型和新兴产业发展的力度较大。

表 4-12　2010～2020 年西部低碳试点城市出台的有关低碳产业的主要政策文件

城市	文件名称	发布年份
重庆	《重庆市人民政府关于加快发展战略性新兴产业的意见》	2011
	《重庆市环保产业集群发展规划（2015～2020 年）》	2015
	《重庆市人民政府办公厅关于加快发展战略性新兴服务业的实施意见》	2016
	《重庆市装备工业调结构促转型增效益实施方案》	2017
	《重庆市加快新能源和智能网联汽车产业发展若干政策措施（2018～2022 年）》	2018
	《关于加快建立绿色生产和消费法规政策体系的实施意见》	2020
成都	《成都市人民政府办公厅关于加快推行合同能源管理促进节能服务产业发展的实施意见》	2012
	《成都市循环经济发展"十二五"规划》	2012
	《成都市"十二五"战略性新兴产业发展规划》	2012
	《成都制造 2025 规划》	2016
	《成都市促进五大高端成长型产业发展的若干专项政策》	2016
	《成都市战略性新兴产业发展"十三五"规划》	2017
	《关于创新要素供给培育产业生态提升国家中心城市产业能级若干政策措施的意见》	2017

城市	文件名称	发布年份
兰州	《兰州市人民政府关于加快工业转型跨越发展的意见》	2013
	《兰州市发展节能环保产业实施方案》	2014
	《全市加快战略性新兴产业发展实施方案》	2015
	《兰州市人民政府关于促进大数据发展的实施意见》	2016
	《兰州市构建生态产业体系推进绿色发展崛起的实施方案》	2018
	《兰州市支持新能源产业发展工作方案》	2019
	《兰州市进一步加快十大生态产业发展的工作方案》	2020
	《兰州市振兴制造业实施方案（2019~2025年）》	2020
银川	《银川市化解产能严重过剩矛盾促进产业转型升级的实施意见》	2014
	《银川工业产业结构调整和转型升级实施方案》	2015
	《银川市工业行业淘汰落后产能工作实施方案》	2017
	《银川市推进工业创新驱动转型升级的政策意见》	2018
	《银川市工业对标提升转型发展行动实施方案》	2019
西宁	《西宁市贯彻落实青海省投资推动产业发展指导意见实施方案》	2013
	《西宁市建设光伏制造业基地的实施意见》	2016
	《西宁市进一步加快纯电动汽车推广应用支持锂电新能源产业发展的措施》	2020
昆明	昆明市人民政府关于加快环保产业发展的实施意见》	2011
	《关于加快推进工业转型升级的实施意见》	2014
	《昆明市培育和发展战略性新兴产业三年行动计划（2015~2017）》	2015
	《昆明市加快新能源汽车产业发展和推广应用若干政策（试行）》	2020
	《昆明市关于支持数字经济发展的若干政策（试行）》	2020
贵阳	《贵阳市"十三五"节能环保产业发展专项规划》	2016
	《贵阳市大数据标准建设实施方案》	2017
	《贵阳贵安大数据及软件和信息技术服务业"百企引领"专项行动实施方案（2020~2022年）》	2020
	《贵阳市促进软件和信息技术服务业发展的若干措施（试行）》	2020
乌鲁木齐	《乌鲁木齐市振兴工业经济17项政策措施》	2017
	《关于加快乌鲁木齐市工业重点产业集群发展的意见》	2017
	《乌鲁木齐市产业结构调整负面清单》	2017

续表

城市	文件名称	发布年份
拉萨	《拉萨市"十三五"特色产业发展规划》	2017
	《关于加快推进净土健康产业发展若干政策意见的实施细则》	2020
柳州	《柳州市人民政府关于加快培育发展战略性新兴产业的意见》	2013
	《柳州市战略性新兴产业发展"十三五"规划》	2017
	《柳州市加快战略性新兴产业发展的若干意见》	2018
	《柳州市生物医药产业发展实施方案》	2019
	《柳州市促进机器人产业发展的若干措施》	2019
	《柳州市促进工业稳增长、调结构十条措施》	2019
	《柳州市"双百双新"产业项目推进工作方案》	2019
	《柳州市大数据产业发展实施方案（2020～2025年）》	2020
桂林	《桂林市加快重点工业产业及战略性新兴产业发展的若干政策意见》	2014
	《桂林市战略性新兴产业发展"十三五"规划》	2017
	《桂林市战略性新兴产业创新发展实施方案》	2017
	《桂林市循环经济发展"十三五"规划》	2017
	《桂林市工业高质量发展行动计划（2018～2020年）》	2018
安康	《安康市人民政府关于加快装备制造业发展的意见》	2014
	《安康市人民政府关于加快新型材料产业发展的意见》	2014
	《安康市人民政府关于加快生物医药产业发展的意见》	2015
	《安康市科技型企业创新能力提升三年行动计划（2017～2020年）》	2017
乌海	《乌海市人民政府关于保持工业经济平稳增长促进转型升级的意见》	2014
	《乌海市氢能产业发展规划（2020～2025）》	2020
金昌	《金昌市循环经济统计管理办法和循环经济统计实施方案》	2013
	《金昌市循环低碳经济工作考核评价办法（试行）》	2014
	《金昌市绿色化信息化智能化改造推进传统产业转型升级行动计划》	2020
敦煌	《敦煌太阳能产业区发展规划》	2010
	《敦煌市战略性新兴产业发展实施方案》	2016
普洱	《普洱市"十三五"清洁能源产业发展规划》	2017
	《普洱市以信息产业为重点的智能产业"十三五"发展规划》	2018
玉溪	《玉溪市数字经济发展规划（2020～2025年）》	2020
	《玉溪市支持数字经济发展七条措施》	2020

注：根据各市政府网站、政府公报等公开资料自行整理。

（六）低碳城市科技

1. 国家层面的政策

低碳城市建设离不开技术政策的支持，国务院及其下属的科技部、国家发改委、工信部等部门制定和实施的科技政策，涉及节能减排技术、可再生能源开发技术、产品生态设计、绿色制造及绿色数据中心先进技术等多个方面。2010 年以来，国家层面发布的低碳城市科技政策的主要文件列示于表 4-13。在政策的内容上，主要包括技术的研发、推广及应用等；在政策发布的时间上，2012 年、2014 年是政策发布的密集年份，2012 年发布了 7 份文件、2014 年发布了 8 份文件；在政策的发布主体上，科技部、国家发改委是主要的政策发布部门，其中，科技部主导发文 9 份，国家发改委主导发文 7 份。

表 4-13　2010 年以来国家层面发布的低碳城市科技政策的主要文件

年份	政策文件名称	发布主体
2012	《智能电网重大科技产业化工程"十二五"专项规划》	科技部
	《风力发电科技发展"十二五"专项规划》	科技部
	《太阳能发电科技发展"十二五"专项规划》	科技部
	《洁净煤技术科技发展"十二五"专项规划》	科技部
	《绿色制造科技发展"十二五"专项规划》	科技部
	《"十二五"绿色建筑科技发展专项规划的通知》	科技部
	《半导体照明科技发展"十二五"专项规划》	科技部
2013	《"十二五"国家碳捕集利用与封存科技发展专项规划》	科技部
	《国家重点节能技术推广目录（第六批）》	国家发改委
2014	《节能低碳技术推广管理暂行办法》	国家发改委
	《2014~2015 年节能减排科技专项行动方案》	科技部、工信部
	《节能低碳技术推广管理暂行办法》	国家发改委
	《煤电节能减排升级与改造行动计划（2014~2020 年）》	国家发改委等 3 部门
	《关于组织开展工业产品生态设计示范企业创建工作的通知》	工信部
	《关于印发重大节能技术与装备产业化工程实施方案的通知》	国家发改委、工信部
	《国家重点推广的低碳技术目录（第一批）》	国家发改委
	《国家重点推广的电机节能先进技术目录（第一批）》	工信部

年份	政策文件名称	发布主体
2016	《绿色制造工程实施指南（2016~2020年）》	工信部等4部门
2018	《关于促进首台（套）重大技术装备应用示范的意见》	国家发改委等8部门
2019	《关于加强绿色数据中心建设的指导意见》	工信部等3部门
	《绿色数据中心先进适用技术产品目录（2019年版）》	工信部

注：根据国务院网站、各部委网站公开资料自行整理。

2. 西部地区低碳试点城市的地方性政策

为提升低碳技术水平，西部低碳试点城市陆续制定了促进地方技术创新、科技成果转化、技术应用推广等相关政策，支持各城市低碳技术的创新发展和运用。2010~2020年西部低碳试点城市发布的有关低碳科技的主要政策文件列示于表4-14。成都、重庆是发布低碳城市科技政策最多的城市，两个城市拥有远超其他试点城市的科研能力，为其低碳发展提供了良好的技术支撑。

表4-14　2010~2020年西部低碳试点城市发布的有关低碳城市科技的主要政策文件

城市	文件名称	发布年份
重庆	《重庆市促进企业技术创新办法》	2015
	《重庆市人民政府办公厅关于促进首台（套）重大技术装备示范应用的实施意见》	2018
	《重庆市引进科技创新资源行动计划（2019~2022年）》	2019
	《重庆市构建市场导向的绿色技术创新体系的实施方案》	2020
成都	《成都市科学与技术发展"十二五"规划》	2012
	《成都市加快科技创新驱动发展实施方案（2014~2017年）》	2014
	《促进国内外高校院所科技成果在蓉转移转化若干政策措施》	2016
	《关于创新要素供给培育产业生态提升国家中心城市产业能级科技成果转化政策措施的意见》	2017
	《关于创新要素供给培育产业生态提升国家中心城市产业能级知识产权政策措施的实施细则》	2017
兰州	《兰州市深化科技体制改革加快创新型城市建设的实施意见》	2014
	《兰州市支持科技创新若干措施》	2017
	《关于加快推进兰州国家自主创新示范区建设的实施意见》	2019

城市	文件名称	发布年份
银川	《银川市重点领域首台（套）产品认定和扶持办法（试行）》	2014
	《银川市"十三五"科技创新发展规划》	2016
	《银川市"科技强市"战略实施意见》	2017
昆明	《关于深化科技体制改革建立创新机制推动创新发展的实施意见》	2016
	《昆明市实施创新驱动发展战略行动计划（2017～2020年）》	2017
	《昆明市技术转移体系建设实施方案》	2019
贵阳	《关于加大科技研发投入的实施意见（暂行）》	2016
西宁	《西宁市支持科技创新若干奖励措施（试行）》	2018
金昌	《金昌市"十三五"科技创新规划》	2017
	《金昌市加快科技创新发展若干措施》	2017
广元	《广元市"十三五"科技创新发展规划》	2017
	《广元市促进科技成果产出转移转化十条措施》	2018
桂林	《桂林市促进科技创新发展实施办法》	2017
	《桂林市科技创新支撑产业高质量发展实施方案（2019～2021年）》	2019
柳州	《柳州市科技创新支撑工业高质量发展行动方案》	2019
玉溪	《玉溪市促进科技成果转移转化实施方案》	2017
延安	《延安市促进科技成果转化若干规定》	2018
安康	《安康市科技型企业创新能力提升三年行动计划（2017～2020年）》	2017

注：根据各市政府网站、政府公报等公开资料自行整理。

（七）低碳城市相关经济政策

1. 国家层面的政策

低碳城市建设要实现碳减排和经济增长的双重目标，不仅需要法律、法规等强制性的环境规制，如环境保护法（2014年修订）、环境保护税法（2018年修正）等，还需要通过碳排放交易、绿色金融、财政等相关经济政策的制定和实施，充分发挥市场机制的作用，以及通过财政补贴、税收优惠等政策为低碳城市建设提供资金支持。因此，低碳城市制度还包括财政、税收、金融等有利于低碳城市建设的相关经济政策。

碳排放权交易对温室气体减排和低碳城市建设起着重要的作用，2011年起开始在北京等地开展交易试点。为了进一步推动碳排放权交易市场的建立，国家相关部门出台了一系列配套政策，包括国家发改委发布的

《温室气体自愿减排交易管理暂行办法》（2012 年）、《温室气体自愿减排项目审定与核证指南》（2012 年）、《碳排放权交易管理暂行办法》（2014 年）、《关于切实做好全国碳排放权交易市场启动重点工作的通知》（2016 年）、《全国碳排放权交易市场建设方案（发电行业）》（2017 年），以及生态环境部在 2021 年发布的《碳排放权交易管理办法（试行）》。

为了充分发挥资本市场服务实体经济、优化资源配置的功能，2016 年，中国人民银行、国家发改委、财政部、环保部、中国证监会、中国银监会、中国保监会联合发布了《关于构建绿色金融体系的指导意见》，提出建立绿色金融体系以更好地解决项目的环境外部性问题，主要涉及绿色信贷、绿色债券、绿色发展基金、绿色保险，以及有关碳排放权、用能权和排污权等的环境权益交易。其中，绿色债券主要为绿色项目、绿色经济、绿色产业募集资金，主要包括绿色资产支持证券、绿色公司债券、绿色企业债券、绿色债务融资工具和绿色金融债券等。2020 年 5 月，中国人民银行牵头发布了《关于印发〈绿色债券支持项目目录（2020 年版）〉的通知（征求意见稿）》，对绿色债券进行进一步规范，以更好地发挥其在应对气候变化、改善环境及推动产业绿色低碳转型升级方面的积极作用。在推进地方绿色金融改革试点方面，将浙江等六省（区、市）九地确立为创新试验区，其中包括西部地区的重庆万州、兰州新区。

在财税政策方面，为了更好地解决低碳城市建设中存在的资金问题，国家出台了一系列财政支持政策，不仅包括对低碳试点城市建设的财政支持和直接投资，还针对生产环节的节能减排、清洁生产、可再生能源生产和使用等，以及消费环节的绿色消费、新能源汽车的购置和使用等给予财政补贴和税收优惠。2011 年，财政部和国家发改委联合制定《节能减排财政政策综合示范指导意见》，在全国开展示范，先后有 30 个城市入选综合示范名单。另外，《打赢蓝天保卫战三年行动计划》（2018 年）特别指出，从事污染防治的企业可以享受企业所得税优惠。

2010 年以来，国家层面发布的促进低碳城市建设的相关经济政策文

件列示于表 4-15。从发文的时间上看，2015 年是高峰年份，共发布了 13
份文件；在政策的发布主体上，财政部、国家发改委是主要的发文部门，
财政部主导发布的文件为 17 份，国家发改委主导的发文为 13 份。

表 4-15　2010 年以来国家层面发布的促进低碳城市建设的相关经济政策文件

年份	政策文件名称	发布主体
2010	《中国清洁发展机制基金管理办法》	财政部等 7 部门
	《关于财政奖励合同能源管理项目有关事项的补充通知》	国家发改委、财政部
2011	《节能减排财政政策综合示范指导意见》	财政部、国家发改委
	《中华人民共和国资源税暂行条例实施细则》	财政部、国家税务总局
	《资源税若干问题的规定》	国家税务总局
	《节能技术改造财政奖励资金管理办法》	财政部、国家发改委
2012	《中国清洁发展机制基金赠款项目管理办法》	国家发改委、财政部
	《温室气体自愿减排交易管理暂行办法》	国家发改委
	《温室气体自愿减排项目审定与核证指南》	国家发改委
	《关于公共基础设施项目和环境保护节能节水项目 企业所得税优惠政策问题的通知》	财政部、国家税务总局
2013	《关于节约能源使用新能源车船车船税政策的通知》	财政部等 3 部门
2014	《关于进一步推进排污权有偿使用和交易试点工作的指导意见》	国务院
	《关于海上风电上网电价政策的通知》	国家发改委
	《碳排放权交易管理暂行办法》	国家发改委
	《关于开展中央财政支持海绵城市建设试点工作的通知》	财政部
2015	《可再生能源发展专项资金管理暂行办法》	财政部
	《节能减排补助资金管理暂行办法》	财政部
	《关于促进绿色消费的指导意见》	国家发改委等 10 部门
	《关于实行燃煤电厂超低排放电价支持政策有关问题的通知》	国家发改委等 3 部门
	《关于完善陆上风电光伏发电上网标杆电价政策的通知》	国家发改委
	《绿色债券发行指引》	国家发改委
	《关于"十三五"新能源汽车充电基础设施奖励政策 及加强新能源汽车推广应用的通知》	财政部等 5 部门
	《关于 2016~2020 年新能源汽车推广应用财政支持政策的通知》	财政部等 4 部门
	《关于节约能源使用新能源车船车船税优惠政策的通知》	财政部等 3 部门
	《关于风力发电增值税政策的通知》	财政部、国家税务总局
	《环保"领跑者"制度实施方案》	财政部等 4 部门
	《关于减征 1.6 升及以下排量乘用车车辆购置税的通知》	财政部、国家税务总局
	《关于落实全国碳排放权交易市场建设有关工作安排的通知》	国家发改委

续表

年份	政策文件名称	发布主体
2016	《关于构建绿色金融体系的指导意见》	中国人民银行等7部门
	《关于切实做好全国碳排放权交易市场启动重点工作的通知》	国家发改委
2017	《全国碳排放权交易市场建设方案（发电行业）》	国家发改委
2018	《打赢蓝天保卫战三年行动计划》	国务院
2020	《关于免征新能源汽车车辆购置税的公告》	财政部等4部门
	《清洁能源发展专项资金管理暂行办法》	财政部

注：根据国务院网站、各部门网站公开资料自行整理。

2. 西部地区低碳试点城市的地方性政策

西部低碳试点城市也制定了一系列有利于低碳城市建设的财政、税收、金融等经济政策，探索使用碳排放交易、绿色金融、财政综合改革等经济措施，推进城市的低碳建设。2010~2020年西部低碳试点城市出台的主要经济政策文件列示于表4-16。从表中可以看出，在碳排放权交易方面，重庆、金昌等城市进行了制度建设方面的探索；在绿色金融方面，重庆、兰州、安康等城市发布了相关试点方案；在财政综合改革方面，兰州、贵阳、乌鲁木齐等城市出台了试点政策。从各城市发文的数量来看，重庆、成都、兰州出台的文件较多。

表4-16　2010~2020年西部低碳试点城市出台的主要经济政策文件

城市	文件名称	发布年份
重庆	《重庆市碳排放权交易管理暂行办法》	2014
	《重庆市碳排放配额管理细则（试行）》	2014
	《重庆市工业企业碳排放核算报告和核查细则（试行）》	2014
	《重庆市绿色建筑项目补助资金管理办法》	2015
	《重庆市新能源汽车推广应用财政补助资金管理实施细则（暂行）》	2016
	《重庆市公共建筑节能改造示范项目和资金管理办法》	2016
	《重庆市可再生能源建筑应用示范项目和资金管理办法》	2017
	《重庆市万州区绿色金融试点工作方案》	2017
	《关于推进金融标准创新建设的实施意见》	2018

城市	文件名称	发布年份
成都	《成都市人民政府办公厅关于推动绿色金融发展的实施意见》	2018
	《成都市人民政府办公厅关于健全生态保护补偿机制的实施意见》	2018
	《成都市鼓励出租车纯电动化试点财政补贴实施细则》	2019
	《成都市新能源汽车市级补贴实施细则》	2019
	《成都市公共建筑节能改造示范项目和补助资金管理办法》	2019
	《成都市金融业发展专项资金管理办法》	2020
兰州	《兰州市节能减排财政政策综合示范城市奖励资金管理办法》	2015
	《兰州市扶持战略性新兴产业发展项目贷款贴息专项资金管理暂行办法》	2018
	《兰州市扶持战略性新兴产业暨生态产业发展专项资金管理办法》	2019
	《兰州市初始排污权分配确权管理办法》	2019
	《兰州新区建设绿色金融改革创新试验区总体方案》	2019
	《兰州新区绿色金融五年发展规划（2020~2024年）》	2020
银川	《银川市可再生能源建筑应用专项资金管理实施细则》	2010
	《银川市环境保护税征管协作工作机制》	2019
昆明	《昆明市新能源汽车推广应用财政补助资金管理办法》	2015
	《昆明市"十三五"金融业发展规划》	2016
	《昆明市新能源汽车充电基础设施财政补贴资金管理办法（暂行）》	2018
贵阳	《贵阳市节能减排财政政策综合示范工作推进方案》	2012
	《贵阳市市级循环经济发展专项资金管理办法》	2016
西宁	《西宁市污染减排奖励资金使用管理暂行办法》	2010
	《西宁市金融支持绿色发展实施方案》	2017
乌鲁木齐	《乌鲁木齐市节能减排财政政策综合示范项目和资金管理暂行办法》	2016
	《乌鲁木齐市产业引导基金管理暂行办法》	2017
安康	《安康市绿色金融示范市建设工作方案》	2016
	《安康市绿色金融工作考核暂行办法》	2017
	《安康中心城市公共汽电车运营财政补贴资金管理办法》	2020
柳州	《柳州市战略性新兴产业发展专项资金管理办法》	2015
	《关于构建绿色金融体系实施意见》	2019
桂林	《桂林市工业企业技术改造资金管理暂行办法》	2010

城市	文件名称	发布年份
金昌	《金昌市碳排放权交易试点实施方案》	2015
广元	《广元市推进绿色金融发展实施意见》	2018

注：根据各市政府网站、政府公报等公开资料自行整理。

综合以上分析，不管是在国家层面还是在西部地区层面，都针对低碳城市建设出台了相应的试点政策、发展规划、地方性法规，以及空间规划、交通、建筑、能源、产业、科技、相关经济政策七个方面的专项政策。西部低碳试点城市中，成都、重庆、昆明、乌鲁木齐出台的地方性专项政策较多，对比第三章中测算的城市新兴产业发展指数，相比西部地区其他城市，这些城市的新兴产业发展得也较好。那么，低碳城市制度是否能促进城市新兴产业的培育？如何更好地促进西部低碳城市新兴产业的培育？在推广低碳城市试点的同时能否带动周边城市新兴产业的发展？为了回答这些问题，我们还需要进行进一步的实证检验。

第三节　低碳城市制度对城市新兴产业培育的影响

一　制度对新兴产业培育影响的概述

古典经济学将资本作为影响经济增长的重要因素。亚当·斯密（1776）认为资本积累、提高劳动效率是增加国民财富的主要途径。李嘉图（1821）认为土地报酬递减规律性资本积累的停止会导致经济增长趋势的停止。在此基础上，Solow（1956）提出了资本系数可变和资本系数不可变模型，将技术进步作为推动经济增长的主要因素。但是，新古典增长模型仍属于资本决定论范畴。Arrow（1962）建立了"干中学"模型，将技术进步作为经济增长的内生变量，从而打破了新古典经济学的资本决定论，开启了内生增长理论的研究。Romer（1990）进一步建立了"知识溢出"模型，将人力资本、技术进步与非技术劳动、物质资本一起作为推动经济增长的内生变量，并且认为科技水平、人力资本存量是导致各国经济增长速度不一样的根本原因。不管是古典经济学、新古典经济学，还是内生增长理论，都将制度作为经济增长的外生变量。North（1990）将制度作为经济增长的主要因素解释了荷兰和英国经济增长的原因。奥斯特罗姆等（1992）将制度作为经济增长除资本、劳动、技术之外的第四个要素，并指出制度因素是导致不发达国家经济增长缓慢的原因。杨小凯和黄有光（1999）基于制度安排、交易费用、分工水平三者的关系建立了"新兴古典微观经济学框架"。

与传统产业相比，新兴产业具有高技术特征，人力资本和技术创新是新兴产业培育中不可或缺的要素。但是，技术创新的绩效在一定程度上受制于制度安排、制度创新。Freeman 和 Perez（1988）指出，日本的技术创新之所以能够获得飞速发展离不开制度的变革，人力资本创造性、能动性的充分发挥也离不开制度的激励。柯武刚和史曼飞（2000）认为，制度发展不足是解释产业革命未能在我国出现的主要缘由。新兴产业属于高风险、高收益、高投入的新的产业形态，从而使新兴产业的培育更依赖于有效的制度环境。吴敬琏（1999）提出，新兴产业的发展离不开"有利于创新的制度"，包括形成有利于充分发挥人力资本的制度环境、建立"有利于创新的融资机制"以及维护市场秩序和确立竞争规制。史丹和李晓斌（2004）的调查结果显示，高技术产业发展的影响因素中，制度因素排在第一位，包括国家科技管理制度、企业产权制度、治理制度、市场制度和激励制度，其中，国家科技管理制度又在制度因素中排名第一。

吴传清和周勇（2010）提出了战略性新兴产业的培育和发展路径，即政府作用下的外推路径与市场主导的内生路径相结合，其中外推路径中政府的制度安排包括产业规划引导、产业政策（产业结构政策、产业组织政策、产业布局政策、产业技术政策）激励、产业标准规制；并指出我国西部地区的市场基础较为薄弱，应加大金融财政政策的支持。袁中华（2011）运用产业非国有化、产业利益分配格局、产业市场化程度、对外开放程度四个制度变量反映新兴产业发展的制度因素，实证分析结果显示，制度因素对电子计算机及办公、医疗设备及仪表、电子及通信设备行业有显著的拉动作用。Wu（2013）的实证研究表明，制度距离和制度环境多样性与新兴市场企业的产品创新绩效存在显著相关性。吴永林和万春阳（2015）的研究表明，国家的政治环境、金融环境、产权制度和投资环境显著影响高技术企业的创新动力。总的来说，制度在减少新兴产业的技术创新风险、培育技术创新条件、完善技术创新机制环境等方面起着重要作用，体现在人力资本教育和培训、宏观经济政策等多个方面，能够形成有利于技术创新的一系列社会机制（赵玉林，2006）。

从产业变迁角度看，新兴产业的产生过程是一个不断衍生、扩张的过程，即新企业的诞生，或是产业内原有企业规模的扩张，具体表现为资源要素的转移。在这一过程中，必须有产权明晰的产权制度，配套的产业融资制度、企业兼并制度、市场准入制度以及反对不正当竞争的竞争制度（文启湘，2005）。并且，新兴产业的发展规律、发展模式与传统产业存在较大区别，对于处于初创期的新兴产业，政府的制度保障和政策引导起着非常重要的作用。

尽管政府加大了对新兴产业发展的扶持，但从制度本身来看，制度创新空间仍较大，并且，制度间的联动性、耦合性还需加强。促进新兴产业的培育和发展不能仅仅依靠某个单一制度，而是需要一个相互作用、相互协调、相互配合的制度系统。袁中华（2011）提出了基于正式、非正式制度的新兴产业发展的制度系统，其中正式制度分为要素培育制度（包括融资、人力和科技制度等）、企业制度（包括企业组织、企业产权、法人治理制度等）、政府管理制度（包括财税、法律和产业政策等），形成以要素培育制度为核心、企业制度为微观基础、政府管理制度为支撑的新兴产业发展制度系统。制度系统中各子系统相互关联、相互耦合。总的来说，新兴产业的发展不仅需要科技、人力资本等要素培育制度的激励，还需要政府财政、税收、金融等相关政策的扶持。

二 低碳城市制度对城市新兴产业培育的影响机理

新兴产业的兴起和发展由资金、技术和人才等要素决定，但这些要素条件的构成离不开政府制度的保障。改革开放以来，我国坚持经济体制、制度的改革，在融资制度方面，加大商业银行和政策性银行对新兴产业的支持；在政府管理制度方面，通过增加财政投入、优化财政支出的方式，为技术创新提供资金保障，促进新兴产业发展；在城市建设方面，加快城市基础设施建设，尤其是新型基础设施建设，为新兴产业发展提供支持。并且，低碳试点城市建设在推动低碳城市制度不断完善的同时也会对城市新兴产业培育产生影响。根据本章第二节的分析，低碳城市制度既包括以低碳试点为代表的综合性政策，也包括低碳城市空间规划、交通、建筑、能源、产业、科技及财政和金融等相关经济政策七个方面的专项政策。综合以上分析，下面以低碳试点、城市建设、财政、金融几方面政策为例，就低碳城市制度影响城市新兴产业培育的机理进行探讨。

（一）低碳试点制度因素对城市新兴产业培育的影响

目前关于低碳试点政策的研究较为丰富，研究内容主要集中在以下三个方面。一是对低碳试点政策的成效评估。陈楠和庄贵阳（2018）从宏观、能源、产业、生活、资源环境、政策六个方面构建了低碳城市建设多维评价指标体系，并将新兴产业增加值占 GDP 的比重作为产业低碳化的重要指标。二是低碳试点城市建设对科技创新和产业结构升级有显著的促进作用，进而有利于空气污染的治理（王华星和石大千，2019；宋弘等，2019）。三是低碳试点政策具有明显的激励效应、示范效应和引导效应（佘硕等，2020）。庄贵阳（2020）建立了低碳城市政策的"试点—扩散"机制，并提出，应充分发挥企业在低碳产业、低碳技术创新等方面的市场主体作用，同时加强对低碳试点城市的财政、税收支持。综合已有文献可以看出，低碳试点政策具有促进城市节能减排、产业结构升级的双重作用。新兴产业作为推动城市经济增长的新动力，低碳试点城市建设可以为新兴产业的培育提供空间载体，成为培育城市经济新动能的重要单元。

（二） 财政制度因素对城市新兴产业培育的影响

技术创新是新兴产业发展的重要引擎，但是，研发创新往往需要大量的人力、资金的投入，并且在研发过程中存在试错成本，并且新产品上市后也会存在正外部性（Feldman 和 Kelley，2006），这些都会挫伤新兴产业进行研发创新的原动力。为了解决新兴产业发展过程中面临的困境，各级政府出台了相关支持政策，尤其是财政政策，其支持力度在逐步加大。为了推进新兴产业的创新发展，政府通过财政政策对试错研究进行资金支持（胡吉亚，2020），同时对创新中的"搭便车"行为和正外部性问题进行调节，以进一步激发新兴企业的创新动力。既有研究已经从技术创新的角度对财政政策在新兴产业培育中的促进作用进行了验证（邓子基和杨志宏，2011；陆国庆等，2014）。

（三） 金融制度因素对城市新兴产业培育的影响

新兴产业的培育过程是一个在技术、资源、管理和金融等多种因素共同支持下的系统工程。创新是新兴产业发展的内生动力，但是，不管是技术研发阶段还是新产品的市场化阶段，创新都具有高风险性和不确定性，新兴企业必须支付较高的风险溢价才能获得资金支持，且具有较高的融资成本。作为以中小企业为主的新兴产业，金融体系可以提供的资金远远不能满足中小企业快速发展的需求，容易产生"麦克米伦缺口"（Li 等，2016）。基于金融内生理论，金融发展水平是新兴产业培育的内生因素（汤萱等，2020）。地方政府具有较大的金融资源配置权，因此政策性金融对新兴产业的培育起着重要作用。范小雷（2007）分析了美国、日本、德国等发达国家通过风险投资、商业银行、国家开发性金融和证券市场四条路径支持战略性产业的做法，认为政策性金融支持对产业的发展起着重要作用。顾海峰（2011）建立了战略性新兴产业的金融支持体系，并从产业的培育、发展、升级过程分析了金融体系对新兴产业的支持路径，指出政策性金融资源的优化配置是新兴产业发展的重要保障。由此可以看出，金融制度因素在城市新兴产业培育中起着重要的资金支持作用。

（四）城市建设制度因素对城市新兴产业培育的影响

在城市化进程中，城市的基础设施建设也在逐步推进，尤其是新型基础设施建设的发展较快。以技术创新、信息网络为特征的新型基础设施建设，是实现城市新旧动能转换的基础。一方面，大数据、工业互联网、5G 网络、人工智能、新能源汽车充电桩等领域的新型基础设施建设可以为新一代信息技术、新能源汽车、节能环保等新兴产业的发展提供技术支撑；另一方面，城市轨道交通、特高压、城际高速铁路等领域的新型基础设施建设会进一步增加高端装备制造业、新材料等新兴产业的市场需求。因此，城市建设制度会从技术支撑和市场需求两个方面对城市新兴产业的培育产生影响。

（五）低碳试点对财政、金融、城市建设等制度因素的调节作用

低碳试点城市建设的目标不仅仅是降低城市碳排放，还需要通过发展低能耗、低排放的新兴产业促进城市经济的发展。一方面，低碳试点城市通过严格的环境规制产生碳减排目标约束效应和激励效应，倒逼企业的低碳技术创新，推动企业转型升级，对城市新兴产业培育产生直接影响；另一方面，低碳试点城市建设由中央倡导、地方负责实施，因此可以同时获得中央、地方两级政府给予的多重政策福利。另外，低碳试点城市建设要起到示范作用，因而会引导试点城市政府在财政、金融、城市建设等方面对新兴产业的培育有所倾斜，以达到碳减排和经济增长的双赢。因此，低碳试点制度因素会对财政、金融、城市建设等制度因素产生调节作用，进而对城市新兴产业培育产生间接影响。

基于以上分析，可以构建低碳城市制度对新兴产业培育的影响机理分析框架（如图 4-1 所示）。新兴产业由于本身具有的不确定性、高风险等特点，容易产生较高的试错成本和"麦克米伦缺口"，因此在新兴产业培育初期，在资金投入方面更需要政府财政、金融等相关政策的支持。城市是新兴产业培育的空间载体，城市基础设施建设，尤其是以

5G、大数据、人工智能为代表的新型基础设施建设，进一步为新兴产业培育提供了技术支撑和市场需求。因此，政府的财政、金融、城市建设等制度因素都会对城市新兴产业培育产生影响。成为低碳试点城市，往往意味着要执行更严格的环境规制，基于波特假说，严格的环境规制会对企业的技术创新产生激励作用，有利于新兴产业培育；同时，低碳试点城市建设会产生示范效应和多重政策福利效应，对城市财政、金融和城市建设等制度因素产生调节作用，进而间接影响城市新兴产业培育。综合以上分析，低碳试点制度因素通过碳减排目标约束效应和激励效应对城市新兴产业培育产生直接影响，并通过多重政策福利效应、示范效应对财政、金融、城市建设等制度因素产生调节作用，从而对城市新兴产业培育产生间接影响。

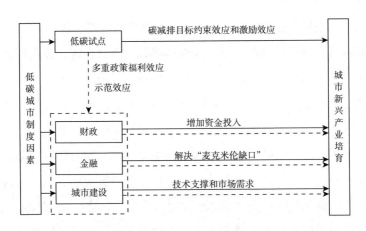

图4-1 低碳城市制度对新兴产业培育的影响机理分析框架
注：图中实线表示直接影响，虚线表示间接影响。

三 实证检验

本部分基于第三章中测算的2012~2018年153个城市的新兴产业发展指数，实证检验低碳试点、财政、金融、城市建设各项制度因素对新兴产业培育的影响，并进一步考察低碳试点城市建设对新兴产业培育的影响路径及其空间溢出效应。

（一）实证模型构建

为考察低碳试点、财政、金融、城市建设各项制度因素对新兴产业培育的影响，建立基准回归模型：

$$\ln eid_{it} = \alpha_0 + \alpha_1 \ln est_{it} + \alpha_2 \ln fin_{it} + \alpha_3 \ln con_{it} + \alpha_4 lowc_{it} + \alpha_5 \ln X_{it} + \varepsilon_{it} \quad (4-1)$$

式中，eid 表示新兴产业发展指数；est、fin、con、$lowc$ 分别表示财政、金融、城市建设和低碳试点各项制度因素；X 表示物质资本（cap）、劳动力（lab）、人力资本（edu）、产业结构（str）四个控制变量；ε_{it} 为随机扰动项。

为了进一步分析低碳试点城市建设是否会通过对财政、金融、城市建设等制度因素的调节作用对城市新兴产业培育产生间接影响，建立如下模型：

$$\ln eid_{it} = \alpha_0 + \alpha_1 lowc_{it} + \alpha_2 \ln est_{it} + \alpha_3 lowc_{it} \times \ln est_{it} + \alpha_4 \ln X_{it} + \varepsilon_{it} \quad (4-2)$$

$$\ln eid_{it} = \alpha_0 + \alpha_1 lowc_{it} + \alpha_2 \ln fin_{it} + \alpha_3 lowc_{it} \times \ln fin_{it} + \alpha_4 \ln X_{it} + \varepsilon_{it} \quad (4-3)$$

$$\ln eid_{it} = \alpha_0 + \alpha_1 lowc_{it} + \alpha_2 \ln con_{it} + \alpha_3 lowc_{it} \times \ln con_{it} + \alpha_4 \ln X_{it} + \varepsilon_{it} \quad (4-4)$$

考虑到低碳试点城市建设可能会对城市物质资本、人力资本和产业结构等因素产生影响，进而影响城市新兴产业培育，建立如下模型：

$$\ln eid_{it} = \alpha_0 + \alpha_1 lowc_{it} + \alpha_2 lowc_{it} \times \ln cap_{it} + \alpha_3 lowc_{it} \times$$
$$\ln str_{it} + \alpha_4 lowc_{it} \times \ln edu + \alpha_5 \ln X_{it} + \varepsilon_{it} \quad (4-5)$$

相比于劳动力，人才是新兴产业发展的重要因素，因此，模型（4-5）中主要考虑了低碳试点制度因素与物质资本、产业结构和人力资本的交互项对新兴产业培育的影响，而未将劳动力放入其中。

（二）变量选取与数据说明

被解释变量采用第三章中计算的新兴产业发展指数，解释变量主要为财政、金融、城市建设、低碳试点等制度因素。

1. 财政制度因素（*est*）和金融制度因素（*fin*）

技术创新是新兴产业发展的主要驱动力，但是技术创新存在高风险性和不确定性，研发资金缺乏是新兴产业培育中遇到的主要障碍之一，因此，政府财政科技支出和城市金融发展是影响新兴产业培育的重要制度因素。其中，采用财政科技支出与政府公共财政支出总额比值来衡量财政制度因素，采用金融机构贷款总额与城市生产总值的比值来衡量城市金融制度因素。

2. 城市建设制度因素（*con*）

城市交通、建筑、基础设施建设都属于城市建设，其中，新型基础设施建设，如5G基站、大数据中心、工业互联网、新能源汽车充电桩、城市轨道交通等，为新一代信息技术、新能源汽车、高端装备制造等新兴产业的发展提供了技术支撑和市场需求。因此，这里将新型基础设施建设作为城市建设制度因素中影响新兴产业培育的关键因素，考虑数据的可获得性，采用城市互联网宽带接入用户数来衡量。

3. 低碳试点制度因素（*lowc*）

为实现城市的低碳发展，从2010年开始，国家发改委陆续启动了三批低碳试点城市建设。这里以是否为低碳试点城市作为低碳试点制度因素的指标，如果该城市属于低碳试点城市，则 *lowc* = 1，否则为0。本研究中包含的低碳试点城市名单具体见表4-17。

表4-17　本研究中包含的低碳试点城市名单

时间 \ 区域	西部	中部	东部
2010年启动的第一批低碳试点城市	贵阳、重庆	南昌	保定、天津、深圳、厦门、杭州
2012年启动的第二批低碳试点城市	桂林、乌鲁木齐、遵义、昆明、延安	吉林、武汉、景德镇	北京、石家庄、南平、青岛、秦皇岛、上海、广州、苏州、镇江、宁波、温州

区域 时间	西部	中部	东部
2017 年启动的第三批低碳试点城市	柳州、成都、兰州、西宁	合肥、宣城、抚州、长沙、株洲	沈阳、大连、南京、常州、金华、衢州、济南、潍坊、中山、嘉兴、烟台

为了控制其他因素可能带来的影响，选取物质资本、劳动力、人力资本、产业结构作为控制变量。其中，物质资本（cap）采用城市固定资产投资数据，通过固定资产投资价格指数进行平减，得到以 2012 年为不变价格的实际资本；劳动力（lab）采用从业人数数据；人力资本（edu）通过每万人中的在校大学生人数来反映；产业结构（str）通过第三产业与第二产业的增加值比值来反映。

以上所用数据均来自 2013～2019 年《中国城市统计年鉴》《中国统计年鉴》及各省区市统计年鉴。为避免异方差带来的影响，这里对相关变量进行了取对数处理，各变量描述性统计见表 4-18。

表 4-18　各变量的描述性统计

变量符号	样本量	均值	最小值	最大值	标准差
lneid	997	−2.017	−5.737	3.268	1.653
lnest	1071	0.477	−2.692	2.572	0.823
lnfin	1071	−0.079	−2.237	2.199	0.656
lncon	1071	4.531	2.303	7.150	0.856
lowc	1071	0.183	0	1	0.387
lncap	1071	16.33	12.76	18.42	0.820
lnlab	1071	13.24	11.24	16.11	0.874
lnedu	1071	5.067	1.991	7.276	1.013
lnstr	1071	−0.103	−1.522	4.727	0.474

（三）实证检验结果分析

考虑到低碳试点制度因素（*lowc*）通过是否为低碳试点城市这一虚拟变量表示，而 2010～2017 年，尽管国家发改委陆续启动了三批低碳城市试点，但样本期内，部分城市一直为非低碳试点城市（*lowc* = 0），即不随时间变化，因此，采用时间固定效应的 LSDV 法进行估计。

1. 基准模型回归

表 4-19 中第（1）列为基准回归模型即式（4-1）的回归结果，从回归结果可以看出，低碳试点（*lowc*）、财政（ln*est*）、金融（ln*fin*）、城市建设（ln*con*）等制度因素的估计系数都显著为正，表明低碳试点、财政、金融、城市建设各项制度因素均对城市新兴产业培育产生显著的正向影响。控制变量中，除物质资本（ln*cap*）外，劳动力（ln*lab*）、产业结构（ln*str*）、人力资本（ln*edu*）的估计系数也都显著为正。

表 4-19　各项制度因素对新兴产业发展的影响回归结果

变量	基准回归	稳健性检验	区域异质性分析		
	（1）	（2）	（3）	（4）	（5）
lowc	0.4290 ***	0.4066 ***	0.5473 ***	0.1080	0.0401
	（0.0693）	（0.0689）	（0.0950）	（0.1437）	（0.1292）
ln*est*	0.3891 ***	0.3446 ***	0.4192 ***	0.3005 ***	0.4744 ***
	（0.0447）	（0.0439）	（0.0698）	（0.0772）	（0.1253）
ln*fin*	0.2506 ***	0.2778 ***	0.1149	0.3204 **	0.3676 **
	（0.0803）	（0.0807）	（0.1196）	（0.1369）	（0.1437）
ln*con*	0.6064 *	0.7824 **	0.5999	1.0806	-0.6948
	（0.3309）	（0.3377）	（0.5878）	（0.8631）	（0.5077）
ln*cap*	-0.5022	-0.4956	0.4843	8.5844 **	-2.1576 *
	（1.2031）	（1.2212）	（1.6441）	（3.4322）	（1.2742）
ln*lab*	12.5676 ***	12.0894 ***	15.2634 ***	2.9442	13.7371 ***
	（1.1556）	（1.2066）	（1.6066）	（2.7300）	（1.8470）
ln*str*	0.2877 ***	0.1682 **	0.3114 ***	0.5109 ***	0.3460 **
	（0.0819）	（0.0821）	（0.1282）	（0.1896）	（0.1718）

续表

变量	基准回归	稳健性检验	区域异质性分析		
	（1）	（2）	（3）	（4）	（5）
ln*edu*	0. 5430 **	0. 6046 **	−0. 1160	1. 5697 ***	−0. 5180
	（0. 2278）	（0. 2343）	（0. 3072）	（0. 4231）	（0. 4889）
_ *cons*	−35. 2392 ***	−34. 3900 ***	−44. 1203 ***	−38. 0264 ***	−29. 7598 ***
	（2. 7299）	（2. 8075）	（3. 5872）	（6. 7654）	（4. 0893）
时间虚拟变量	是	是	是	是	是
R^2	0. 6475	0. 6026	0. 7175	0. 5272	0. 6779
F	151. 92	128. 41	132. 28	40. 62	45. 7
N（个）	997	969	465	328	204

注：*** 、** 、* 分别表示在1%、5%、10%的水平上显著，括号内数字为稳健性标准误。

样本城市中，北京、天津、上海、重庆为直辖市，由于直辖市具有政治、经济、科技等方面的重要地位，国家在相关政策上会存在一定的倾斜。为避免直辖市的特殊地位导致结果有偏，将样本城市中的四个直辖市剔除后再进行回归，回归结果为表4-19中第（2）列。对比基准回归结果，两者并没有太大差异，表明结果具有一定的稳健性。

我国东部、中部和西部地区在地理位置、经济基础及金融和科技发展水平等方面都存在较大差距，因此，根据城市所在区域将样本分为东部、中部和西部三个子样本进行回归，回归结果为表4-19中第（3）~（5）列。

第（3）列为东部城市子样本，*lowc* 和 ln*est* 的估计系数显著为正，说明东部地区的低碳试点和财政两项制度因素对城市新兴产业的培育起到了显著的正向影响，也表明东部低碳试点城市建设对新兴产业培育起着促进作用；ln*fin* 和 ln*con* 的估计系数不显著，控制变量中的物质资本（ln*cap*）和人力资本（ln*edu*）的估计系数也不显著，说明东部地区新兴产业发展较快，但城市现有金融发展水平、基础设施建设及物质资本、人力资本都无法满足快速发展的新兴产业的需求。

第（4）列为中部城市子样本，ln*est* 和 ln*fin* 的估计系数显著为正，说明中部地区的财政和金融两项制度因素对新兴产业培育产生了显著的正向影响；$lowc$ 和 $lncon$ 的估计系数不显著。控制变量中，除 $lnlab$ 的估计系数不显著外，其他变量的估计系数都显著为正。

第（5）列为西部城市子样本，$lnest$ 和 $lnfin$ 估计系数显著为正，说明西部地区城市目前的财政、金融制度有利于城市新兴产业的培育；$lowc$ 和 $lncon$ 估计系数不显著。控制变量中，$lnlab$ 和 $lnstr$ 估计系数显著为正，$lnedu$ 估计系数不显著，$lncap$ 估计系数显著为负。

近年来，中、西部地区经济快速增长，第三产业比重逐渐提高，这在一定程度上促进了新兴产业的发展，但高碳排放的传统产业比重仍然较大，因此，当前低碳试点城市建设还未能对新兴产业的培育产生显著的正向影响。并且，当前中、西部地区的城市基础设施建设也无法为新兴产业培育提供技术支撑和市场需求。尤其是西部地区，劳动力充足，但人力资本和物质资本投入不足，未能为新兴产业的创新发展提供支持。

2. 低碳试点城市建设对新兴产业培育的影响路径分析

前面的分析表明，低碳试点城市建设会对新兴产业的培育产生显著的正向影响，但存在区域异质性。为了进一步寻求促进低碳试点城市新兴产业培育的更优路径，下面将从低碳试点对财政、金融、城市建设等制度因素的调节作用入手，基于模型（4-2）~模型（4-5），就低碳试点城市建设对新兴产业培育的影响路径进行实证检验，并为西部低碳试点城市新兴产业培育提供思路。具体回归结果见表4-20。

表4-20 低碳试点城市建设对新兴产业发展的影响路径

变量	（1）	（2）	（3）	（4）
$lowc$	0.2684 ***	0.4165 ***	−3.5155 ***	−18.0499 ***
	(0.0874)	(0.0690)	(0.6511)	(5.2227)
$lnest$	0.3277 ***			
	(0.0465)			

变量	（1）	（2）	（3）	（4）
ln*fin*		0. 3139 ***		
		（0. 0853）		
ln*con*			0. 6445 *	
			（0. 3755）	
ln*cap*	−0. 1706	0. 5070	−0. 1424	−0. 7701
	（1. 1959）	（1. 2387）	（1. 1354）	（1. 1588）
ln*lab*	13. 7019 ***	15. 3251 ***	13. 0008 ***	15. 0530 ***
	（1. 0394）	（1. 0343）	（1. 2436）	（1. 0007）
ln*str*	0. 2896 ***	0. 0372	0. 1218	0. 1147
	（0. 0753）	（0. 0880）	（0. 0765）	（0. 0849）
ln*edu*	0. 8224 ***	0. 8024 ***	1. 1726 ***	1. 2880 ***
	（0. 2254）	（0. 2415）	（0. 2302）	（0. 2544）
lowc×ln*est*	0. 2361 ***			
	（0. 0858）			
lowc×ln*fin*		0. 1231		
		（0. 0981）		
lowc×ln*con*			2. 5006 ***	
			（0. 4125）	
lowc×ln*cap*				7. 0544 ***
				（2. 0092）
lowc×ln*str*				0. 5815 ***
				（0. 1474）

变量	（1）	（2）	（3）	（4）
lowc×lnedu				−0.8178 *
				（0.4197）
_ *cons*	−38.7048 ***	−44.6028 ***	−38.3531 ***	−41.1598 ***
	（2.2872）	（2.1766）	（2.8477）	（2.3031）
时间虚拟变量	是	是	是	是
R^2	0.5973	0.5772	0.5848	0.6236
F	149.82	122.43	144.7	165.96
N（个）	969	969	969	997

注：＊＊＊、＊＊、＊分别表示在1%、5%、10%的水平上显著，括号内数字为稳健性标准误。

表4-20中第（1）～（4）列分别为式（4-2）～式（4-5）的回归结果。

第（1）列结果显示，*lowc×lnest* 的估计系数显著为正，说明低碳试点城市建设可以通过增加财政科技支出来促进新兴产业培育。虽然低碳试点城市建设会对传统产业的转型升级形成倒逼，推动企业进行技术创新，但资金缺乏往往是企业技术创新的最大障碍。在低碳试点城市建设过程中，政府可以通过加大财政科技支出增加研发投入，激发企业技术创新的积极性，进而促进新兴产业的培育。

第（2）列结果显示，*lowc×lnfin* 的估计系数为 0.1231，但不显著，分析其原因可能是现有的金融制度还不够完善，尤其是第三批低碳试点城市金融发展水平普遍偏低，金融制度因素对传统高能耗型产业的转型升级没有起到促进作用。对于经济基础较差的城市，为了获得快速的经济增长，倾向于将金融资源配置在基础较好的传统产业，存在一定的金融资源错配问题，从而无法为新兴产业培育提供有效的资金支持。

第（3）列结果显示，$lowc \times lncon$ 的估计系数显著为正，说明低碳试点城市可以通过加大新型基础设施建设促进城市新兴产业培育。互联网、物联网、5G网络、区块链等新型基础设施建设为新一代信息技术、节能环保、高端装备制造、新能源汽车等新兴产业的培育提供技术支撑和市场需求，低碳试点城市建设对新型基础设施建设产生正向调节，从而对城市新兴产业培育产生促进作用。

第（4）列结果显示，$lowc \times lncap$ 和 $lowc \times lnstr$ 的估计系数显著为正，说明低碳试点城市建设在加大固定资产投资、加快产业结构调整的同时，也为新兴产业培育提供了物质资本和结构动力；$lowc \times lnedu$ 的估计系数显著为负，说明当前低碳试点城市建设在一定程度上忽略了人力资本的重要性，无法通过人力资本这一路径促进新兴产业培育。

综合以上分析，低碳试点城市建设可以通过增加财政科技支出、加快新型基础设施建设，以及加大固定资产投资、推动产业结构调整等路径促进新兴产业的发展。同时也发现，当前低碳试点城市建设在金融发展水平、人力资本投入方面还存在不足，不利于新兴产业的培育。基于此，西部地区要实现低碳试点城市建设对城市新兴产业培育的促进作用，亟待加快对现有的财政、金融、城市建设以及人力等方面制度的完善，实现低碳试点城市建设与新兴产业培育的制度联动，从而更好地实现碳减排与经济增长的双赢。

（四）进一步讨论：低碳试点城市建设的空间溢出效应检验

自2010年起，国家发改委陆续确定了三批低碳试点城市名单，覆盖全国31个省区市。那么低碳试点城市建设是否具有空间溢出效应？能否通过正向溢出效应加快低碳试点城市的推广，同时进一步促进城市新兴产业的培育？为了回答这些问题，下面将进一步对低碳试点城市建设的空间溢出效应进行检验。

根据第三章中关于城市新兴产业发展指数时空特征分析，2012～2018年城市新兴产业发展指数的 Moran's I 指数均在5%水平上显著为正，但数值均小于 0.2。通过 Moran 散点图发现，相比非试点城市，低碳试点城市新兴产业发展指数的空间自相关性较为明显。并且，既有文献研究结果显示，环境规制存在空间溢出效应（沈坤荣等，2017）。因此，这里采用空间计量模型对低碳试点城市建设的空间溢出效应进行检验。

空间误差模型（SEM）、空间滞后模型（SLM）、空间杜宾模型（SDM）是空间计量的三种基本模型，其中，空间误差模型在误差项中反映空间自相关，测度邻地因变量误差冲击对本地观测值的影响；空间滞后模型也被称为空间自回归模型，主要考虑邻地对本地因变量观测值的影响；空间杜宾模型加入了自变量空间滞后项，可以同时反映自变量和因变量空间自相关性。根据不同模型的各自特点和本研究的目的，此处采用空间杜宾模型进行低碳试点城市空间溢出效应的检验：

$$eid_{it} = \delta_0 + \rho_0 Weid_{it} + \beta_1 lowc_{it} + \beta_2 X'_{it} + \theta_1 Wlowc_{it} + \theta_2 WX'_{it} + \varepsilon_{it} \qquad (4-6)$$

其中，W 表示空间权重矩阵，基于第三章的分析，这里采用经济距离权重矩阵。X' 表示各项制度因素和控制变量。为了更好地检验低碳试点城市建设是否存在空间溢出效应，这里运用 LeSage 和 Pace（2009）提出的偏微分法进一步将空间总效应分解为直接效应和间接效应。其中，直接效应表示低碳试点城市建设对本地新兴产业发展产生的平均影响，间接效应表示低碳试点城市建设对周边城市新兴产业发展产生的平均影响，总效应表示低碳试点城市对所有城市新兴产业发展产生的平均影响。

表 4-21 中空间杜宾模型估计结果显示，低碳试点城市建设（lowc）对新兴产业培育的直接效应为 0.3124，并在 5% 水平上显著，表明低碳试点城市建设对本地新兴产业培育有显著的促进作用，这与基准回归结果一致；间接效应为 0.0780 但不显著，说明低碳试点城市建设对新兴产业培育的正向溢出效应还没有真正显现。

表 4-21　空间杜宾模型估计结果

变量	直接效应	间接效应	总效应
lowc	0.3124**	0.0780	0.3904**
	(0.1273)	(0.0492)	(0.1317)
ln*est*	0.3116***	0.0852***	0.3968***
	(0.0892)	(0.0258)	(0.0982)
ln*fin*	−0.0105	0.0368**	0.0263
	(0.0328)	(0.0118)	(0.0327)
ln*con*	−0.5154	0.0312	−0.4842
	(0.5141)	(0.0817)	(0.5127)
ln*cap*	−2.9081	−1.2186	−4.1268*
	(2.3666)	(0.7428)	(2.3928)
ln*lab*	13.2367***	0.8362	14.0728***
	(2.4265)	(0.7097)	(2.4385)
ln*str*	−0.1582*	−0.1036**	−0.2617**
	(0.0941)	(0.0505)	(0.1020)
ln*edu*	0.9549*	0.6088**	1.5637**
	(0.5385)	(0.2412)	(0.6269)
Spa-rho	−60.5826**		
	(0.0012)		
sigma2_e	0.6770***		
	(0.1072)		
N（个）	1071		

注：***、**、*分别表示在1%、5%、10%的水平上显著，括号内数字为稳健性标准误。

小　结

本章从地方性法规、综合性政策、专项政策三个方面对西部低碳城市制度现状进行了分析。以西部 26 个低碳试点城市为研究对象，对西部城市空间规划、交通、建筑、能源、产业、科技、相关经济政策七个方面的专项政策进行了详细梳理，并与国家层面的相关政策进行了对比分析。分析结果显示，成都、重庆、昆明、乌鲁木齐出台的地方性专项政策较多，这一结果与第三章中测算的城市新兴产业发展指数相对应，这些城市的新兴产业发展指数高于西部地区其他城市。

在此基础上，基于低碳试点、城市建设、财政、金融四个方面的制度因素，就低碳城市制度对城市新兴产业培育的影响进行了探讨。

低碳城市制度对城市新兴产业培育的影响机理在于：财政制度因素可以为城市新兴产业培育提供资本投入和试错成本；金融制度因素有利于解决"麦克米伦缺口"；以 5G、大数据等为代表的新型基础设施建设为新兴产业培育提供进一步的技术支撑和市场需求；低碳试点制度因素可以通过碳减排目标约束效应和激励效应对城市新兴产业培育产生直接影响，并通过示范效应和多重政策福利效应对财政、金融、城市建设制度因素产生调节效应，进而对城市新兴产业培育产生间接影响。

基于 2012~2018 年 153 个城市的面板数据，就低碳城市制度对城市新兴产业培育的影响进行实证检验，可以得出以下几条结论。（1）低碳试点等制度因素是城市新兴产业培育的重要影响因素。（2）制度因素对城市新兴产业培育的影响存在区域异质性。在东部地区，低碳试点城市建设能显著促进城市新兴产业培育，但在中、西部地区，当前的低碳试点城市建设还未能对城市新兴产业的培育产生显著的正向影响。并且，当前中、西部地区的城市基础设施建设也无法为新兴产业培育提供技术支撑和市场需求；尤其是西部地区，劳动力充足，但人力资本和物质资本投入不足，无法为新兴产业的创新发展提供支持。（3）虽然从

2010 年开始，国家陆续启动了三批低碳试点城市建设，但低碳试点城市建设对新兴产业培育的正向溢出效应还没有真正显现。

综合来看，西部地区亟须加快对现有的低碳试点、财政、金融、城市建设以及人力等低碳城市制度的完善，促进低碳城市建设与新兴产业培育间的协同，实现西部碳减排与经济增长的双赢。此外，还须打破城市行政边界划分和部门间的条块分割，推动各项制度间的联动，进一步发挥低碳试点城市建设的正向溢出效应。

第五章　西部低碳城市新兴产业培育的制度联动机制

　　资本、人才、技术等是城市新兴产业培育的关键要素，但新兴产业的培育也离不开制度的保障。基于第三章、第四章的分析，低碳试点城市建设与新兴产业发展指数间存在一定的相关性。从整体来看，低碳试点城市建设对城市新兴产业培育存在显著的正向影响，但存在区域异质性，当前西部低碳试点城市建设并未对城市新兴产业培育产生显著的促进作用。第四章就低碳试点城市建设对城市新兴产业培育的影响路径分析的结果表明，低碳试点城市建设可以通过示范效应和多重福利效应对财政、金融、城市建设制度因素产生调节作用，进而对城市新兴产业培育产生影响。因此，西部地区可以通过推动各项制度的协同对城市新兴产业培育产生正向作用。基于此，本章通过分析西部低碳城市建设路径、新兴产业培育制度作用路径，运用系统论和协同论，基于西部低碳城市建设制度系统与新兴产业培育制度系统间的互动，探索构建促进西部低碳城市新兴产业培育的制度联动机制。

第一节　西部低碳城市建设制度系统

　　城镇化是推动经济发展和社会进步的重要引擎，也是社会发展的必然趋势。2021 年 2 月国家统计局发布的《国民经济和社会发展统计公报》显示，截至 2020 年末，我国常住人口城镇化率已经超过 60%。快速城镇化在推动经济发展的同时，也催生了交通拥堵、能源消耗量急剧增长、环境污染日益严重等一系列问题。并且，世界银行数据表明，从2005年开始，我国已成为全球最大的碳排放国。城市是碳排放的主要集聚地，同时也是节能减排潜力最大的地方（IPCC，2014），因此，要降低碳排放量、实现碳达峰和碳中和目标，低碳城市建设极为迫切（曾德珩，2017；Dhakal，2009）。

一　低碳城市发展规律

尽管不同城市会存在个体差异，具有不同的发展速度并处于不同的发展阶段，但是城市的发展都具有一定的客观规律。随着快速城镇化带来的环境污染问题的日益严重，"低碳"成为城市发展的重要目标，因而低碳城市将成为城市演进过程中的重要内容。

（一）低碳城市发展阶段划分

1837年，达尔文提出了生物进化论，揭示了自然界生物的进化规律。进入20世纪，英国生物学家Geddes将生态学和进化论理论用于城市发展研究，进一步分析了城市生命周期，并基于生命周期理论将城市发展划分为不同发展阶段。低碳城市的发展阶段主要根据城市碳排放量来划分。

路超君（2016）指出，可以把低碳城市的发展划分为初级阶段、成长阶段、高级阶段三个阶段。低碳城市发展的初级阶段属于城市对能源需求较低，能源消耗和碳排放量均处在较低水平；成长阶段表现为碳排放量的快速上升和下降的过程，即工业化和城市化进程加快导致能耗和碳排放量快速增长，伴随着气候变化问题日益严峻，碳减排和碳中和逐渐成为城市发展的重要目标，在技术进步和低碳制度的共同作用下，城市碳排放量开始由上升转为下降；高级阶段属于城市碳排放量下降后的稳定阶段，与初级阶段不同的是，高级阶段处于后工业化时期，技术创新推动的新兴产业成为城市主导产业，城市能源消耗和碳排放表现为平稳下降趋势，城市进入低碳发展阶段。在低碳城市发展的不同阶段中，成长阶段是低碳城市建设的关键阶段，如何实现碳排放量由上升向下降的转变，尤其是加快该拐点的到来是低碳城市建设的关键问题。

（二）低碳城市发展不同阶段的产业特征

1. 初级阶段的产业特征

低碳城市发展的初级阶段属于低碳阶段，但其主导产业为第一产业，对能源的需求量和消耗量均较少，城市化进程缓慢，且经济发展水平较低。因此，该阶段不是低碳城市发展的理想阶段。

2. 成长阶段的产业特征

与初级阶段相比，低碳城市发展的成长阶段是一个复杂的动态过程，包括碳排放上升阶段、碳锁定阶段和碳解锁阶段。

低碳城市发展由初级阶段进入成长阶段的初期，城市空间快速扩张，人口集聚度加大，且工业部门得到较快发展，导致能源消耗较大，碳排放量增长较快，从而成为城市发展进程中低成长阶段的碳排放上升期。在此阶段，高能耗、高污染、高排放型产业得到快速发展，城市经济增长表现为粗放型的增长模式。

在城市碳排放出现急速上升后并不会很快到达峰值，而是在技术和制度锁定下进入城市碳排放锁定阶段。由于在技术变迁中存在路径依赖问题，高碳技术锁定使高碳产业长期处于主导地位。并且，在制度变迁中存在自我强化和报酬递增机制，美国经济学家 North 据此提出了制度路径依赖理论。Unruh（2002）将制度路径依赖与技术锁定结合，进一步提出了"碳锁定"，即报酬递增引导下的政治、社会、经济与高碳技术结合相互演进，形成技术-制度复合体。在这个复合体中，技术系统嵌入制度结构中，制度锁定与技术锁定相互影响、相互作用，严重阻碍低碳技术创新，从而使城市一直处于碳锁定状态。

城市不会自发地由碳锁定阶段转向解锁阶段，低碳城市建设必须进行技术和制度的双解锁，推动城市由高碳向低碳的转变。如果说碳锁定阶段是工业化的快速发展阶段，那么解锁阶段就是工业的低碳转型阶段，因此，产业结构转型升级是加快城市由碳锁定阶段向解锁阶段转变的重要动力。新兴产业是新技术的载体，新兴产业的培育和发展为技术解锁、低碳技术创新提供了基础。低碳城市新兴产业的培育对城市由高碳向低碳的转型起着重要的推动作用，并且可以加快拐点的到来。

3. 高级阶段的产业特征

低碳城市发展的高级阶段意味着低碳城市建设已经完全实现，城市碳排放量一直保持低水平状态，并且，在成长阶段培育的新兴产业在进入高级阶段后得到快速发展，并成为城市主导产业。

二　西部低碳城市建设路径

从空间维度来看，不同城市处于不同的区域，在资源、环境等方面存在较大差异；从时间维度来看，不同城市处在不同的发展阶段，在产业、经济发展等方面存在差距。另外，区域的不平衡发展也影响着低碳城市发展阶段的演进。处于经济基础较好、经济发展较快地区的城市，可以较早实现经济增长与碳排放的脱钩，率先到达城市碳排放峰值拐点，从而进入成长阶段的碳解锁阶段，最终完成低碳城市建设，进入低碳城市发展的高级阶段。处于经济基础较弱且发展水平较低地区的城市，会同时受到经济增长和碳减排双重目标的约束，实现碳解锁难度较大，到达城市碳排放峰值拐点的时间会滞后，会长时间停留在成长阶段的碳锁定阶段。因此，不同类型的城市在城市发展过程中面临的挑战和问题不同，要根据不同区域不同发展阶段实施不同的低碳建设路径。

相比于东部地区，我国西部地区自然资源丰富，但生态环境较为脆弱，而且经济基础薄弱，在产业方面仍以高能耗的化工产业为主。Zhang（2019）等的实证分析表明，西部大开发战略加快了西部地区的工业化和城市化进程，但同时导致西部地区碳强度的增高。史丹（2018）指出，工业化进程容易导致能源效率不高、产业结构污染化等环境问题，需要加大对新兴产业的基础、前沿和共性技术研发的支持力度，加快实现低碳发展。因此，西部低碳城市建设面临的最大挑战就是如何通过技术和制度双解锁实现经济增长与碳减排的双赢，突破碳锁定阶段。基于此，本章提出了建立西部低碳城市的建设路径（如图5-1所示）。城市在不同的发展阶段有不同的产业特征，西部低碳城市建设面临着经济增长和碳减排的双重目标约束，因此具有高技术含量、低能耗、低排放的新兴产业是适应该地区低碳城市发展的最佳产业。西部地区城市应结合自身的资源、环境、经济基础，加快产业结构转型升级、促进新兴产业培育，最终实现低碳城市建设目标。

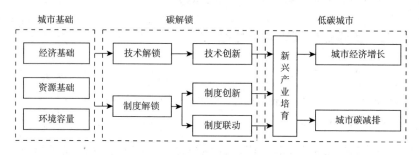

图5-1　西部低碳城市的建设路径

根据图5-1，经济、资源基础和环境容量是西部低碳城市建设的基础，西部低碳城市建设的目标是城市经济增长和碳减排，为了实现这个双重目标必须通过技术和制度的双解锁推动城市的碳解锁。技术解锁的重点在于解除对高碳技术的路径依赖，推动技术创新。制度解锁的重点是破除高碳技术依赖下的技术-制度复合体，通过制度创新进一步加快技术创新。低碳城市制度包括低碳城市空间规划制度、交通制度、建筑制度、能源制度、产业制度、科技制度及相关经济政策。要实现制度解锁，不仅需要制度创新，还需要加强各项制度的联动，通过各项制度的有机衔接形成制度合力，以达到"1+1>2"的效果。技术和制度双解锁下的技术创新加快低碳技术的发展，新兴产业作为新技术的载体，使新技术应用于实践，而新兴产业能有效促进城市经济增长，同时减少城市碳排放，从而推动城市高质量发展。因此，西部城市碳解锁的重点在于促进城市新兴产业的发展，以更好地实现城市经济增长和碳减排的双重目标。

三　西部低碳城市建设中的技术与制度双解锁

目前，关于技术解锁与制度解锁方面的研究主要基于"波特假说"展开。Porter 和 Vander Linder（1995）提出了波特假说，认为合理的环境规制可以激励企业增加研发投入，推动技术创新，进而增强企业竞争力。Jaffe 和 Palmer（1997）在波特假说的基础上，将波特假说分解为弱波特假说和强波特假说。国内学者基于我国现有情况对波特假说进行了验证。袁宝龙（2018）以我国制造业为研究对象，通过分析环境规制与产业创新过程间的关系探讨了技术与制度双解锁对我国制造业绿色发展的影响，结果表明，我国现有环境规制会对制造业策略性创新产出和实质性创新产出起到显著的抑制作用，即不存在弱波特假说；环境规制对制造业环境、能源和经济绩效有显著的促进作用，即存在强波特假说。陈瑶和吴婧（2021）基于 IPAT 模型从制度和技术双解锁的视角探讨了工业绿色发展对促进工业碳强度降低的作用。路超君（2016）从低碳城市发展的角度，将技术解锁和制度解锁作为城市碳解锁的重要驱动力。

综合以上分析，技术解锁和制度解锁推动的城市碳解锁是低碳城市建设的关键。基于西部低碳城市建设路径，下面将以新兴产业为载体，对西部低碳城市建设中的技术解锁、制度解锁进行详细探讨。

（一）技术和制度锁定下的新兴产业发展困境

新兴企业是新兴产业发展的微观基础，已有研究表明新兴企业在发展过程中存在规模依赖性、年龄依赖性，以及"新进入缺陷"等问题，新兴企业的产生和成长过程实质上也是"新进入缺陷"的突破过程（韩炜和薛红志，2008）。与传统成熟企业相比，新兴企业的发展过程具有不同的特征：（1）企业的发展受到更严峻的资源约束，包括初始资源约束（Baker 和 Nelson，2005）、资源的整合和利用约束（任萍，2011）；（2）企业内部的组织结构和经营模式等各个方面都倾向于创新，不确定性因素更多（Rindova 和 Kotha，2001）；（3）企业组织结构制度化程度低（Clarysse 和 Moray，2004），不能完全获得市场认可（Santos 和 Eisenhardt，2009），从而会产生制度合法性问题。正是因为新兴企业具有以上特征，所以新兴企业在成长中容易出现机会主义挑战、行为导向等现象，从而导致"新进入缺陷"。从新兴企业的"新进入缺陷"可以看出，新兴产业发展面临的主要困境在于大部分资源集中于传统产业中，尤其是报酬递增下的技术锁定，这不利于新技术的研发和技术创新；同时制度的路径依赖也不能为新兴产业的发展提供适当的制度环境。

我国在城市化、工业化的快速发展过程中，逐步形成了以碳基技术为核心竞争力、以碳基能源为基础的经济体系，从而逐步形成碳锁定状态。李宏伟（2013）认为碳锁定是碳基技术体制与其他社会系统相互作用下的产物，并形成技术、系统、制度和社会四个层面的锁定，每一个层面的碳锁定程度依次提高。从技术层面看，在市场竞争中，化石能源因为成本低、技术较成熟，碳基技术获得初始优势，通过学习效应、网络效应和规模经济等方面获得报酬递增，使碳基技术逐步成为主导技术，并形成碳基技术系统，最终导致技术替换成本增加，形成技术锁定，阻碍技术创新和低碳技术的研发和使用。从系统层面看，碳基技术系统中形成的相关利益群体网络会进一步强化碳基技术的锁定，技术创新活动往往会触及技术群体相关者的利益，从而会受到多方面的阻碍。从制度层面看，技术群体网络会推动行业标准、企业管理惯例、政府规制和相关法律法规的建立，形成碳基技术体制，从而在制度上对碳基技术锁定进行强化，对技术行动者的行为选择和未来预期进行限定，并对可能破坏既有技术规则的技术创新行为产生抵制甚至压制。从社会层面看，碳基技术体制通过与其他社会系统结合体现特定的社会功能，成为碳基社会技术系统，对碳基技术锁定产生更深层次的强化作用。并且，不同层面的锁定还会相互作用、相互强化。以碳基技术为主导的技术锁定通过技术群体网络推动碳基技术系统的形成，并在此基础上建立有利于稳定碳基技术主导地位的制度，形成碳基技术体制，该体制在与其他社会系统结合后成为碳基社会技术系统，从而将碳锁定嵌入社会系统，进一步稳固了碳锁定。

（二）技术和制度双解锁下的低碳城市新兴产业培育

根据前面分析可以发现，要通过技术创新促进新兴产业的培育必须先进行碳解锁，碳解锁的过程就是低碳化转型过程。碳锁定是在技术、系统、制度和社会多个层面相互作用、相互强化下形成的稳定结构，因此要实现碳解锁需要强大的外生力量从各个层面进行冲击，而低碳城市建设就是一个较好的外生力量冲击。

首先，低碳城市建设将低碳经济作为城市经济发展的主要模式，对技术体制的发展方向和速度产生影响，推动技术体制打破原有的碳基技术系统，转向低碳技术创新和系统优化，并在此基础上建立促进新兴技术发展的制度。新兴技术体制的建立为低碳城市新兴产业发展提供保障。

其次，城市建设涉及建筑、交通、电力、能源等多个方面，不管是碳基技术体制，还是新兴技术体制都属于开放系统，各子系统间和不同系统间都存在相互关联、相互影响，只要某一个方面发生改变就可能导致整个技术体制的变化。例如，能源结构转变是低碳城市建设的重点，能源体制中可再生能源快速发展，并逐步取代化石能源成为主导能源，那么与之相关联的电力体制、交通体制、建筑体制就都会进行相应改变，最终导致新兴技术体制对碳基技术体制的替代。因此，新兴技术体制为低碳城市新兴产业培育提供了技术支撑。以清洁能源为主要能源、碳排放较低的新兴产业得到较大的发展空间之后，会逐步取代以化石能源为主要能源、碳排放较高的传统产业。

最后，碳解锁不仅需要实现技术解锁，还需进行制度解锁。相比于传统碳基技术，清洁型的新兴技术虽然具有较好的运用前景，但在初始阶段其竞争力较弱，需要政府建立相应的扶持制度，如财政补贴、税收优惠、政府采购、专项投资等，为新兴技术的研发和应用提供保护（Kemp 等，1998）。并且，通过支持新兴技术的社会网络的构建，可以为新兴技术发展提供相应的资源和社会支持（Schot 和 Geels，2008）。另外，通过加强学习效应、规模效应也可以推动新兴技术的扩散。通过制度解锁，可以帮助新兴技术实现对原有碳基技术的替代从而推动新兴产业的发展，也可以通过与碳基技术体系的融合而促进其转变，从而在充分利用原有传统产业资源的基础上培育新兴产业。

综合以上分析，技术和制度双解锁是帮助新兴企业突破"新进入缺陷"获得成长、促进低碳城市新兴产业培育的关键。一方面通过技术解锁推动技术创新，提高资源的使用效率，为新兴产业提供竞争优势。另一方面通过制度解锁，为新兴产业的培育提供资金支持及相关社会支持、扩大消费市场，提高新兴产业竞争力。并且，西部地区经济基础薄弱，为了实现对东部地区的经济追赶，往往倾向于基于碳基技术的传统产业，加上技术发展水平较低，新兴技术的发展阻力较大。在此背景下，制度解锁对西部低碳城市建设起着重要作用，破除原有的制度锁定，建立适应新兴技术发展和新兴产业培育的制度系统，能有效加快城市碳解锁，推动低碳城市建设和高质量发展。

四 西部低碳城市建设产业碳解锁的进一步探讨

西部地区是我国的欠发达地区，同时也是生态脆弱区。由于受到资源环境、经济基础等约束，随着城市化、工业化进程的加快，极易产生城市环境承载力与工业化进程间的矛盾。作为欠发达地区，为了实现经济上的追赶，在规模递增机制下逐渐形成产业的高碳发展模式。这一发展模式的选择不仅无法突破城市经济增长与碳减排的双重目标约束，而且极易陷入产业碳锁定困境。因此，要实现西部低碳城市建设，推动产业碳解锁是关键。

（一）西部低碳城市的产业碳锁定

1. 西部地区产业碳锁定的成因

关于碳锁定的研究侧重于发达国家工业化进程中碳基能源系统对经济系统的锁定，进而进一步解释新兴技术难以扩散的原因。但是，对产业碳锁定的研究存在很大的不同，从区域来看，产业碳锁定的研究侧重的是欠发达地区；从研究目的来看，针对产业碳锁定的研究重点是分析产业低碳发展遇到的阻碍（梁中，2017）。因此，产业碳锁定是欠发达地区的碳锁定，是特定区域下的特殊碳锁定机制，即欠发达地区的经济发展对高碳产业存在路径依赖，因此会导致新兴产业发展及其相关制度的系统性失灵。

发达地区碳锁定产生的根本原因在于将碳基技术作为主导技术，并在此基础上形成技术-制度复合体，加大了低碳转型难度，最终导致碳锁定。第三次国际产业转移推动了高碳产业制造环节由发达地区向欠发达地区的转移（黄宗远，2008）。对发达地区而言，通过产业转移将产业低端环节向欠发达地区进行了"碳输出"，从而消除了产业碳锁定；但在欠发达地区，由于自身产业基础薄弱、技术发展滞后，在接受高碳产业制造环节转移时逐渐走向产业高碳化发展模式，并且，随着产业规模效应的逐步扩大，以及相应制度体系的固化，会形成产业的高碳发展路径依赖，最终进入碳锁定状态。梁中（2017）将产业碳锁定过程划分为动力凝聚、路径依赖、锁定形成三个阶段。

基于此，本章进一步对西部地区产业碳锁定过程进行探讨。首先，西部地区产业碳锁定的初步形成阶段。西部地区在经济发展中处于低梯度区，投入产出边际效应较高，环境规制强度相对较弱，要素、投资和市场都为承接高碳产业的转移提供了基础。在诸多因素的共同作用下，高碳产业的发展形成了西部地区特殊的比较优势，边际产业的扩张进一步对发达地区的产业转移形成拉力。其次，西部地区产业高碳化发展的路径依赖。随着高碳产业的不断集聚，规模递增效应逐渐凸显，高碳产业逐步成为西部地区的主导产业，并在关联机制作用下不断扩大。同时，具有"利碳化"特征的管控机制、产业政策等制度随之形成，进一步强化了高碳产业的主导地位，从而形成产业高碳化发展的路径依赖。高碳产业的主导地位会压缩低碳产业的发展空间，尤其是会对技术创新活动产生抑制作用，不利于新兴产业的培育。最后，西部地区产业的深度碳锁定状态。在产业竞争和产业分工的共同作用下，西部地区的高碳产业体系逐步完备，产业碳锁定程度也随之增加。随着高碳产业规模的逐步增大，为了获得长期发展，碳基技术的引进和研发受到重视，从而推动了高碳产业与碳基技术的深度融合，最终形成技术锁定与产业高碳路径依赖的融合，即进入产业深度碳锁定状态。对于本身经济基础薄弱的西部地区而言，发达地区的"碳输出"路径无法成为西部地区的产业碳解锁路径。

2. 西部地区产业碳锁定的组成

碳锁定主要包括制度锁定、技术锁定两个方面。基于前面对西部地区产业碳锁定成因的分析，并结合西部地区的产业特点，我们将从产业结构和产业制度两个方面对西部地区产业碳锁定的组成进行分析。

在产业结构层面，国内学者大量的实证分析都表明，产业结构是影响碳排放的重要因素。谭丹等（2008）通过实证分析指出，我国产业产值、工业产业结构都与碳排放存在密切关系。李善同和许召元（2009）指出，行业能源强度的不同是导致区域能源强度差异的主要原因，自 2006 年起我国高能耗工业在不同区域中所占的比重表现出自东向西逐步走高的趋势，因此优化工业内部产业结构是降低西部能源强度的重要途径。张雷等（2011）建立了产业结构、能源消耗、碳排放的联动模型，分析结果显示，产业结构影响着能源消费和单位 GDP 能耗，并且以煤炭为主的能源结构是导致我国碳排放增加的主要原因，因此产业结构和能源结构优化是我国低碳经济发展的关键。李健和周慧（2012）指出，调整产业结构与实现低碳经济存在内在统一，实证分析表明，第二产业是碳排放强度的主要影响因素但不是绝对影响因素，第三产业并不会绝对导致碳排放强度的降低。江洪和赵宝福（2015）分析了我国能源效率与产业结构间的耦合关系，并将能源效率分解为能源环境效率、能源管理效率，分析结果发现，产业结构不合理是导致西部地区能源环境效率低下的主要原因。梁中（2017）通过测算产业结构与碳排放量间的关联度发现，中部地区六个省份的第二产业与碳排放量的关联度最大。综合以上分析可以发现，高能耗产业仍是西部地区的主导产业，因此，产业结构锁定是西部地区产业碳锁定的主要组成。

在产业制度层面，西部地区作为欠发达地区，为了实现经济的快速增长，倾向于发展比较成熟的传统高能耗产业，以及在能源方面选择成本相对较低的煤炭作为主要能源，从而形成"利碳化"产业制度，并逐渐进入锁定状态。在加快经济转型升级的推动下，西部地区的产业制度也开始低碳化转型。但是，产业制度的低碳化创新和低碳化转型并不是通过简单的制度选择或局部改良就可以实现的。制度锁定的根本原因在于环境具有公共物品属性，高碳产业链上的企业及地方政府都缺乏减少碳排放的原始动力，而要将环境成本内部化则需要各项制度间的协同，即需要环境层面、产业层面及空间规划层面等多项制度在设计和实施中的联动。因此，产业制度低碳化过程是一个系统性的制度变迁过程，存在较高的经济成本、学习成本、社会成本，这进一步强化了"利碳化"产业制度锁定。由此可以看出，产业制度锁定是西部地区产业碳锁定的另一个重要组成。

（二）西部低碳城市的产业碳解锁

围绕着产业碳解锁，国内外学者展开了广泛研究。一方面，基于脱钩理论探讨产业碳解锁。Tapio（2005）提出了脱钩理论分析框架，进一步将脱钩划分为脱钩、连接和负脱钩，并以欧盟 15 个国家为例，分析了交通量与交通运输产生的碳排放量间的关系。彭佳雯等（2011）通过建立脱钩分析模型，对我国经济增长与能源碳排放之间的关系进行了分析，结果表明能源结构转型和产业升级是推动经济增长与能源碳排放脱钩的重要措施。李忠民等（2010）将产业能耗分解为产业碳排放脱钩弹性和产业发展脱钩弹性，并在此基础上对山西建筑业产值与碳排放量间的关系进行了分析。仲伟周等（2012）构建了减排脱钩指标和节能脱钩指标，并指出节能脱钩指标是导致总脱钩指标变化的主要因素。在此基础上，蒋海勇和秦艳（2015）测算了 1999～2012 年西部地区除西藏外的 11 个省份的减排脱钩指标和节能脱钩指标，减排脱钩指标测算结果显示，除云南保持弱脱钩状态外，其他 10 个省区市基本表现为扩张负脱钩状态；节能脱钩指标测算结果表明，青海、云南、广西呈现逐步向扩张负脱钩状态转变的趋势，其他省区市保持在弱脱钩状态。并指出，西部地区高能耗产业所占比重过大，要实现西部地区的低碳发展，优化产业结构，大力发展新能源等新兴产业是最佳途径。

另一方面，从制度和技术角度探讨产业碳解锁。高鹏飞和陈文颖（2002）、吴力波等（2014）、张晓娣和刘学悦（2015）对碳税、碳排放权交易等政策在碳减排中的作用进行了探讨。Foxon 和 Pearson（2008）指出，要实现可持续性技术创新需要制定相应的制度，并提出了制度设计的两个指导原则：建立可持续创新制度，将技术创新与环境制度相结合；运用系统思维，充分考虑创新系统与制度制定过程相互作用的复杂性和系统性，加快产业低碳转型速度。曹霞和于娟（2015）的实证分析表明，政府资助对提升我国绿色创新效率有积极作用，政府资助有利于降低绿色创新主体的创新风险和创新成本，提高其创新积极性。

1. 西部低碳城市产业碳解锁的动力

低碳城市建设是破除城市碳锁定的重要途径，但要建成低碳城市，尤其是建成西部低碳城市，还需要打破产业碳锁定。基于产业碳锁定的成因和组成，本部分将从内生动力和外部动力两个层面对西部低碳城市的产业碳解锁进行分析。

（1）西部低碳城市产业碳解锁的内生动力。从产业碳锁定成因来看，资源要素和产业体系是形成产业碳锁定的原始动力，基于此，产业碳解锁的内生动力主要包括以下两个方面。

一是低碳技术创新的加快，促进城市新兴产业发展。技术创新可以提高企业生产效率、减少资源和能源的消耗，进而促进城市能源结构优化和产业结构升级。并且，技术创新还会对社会需求产生影响，推动社会需求结构的变化，为新兴产业提供市场需求。因此，西部低碳城市建设的关键是激发企业增加研发投入、加快技术创新，促进城市新兴产业发展，从而破解产业碳锁定。但是，西部地区技术发展水平和技术创新能力较低，市场制度也还不完善，从而导致产业碳解锁的内生动力不足。从创新模式看，可以将技术创新分为企业自主创新和引进消化吸收再创新，根据西部地区的基本情况，可以采取引进消化吸收再创新模式，并且加快对引进技术的应用和扩散。我国在低碳技术创新方面已取得一定成果，尤其是可再生能源技术的发展较快，通过引进先进技术，合理开发西部地区特有的风能、太阳能等可再生能源，优化能源结构；大力发展与西部地区基本条件相适应的新兴产业，进一步优化产业结构，并且通过新兴产业对引进技术的消化、吸收进行再创新，最终形成西部低碳城市产业碳解锁的内生动力。

二是产业共生系统的培育。西部地区高碳产业体系是产业碳锁定的结果，也是高碳路径依赖形成和进一步强化的根源。因此，要对既有产业发展模式进行创造性破坏，需要通过产业组织的内部创新（张晖，2011），打破原有的高碳产业体系，从而实现新组织与技术资源间的耦合。对西部地区而言，应侧重低碳型产业共生系统的培育，基于产业链上各利益相关者的协同进化，形成创新共生环境，带动整个产业链上企业的适应性创新，同时推动具有低能耗、低排放性质的新兴产业的发展，为低碳城市产业碳解锁提供新动力。

（2）西部低碳城市产业碳解锁的外部动力。技术锁定和制度锁定都是导致产业碳锁定的根本原因，因此，西部低碳城市产业碳解锁不仅需要技术创新这一内生动力，还需要制度创新这一外部动力，具体包括以下三个方面。

一是环境规制的加强。基于波特假说理论，从创新补偿角度看，环境规制是推动企业技术创新的外在动力，但是从遵循成本角度看，地区间的环境规制级差会推动污染型产业由高环境规制地区向邻地转移（董直庆和王辉，2019），导致"污染避难所"的出现。西部地区为承接发达地区的产业转移，往往倾向于制定较低的环境规制，从而产生地区间较大的环境规制级差，这就进一步推动了污染型产业向西部地区的转移。因此，西部低碳城市的建设应加强环境规制，形成合理的规制级差，避免西部地区成为"污染避难所"（张成等，2017）。同时，通过加强环境规制，充分发挥其创新补偿效应，推动西部低碳城市的技术创新。在承接东部地区产业转移的同时大力培育新兴产业，为产业碳解锁提供有效的外部动力。

二是合理产业政策的制定和实施。技术创新推动下的新兴产业具有能耗低、碳排放少的特征，因此，促进新兴产业的培育是加速产业升级和经济转型的关键，也是产业碳解锁的重要途径。新兴产业在生命周期中处于萌芽阶段，竞争力相对较弱，需要政府产业政策的扶持（朱瑞博和刘芸，2011），以及对市场需求的培育和市场环境的营造（刘洪昌，2011）。产业政策并不是指某单一政策，而是一系列相关政策工具的合理组合。在政策的制定和实施过程中，根据政策间关系实现各项政策工具的有机结合，从而形成政策合力（Rothwell 和 Zegveld，1985），为新兴产业培育提供有力的支持。尤其是在西部低碳城市建设中，加强城市环境规制与促进新兴产业培育的相关产业政策间的联动对加快城市碳解锁和产业碳解锁都起着重要作用。

三是空间规划布局不断完善。新兴产业的发展一方面要依托已有的产业体系，另一方面还需要资金、科技、人才等生产要素的支撑，因此，应根据行业、劳动力等要素合理布局新兴产业，促进新兴产业集群的发展（熊勇清和郭三温，2018）。新兴产业的发展不仅需要政府产业政策的支持，还需要与之相适应的空间规划布局，只有将城市总体规划与产业布局规划相匹配，才能实现新兴产业培育与低碳城市建设在时间和空间两个维度上的匹配。例如，在空间上，围绕高校科技平台汇聚节能环保、智能制造、新一代信息技术、新能源汽车等新兴产业；根据城市自然资源和生态环境发展休闲旅游等产业（刘畅和王蒲生，2020）。

2. 西部低碳城市产业碳解锁的阶段划分

在对产业碳解锁动力进行分析的基础上，可以将西部低碳城市的碳解锁过程分为初级解锁、中级解锁和高级解锁三个阶段。

（1）初级解锁阶段。由于西部地区的技术水平较低、技术创新能力相对较弱，从而存在产业碳解锁的内生动力不足的问题，产业链上各利益相关者更倾向于高碳发展，无法形成产业内部低碳化的反向解锁机制。因此，在产业碳解锁的初级阶段主要依靠外部动力。环境规制是低碳城市建设的基本措施，低碳城市产业碳解锁初级阶段主要依靠外部环境规制作为主要动力，并结合相关产业政策，限制高碳产业发展，推动高碳产业的低碳转型，从而缩减高碳产业的现有规模。

（2）中级解锁阶段。随着环境规制强度的逐步增加，高碳产业链上各企业的遵循成本不断提高，持续的外在压力会激发产业内部的低碳化动力。为了应对低碳城市不断增长的环境规制遵循成本，企业倾向于增加低碳技术研发投入、加快技术创新，环境规制的创新补偿效应逐渐显现，从而推动产业内部低碳化的反向解锁机制的形成。与此同时，政府从强制规制的制定者和执行者逐渐转变为市场机制的公共服务者和补充者，通过制定合理的产业政策和产业空间布局，充分发挥市场机制对资本、人才、技术等要素的配置功能，促进资源要素从高碳产业流向低碳产业，并为企业的低碳技术研发提供创新环境，以及为新兴产业的发展提供市场需求，从而减弱高碳产业在西部地区的主导、支柱地位。

（3）高级解锁阶段。产业内部低碳化的反向解锁机制的形成将会推动整个高碳产业体系的低碳化转型，从而推动低碳型产业共生系统的形成，同时实现产业碳解锁和低碳城市建设。低碳城市产业碳解锁的高级阶段主要表现为城市的能源结构和产业结构得到优化，能源结构中可再生能源比重超过煤炭等一次性能源，产业结构中高碳产业比重逐步下降，新兴产业快速发展，城市获得经济增长和碳减排的双赢。并且，通过产业、环保、空间规划等多项制度的联动，推动产业碳解锁的实施跨越城市间的行政界限，带动整个西部地区的低碳城市建设和新兴产业发展。

综合以上分析，我国低碳城市发展仍处于成长阶段，国家通过低碳试点城市建设逐步探寻城市碳解锁的途径。西部低碳城市建设，产业碳解锁是关键，要实现西部城市的产业碳解锁，应充分发挥低碳城市制度产生的外部动力，进一步激发产业低碳化的内生动力。因此，当前西部地区面临的主要问题是如何建立推动产业碳解锁的低碳城市制度系统，促进低碳城市新兴产业培育，实现西部城市经济增长与碳减排的双赢。

五 西部低碳城市建设制度系统形成——基于产业碳解锁

（一）低碳城市系统概述

低碳城市是以城市经济发展、社会进步为目标，通过能源结构的优化、能源效率的提高来降低城市能耗水平，同时增强碳汇能力，最终实现城市的低碳、高质量发展。基于系统论理论，可以将低碳城市看作一个具有多样性和开放性的系统，低碳城市系统的形成和发展过程也是城市中能源、环境、经济、社会等子系统相互耦合的过程。龙惟定等（2009）提出了低碳城市能源系统，并从城市、社区和终端三个层面对能源供应系统进行了分析。Bhatt 等（2010）基于环境和能源两大要素建立了低碳城市系统模型，并通过对纽约的案例分析指出，城市系统规划在低碳城市建设中起着重要作用。李金兵和唐方方（2010）基于系统论建立了低碳城市系统模型，包括低碳能源系统、低碳排放系统、低碳技术系统、低碳政策系统。Lugaric 和 Krajcar（2016）在已有研究的基础上建立了能值综合模型，同时将经济、能源和环境要素纳入城市发展决策。赵涛等（2019）在传统 3E 系统（经济、能源、环境）的基础上建立了低碳城市 3E1S 综合系统，即在经济系统、能源系统、环境系统的基础上增加了社会系统，并以天津为例对各子系统的耦合度和协调度进行了测算。

低碳城市是实现低碳经济发展的空间载体，进行低碳城市建设在于减少城市交通、土地利用、产业布局等空间形态对城市碳排放产生的影响，通过基于城市环境承载力的合理的城市空间规划，以及与之相适应的产业政策，推动城市碳循环利用，促进城市生态系统与经济、社会系统的协调发展。总的来说，低碳城市建设是一项复杂的系统工程，需要通过各子系统的相互耦合、相互协调来实现城市的碳减排。

（二）西部低碳城市建设制度系统形成

基于第四章的分析，低碳城市制度包括低碳试点政策、低碳发展规划、地方性法规，以及城市空间规划、交通、建筑、能源、产业、科技和相关经济政策七个方面的专项政策。要实现西部城市的产业碳解锁和低碳城市建设，不能依靠某项单一制度或各项制度的简单叠加，而是要找准突破口，通过各项制度的协调、联动推动城市碳解锁。基于此，本部分从低碳城市系统出发，根据公共政策内容、政策制定和实施过程，尝试构建西部低碳城市建设的制度系统。

1. 西部低碳城市建设制度系统的构成

从城市建设的角度来看，低碳城市建设需要城市空间规划制度、交通制度、建筑制度的保障。从城市低碳发展的角度来看，推动低碳城市建设离不开促进低碳技术创新的科技制度、提高能效的能源制度。西部地区同时面临经济增长和碳减排双重目标，因此，西部低碳城市建设还需要加快城市产业碳解锁的产业制度，乃至财政补贴、税收优惠、碳排放交易、绿色债券、合同能源管理等相关市场型政策。综合以上分析，可以将西部低碳城市建设制度分为城市制度、低碳制度和产业制度（如图 5-2 所示）。

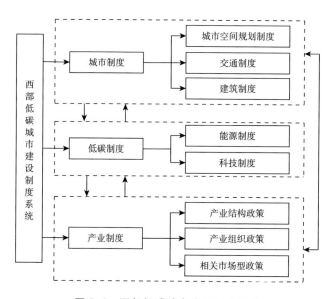

图 5-2　西部低碳城市建设制度系统

从图5-2中可以看到，结合图5-1中的西部低碳城市建设路径，西部低碳城市建设制度系统主要包括以下几部分。（1）基于西部地区现有的经济、资源基础和环境容量制定的城市制度，为低碳城市建设提供基础保障，具体涉及基于低碳发展理念的城市空间总体规划，以及推动低碳交通系统、低碳建筑系统建设的交通制度、建筑制度。（2）推动城市碳解锁的低碳制度，具体涉及能源制度和科技制度。通过低碳制度的制定和实施推动城市的制度解锁；在制度创新的基础上进一步促进城市的技术解锁。（3）促进新兴产业培育的产业制度。技术和制度双解锁下的技术创新为新兴产业培育提供了驱动力，合理的产业制度为新兴产业培育提供了制度保障。

西部低碳城市建设面临着经济增长和碳减排双重目标约束，不能简单地把低碳城市建设看作碳减排过程。新兴产业是新兴技术的重要载体，并且具有较好的发展前景，可以在促进城市经济增长的同时减少城市碳排放，因此新兴产业培育是西部低碳城市建设中实现经济增长和碳减排双赢的重要途径。因此，产业制度是西部低碳城市建设制度系统中的重要部分。范英（2011）指出，降低碳排放强度主要依靠三个方面——能源技术进步、能源结构转换和产业结构转换。低碳制度中的能源制度侧重于推动能源技术进步和能源结构转换；产业制度重点在于推动产业结构转换从而降低高耗能部门所占比重，提高新兴部门的比重。

产业制度包括产业结构政策、产业组织政策以及促进新兴产业发展的财政、税收、金融等相关经济政策。首先，低碳等新兴技术可以驱动传统产业升级，传统产业的优化升级又能够促进新兴产业的发展，新兴产业的发展又进一步推动传统产业的更新换代，因此，技术创新可以加速生产要素在各部门间的转移，推动产业结构的转型升级。政府部门应通过制定合理的产业结构政策充分发挥技术创新对产业结构优化升级的促进作用，并将技术作为城市产业发展的重要因素，以新兴产业为载体培育城市经济发展新动能，从而破解西部低碳城市建设中的产业碳锁定，实现城市经济增长与碳减排的双赢。其次，基于产业组织理论，促进低碳城市新兴产业培育还需要建立公平的竞争环境，并充分利用规模经济效应。新兴产业属于技术密集型和知识密集型产业，在发展初期会面临资金不足、技术积累薄弱及市场开拓不充分等问题，从而可能导致新兴产业竞争力不强，因此需要政府制定反垄断、促竞争的产业组织政策，提高新兴企业的发展活力，充分发挥企业的规模经济效应，促进城市新兴产业的发展。最后，为了更好地培育城市新兴产业，还需要制定和实施财政补贴、税收优惠、碳排放交易、绿色债券、合同能源管理等市场型政策，充分发挥市场机制的作用。

2. 西部低碳城市建设制度系统中各子系统间的相互关系

低碳城市建设制度系统是一个多角度、立体的制度系统，城市制度、低碳制度和产业制度都从不同方面、不同角度对低碳城市建设起着重要的促进作用，并且，各项制度之间相互影响、相互作用，因此要实现制度促进作用的最大化，需要从整体层面分析各项制度之间的关系以实现制度联动。

在经济增长和碳减排双重目标约束下，低碳城市建设在做好节能减排工作的同时还需要寻找加快城市经济发展的新动能。技术创新是培育低碳城市经济发展新动能的基础，新兴产业是新兴技术的载体也是经济发展新动能的载体。在低碳城市建设中，制度的主要作用在于充分发挥技术创新这一关键因素在城市建设、城市低碳发展和城市产业发展中的作用，从而实现制度、技术双解锁。城市空间规划制度、交通制度、建筑制度为城市的基础建设提供制度保障；促进城市低碳发展的科技制度和能源制度有利于低碳技术创新，促进低碳生态规划、低碳交通、绿色建筑、新型基础设施等方面的发展，进而推动城市的空间规划、交通、建筑等方面制度的不断完善。因此，保障城市基础建设的城市制度与促进城市低碳发展的低碳制度之间是相互影响、相互促进的。

低碳制度的主要目的是加快低碳技术创新，低碳技术创新是产业转型升级和新兴产业发展的重要驱动力。也就是说，低碳制度中的科技制度和能源制度可以通过促进低碳技术创新而对产业结构政策起到强化作用。但是，技术创新是一个复杂的、长期的过程，科技制度和能源制度在促进可再生能源、绿色制造科技发展的同时，也能够推动煤电节能减排技术的改造、升级及传统制造业的技术转型，即达成新兴产业发展与传统产业转型升级并存。要实现两者的良性互动还需要产业组织政策及财政补贴、税收优惠、碳排放交易、绿色债券、合同能源管理等市场型政策。传统产业的转型升级最终将演变为新兴产业培育。因此，低碳制度与产业制度间存在相互作用、相互强化的关系。

城市是产业发展的空间载体，同样，低碳城市也为新兴产业的发展提供了空间载体。城市的空间规划制度、交通制度、建筑制度保障了城市作为产业的空间载体功能；低碳制度促进低碳技术创新，从而赋予了低碳城市技术创新功能，进一步推动了低碳城市新兴产业的培育。因此，破解西部地区低碳城市建设中的产业碳锁定不仅需要有利于低碳城市新兴产业发展的产业结构政策、产业组织政策及财政补贴、税收优惠、碳排放交易等相关市场型政策，还需要城市制度和低碳制度的共同作用，通过培育新兴产业加快产业碳解锁，最终建成低碳城市。

第二节　新兴产业培育制度系统

基于前文对西部低碳城市建设路径的分析，可以认为促进新兴产业培育是实现西部城市产业碳解锁的最佳途径。产业制度是西部低碳城市建设制度系统中的重要组成部分，但新兴产业有其特有的发展规律，因此，还需要对新兴产业培育制度进行深入探讨。

新兴产业发展格局构筑是我国"十四五"期间促进经济高质量发展的主要内容，全球新冠肺炎疫情对传统产业产生了巨大冲击，从而进一步增加了对新兴产业的发展需求。在科技创新的基础上，我国在智能装备、新材料、生命健康、新能源等领域的新兴产业上表现出较大的成长潜力，对经济、社会的稳定发展起到了重要作用，因此，加大新兴产业培育是推动我国产业结构调整、优化产业发展目标的重要路径。但是，从产业生命周期来看，新兴产业处于产业生命周期的萌芽阶段。在发展初期，新兴产业竞争力较弱，加上市场固有的缺陷不利于新兴产业的发展，政府的培育和扶持就显得尤为必要。以市场经济为主导的发达国家同样会采取相应措施对新兴产业进行必要的培育和扶持，例如美国政府通过宏观引导对新兴产业进行培育，确保自身在新兴产业领域保持领先地位；日本主要采取政府强力干预手段扶持新兴产业发展，由政府制定不同阶段的新兴产业发展目标，并给予相应的资金扶持；新加坡对新兴产业给予税收减免，同时鼓励民间部门的技术研发；韩国政府主要通过税收减免措施促进科技研发和人才培养，为新兴产业培育提供基础。我国对新兴产业的培育始于 20 世纪 80 年代开始的科技体制改革，通过建立科技资源配置体系加强对新兴产业的培育。因此，在不同区域、不同产业发展阶段需要采取与之相适应的制度措施。

一　新兴产业的形成和发展模式

Nowak 和 Grantham（2000）提出的"商业孵化器"理论，很好地解释了新兴产业的形成和发展过程：通过对区域内技术、市场等优势产业要素进行集合，并实现这些要素的市场化，加快新兴企业的出现；在新兴企业示范效应带动下，同类企业不断出现、不断集聚，推动了新兴产业的形成。新兴产业的外在动力主要为政府扶持和市场选择，因而可以将新兴产业的形成和发展模式分为市场自发型、政府培育型以及市场与政府共同作用型。

市场自发型新兴产业的形成和发展主要强调市场选择的作用，即在市场选择下，新兴产业凭借自身的优势在市场竞争中赢得有利条件，获得市场自发的拉动和支持（邝国良和万莉，2005），从而实现形成、成长、发展的过程。市场自发型新兴产业是在经历了市场严格的选择以及严酷的市场竞争后形成和发展起来的，其自主创新能力和应变能力较强，但也会在一定程度上具有盲目性，且形成和发展速度较慢。

政府培育型新兴产业的形成和发展侧重于依靠政府制度层面的支持，地方政府根据比较优势安排产业发展，新兴产业在政府的扶持下获得产业生产要素和市场份额（侯光文等，2005）。政府培育型新兴产业往往是政府选择的结果，对政府的制度支持会存在过度依赖性，因而对外界的抗干扰能力、自主创新能力相对较弱。但是，相比于市场选择下形成的新兴产业，政府培育型新兴产业的形成和发展速度相对较快，并且从产生极化效应到向外扩散的时间比较短。

单纯的市场选择或者政府培育在促进新兴产业形成和发展中都具有相应的优势，但由于市场缺陷和政府失灵问题，每种模式都存在各自的不足。在现实中，新兴产业的形成与发展会同时受到市场选择和政府培育的共同作用（覃成林，2002）。

二 新兴产业培育制度发挥作用的理论依据

（一）知识外部性与市场失灵

知识是新兴产业形成和发展的关键要素，但知识具有公共物品性质，通过知识溢出产生外部性（Arrow，1962）。知识和技术在被创造后会被广泛扩散，尽管知识产权保护制度会在一定程度上控制企业的寻租行为，但无法完全避免市场上的"搭便车"行为，从而会降低研发主体的经济收益，最终影响研发主体进行知识、技术研发的积极性，对新兴产业的形成和发展产生负面影响。研发的前期投入较高，但研发活动往往具有外溢性（Nelson和Winter，2001），产生正外部性。正外部性使边际社会收益高于边际私人收益，获得较好的社会效益，但也导致社会对研发投资的需求大于私人需求。从提高社会效益角度考虑，需要政府对研发投资的正外部性提供支持，如通过财政制度、税收制度降低企业进行研发活动的成本和风险，推动新兴产业的形成和发展。

（二）新制度经济学理论

新制度经济学运用经济学的方法，将制度作为重要变量纳入经济分析中。根据新制度经济学，政府在经济发展中的作用主要体现在三个方面：保护性职能，即通过产权制度降低排他成本；生产性职能，即通过公共物品的合理配置最大化生产效率；社会财富再分配职能（张芳山和刘浩林，2006）。

新兴产业的形成和发展离不开科技创新，而科技创新离不开制度的激励。根据新制度经济学，产业政策作为一项特殊的制度，是在宏观背景下产业制度安排的具体体现，也是促进产业发展的基础。合理的产业政策对新兴产业的培育起着重要作用。在微观层面，合理的产业政策为企业技术创新创造优良的环境，有利于生产成本的降低，并且通过加快技术的推广和普及，降低技术应用过程中的交易成本。在中观层面，以收益最大化、成本最小化为目标，促进新兴产业的发展，并提高产业的国际竞争力。顾强和董瑞青（2011）指出，对新兴产业来说，产业政策既有积极作用，也存在负面影响。其中，积极作用表现为：（1）产业政策有利于弥补"市场失灵"，排除资源浪费、环境污染、不正当竞争等不良现象，合理引导新兴产业发展；（2）通过制定新兴产业目录，引导资本、创新等要素进入新兴产业领域，优化资源配置，同时通过政府资金的投入降低投资者风险，促进新兴产业的发展；（3）合理的产业政策有利于实现企业间的合理竞争，从而形成企业结构合理、上下游企业相互协作的新兴产业组织体系；（4）通过产业技术创新政策引导和支持技术的自主创新，提升新兴产业的国际竞争力；（5）引导产业合理布局，促进新兴产业的区域均衡发展。负面影响表现为：（1）政府的过度保护和扶持会降低企业技术进步的动力；（2）产业政策对新兴产业的倾斜性扶持容易导致"寻租"，从而对新兴产业发展产生抑制作用。

三　新兴产业培育制度的作用机理

（一）制度是影响新兴产业培育的重要因素

前面的分析表明，新兴产业的培育需要市场和政府的共同作用，政府如何为新兴产业培育提供制度保障和动力，是理论和实践亟待解决的问题。

技术创新是新兴产业发展的根本动力，但技术创新离不开制度的保障。奥斯特罗姆等（1992）提出，技术创新在一定程度上依赖于复杂的制度安排。Freeman 和 Perez（1988）也指出，日本的制度变迁在一些重要技术领域起着重要作用。吴咏虹（2003）将技术创新看作一种制度现象，建议从国家、企业、市场不同层面构建制度系统框架，以激励企业进行技术创新。总的来说，在新兴产业培育中，制度在降低技术创新风险、激活创新主体活力、完善创新机制环境等方面都起着重要作用。研究者往往将制度与技术、资金、人才一起作为新兴产业发展的基本要素，并将制度作为第一要素。陈柳钦（2007）认为，制度的激励功能可以充分激发人的积极性，制度的市场配置功能可以促进资本等资源的优化配置，制度的整合功能有利于促进技术、资金、人才三大要素的互动和集成。

此外，国内学者还从政府的角度对新兴产业培育中制度的作用展开了深入探讨。朱迎春（2011）基于波特提出的产业竞争力模型，指出在新兴产业发展中政府主要从规范、激励、引导和服务四个方面起作用。吴金希和李宪振（2012）认为，政府对新兴产业的作用主要包括：应对市场失灵，即通过政府干预下的资源配置的制度安排，对技术溢出效应下的技术投资次优选择和经济促进作用进行调节；承担战略使命，也就是通过对新兴产业的培育加快产业转型升级，将其作为新的增长引擎推动经济复苏，并通过大力发展节能环保等新兴产业获得更好的社会效益；构建区域创新系统，通过建立相适应的制度促进地区的产业创新，为新兴产业发展提供基础。

我国新兴产业发展面临着核心技术缺乏、产业基础区域差距较大、体制性障碍等问题，因此，建立与之相适应的政策支撑体系对新兴产业的健康发展有着重要作用（李桢和刘名远，2012）。肖兴志（2011）、顾海峰（2011）分别从财税政策支持、政策性金融支持的角度探讨了新兴产业的发展和演进。李奎和陈丽佳（2012）建立了"战略性新兴产业促进政策体系钻石模型"，并在此基础上提出了促进我国战略性新兴产业的整体体系框架和具体政策。许箫迪等（2014）提出，新兴产业的培育需要建立适应性制度，以及为促进新知识传播、形成通用性规则和标准等构建支撑性制度环境；并且基于地方政府与中央政府、不同区域地方政府之间的政策博弈，进一步从政府视角对战略性新兴产业培育的政策设计和实施进行了分析。刘继兵等（2015）从政策环境（包括政府环境、法律环境、教育环境）、市场环境（包括金融环境、技术市场环境、税收环境）等方面分析了制度环境对新兴企业创新能力的影响。洪勇和张红虹（2015）从系统角度提出了培育新兴产业的政策传导机制，他们分别从系统要素完善目标和系统优化目标两方面明确了政策设计的功能定位，并指出我国在培育战略性新兴产业方面的政策存在政策主体不协调、功能结构性失衡、内容执行性不足等问题。白恩来和赵玉林（2018）从激励催化、资源配置和信息传导三个方面构建了战略性新兴产业的政策支持机制，并从政策颁布、政策实施、反馈修正和目标达成四个阶段分析了政策支持机制的运行原理，同时分别从供给面、需求面和环境面提出了政策优化建议。王昶等（2020）提出了促进战略性新兴产业发展的政策组合，该政策组合包括：由目标规划、业务路线和产业定位要素组成的政策战略，以及围绕区域价值链开展的政策行动和提供相应要素资源的政策保障。

综上，新兴产业的培育离不开制度的支持，但是在制度的制定和实施方面依然存在一些值得关注的问题：第一，新兴产业的培育过程是一项复杂的系统工程，需要将各项制度纳入同一框架，在相互协调、相互协同的有机系统中进行设计；第二，各项制度与新兴产业培育间的内在联系还需进一步探明，要深入分析各项制度对新兴产业培育的作用机理；第三，新兴产业培育是在一定的区域和城市中进行的，为了改善新兴产业培育制度的效果，还需要与城市发展和建设等相关实践相结合。

（二）　新兴产业培育制度的具体作用

由于新兴产业在发展过程中仍然存在产业链不完整（柳卸林和程

鹏，2012）、单个企业规模偏小（肖兴志，2013）、产业发展不均衡（陆立军和于斌斌，2012）等问题，因此新兴产业培育的自组织创新系统会出现技术、人才、资金等资源不足，制度缺失或者不适宜（Edquist，2001），机构、制度或组织之间不协调（Metcalfe，1995）等问题。正是因为创新系统失灵问题的存在，政府才有必要为自组织创新系统的形成和运行提供制度保障，以促进新兴产业的培育和高质量发展。鉴于此，新兴产业培育制度的作用主要体现在解决新兴产业自组织创新系统中存在的结构性缺陷和运行效率低下等问题。

1. 弥补创新系统的结构性缺陷

新兴产业自组织创新系统的结构性缺陷主要表现为创新主体缺失和创新资源不足两个方面。导致创新主体缺失的主要原因在于：创新研发前期投资高、回报周期长、风险大，并且创新成果具有公共产品属性，产生的正外部性会降低创新主体的收益，从而导致创新主体较少；地方政府的盲目跟风、急功近利，容易导致产业同质、低端集中等问题，也会间接造成创新主体的缺失。我国同时面临着新兴产业培育和传统产业转型升级的双重任务，加上一些发达国家对人才、技术保护力度的加大，使我国在技术、人才、资本等创新资源方面出现不足。

基于以上原因，新兴产业培育制度需要不断完善创新主体、创新资源，以弥补创新系统的结构性缺陷。在保护和激励创新主体方面，新兴产业培育制度包括知识产权制度及财政、税收制度。通过不断完善知识产权制度，在充分发挥技术和知识外部性的同时保障创新主体收益，提高创新主体的积极性；完善财政、税收制度，一方面可以通过政府采购等措施降低创新主体的市场风险；另一方面通过税收减免、财政补贴等差异化激励措施激励创新主体进行突破性创新，推动产业向高端转移。

在完善创新资源方面，新兴产业培育制度包括金融制度、人才制度和科技制度。金融制度主要为创新主体提供资金支持，通过政策性金融的差别化、金融市场体系建设、金融政策创新和金融体制改革，促进政策性金融与市场性金融的结合，从而更好地为新兴产业培育服务（段超，2020)。人才制度可以通过人才吸引工作，促进"人才洼地"的形成，并遵循人才成长规律和社会主义市场规律进行人才培养和使用（李继凯，2018)，建立有利于人才成长的科学机制，为新兴产业培育提供人才支持（徐飞等，2018)。科技制度主要是为新兴产业培育的技术创新提供保障，可以理解为是对促进新兴技术研发、成果扩散、商品化、产业化的一系列规则、机制的总称（袁中华，2011)。在新兴产业培育制度中，科技制度还包括产学研合作制度、科技评价制度。新兴产业的培育需要技术创新，但技术创新具有复杂性和高风险性，单个企业很难进行，通过产学研合作制度促进企业之间及企业与科研院所、高校之间的联系，以满足各方共同利益和企业发展需求为目标建立研发联盟，基于风险共担和利益共享，围绕新兴产业发展中的技术创新问题开展技术合作，突破核心技术，提高产业的技术创新能力。

为提高科学技术创新能力，2003年科学技术部印发了《科学技术评价办法（试行）》，标志着科学评价制度的正式建立。2007年修订的《科学技术进步法》中进一步提出"建立和完善有利于自主创新的科学技术评价制度"，[1]对科技评价的法律地位进行了明确。科技评价主要包括科技计划评价、项目评价、机构评价、人才评价、政策评价、资源评价和能力评价。科技评价制度通过判断功能、选择功能、预测功能和导向功能为新兴产业培育中的科学研究提供保障。

2. 提升创新系统的运行效率

基于Woolthuis等（2005）的研究，我国新兴产业自组织创新系统运行效率低下表现为制度不完善、基础设施不健全、自主成长能力不足以及新兴产业培育与传统产业的转型升级未能形成有效互补。新兴产业的培育离不开相关产业制度的扶持与保障，而现有的市场准入制度、审批制度等都在一定程度上阻碍了新兴产业的发展。技术创新平台、信息贡献平台、科技服务平台及产业应用等方面的基础设施都是新兴产业培

---

① 《中华人民共和国科学技术进步法》，中国人大网，http://www.npc.gov.cn/npc/c30834/202112/1f4abe22e8ba49198acdf239889f822c.shtml，2021年12月24日。

育的基础，但这些基础设施存在投资力度大、外部性强、建设周期长等特点，单个企业很难承担，从而使供给无法满足需求。我国新兴产业存在市场、技术两端在外的问题，大部分企业处在技术链、产业链低端，产业的自主创新能力明显不足。发达国家的经验表明，新兴产业是在传统产业处于成熟阶段的基础上发展的，传统产业可以为新兴产业的形成和发展提供资源支持。在我国，新兴产业培育与传统产业转型升级处在同一时段，传统产业在一定程度上无法为新兴产业的培育提供有力支撑。另外，地理上的行政区划导致部门间管理与目标的条块分割，从而在创新系统内部存在研发与市场、教育与人才需求等主体间的不协调。

因此，在新兴产业培育制度的制定和实施中必须有针对性地促进创新系统的高效率运行。

（1）企业制度方面。从微观层面来看，新兴企业的存在是新兴产业培育的基础，因此企业制度也是新兴产业培育制度的重要组成部分。为了增加新兴企业的创新活力，需要制定与之相适应的企业产权制度、企业组织制度、企业知识管理制度。明晰企业产权制度，激励企业创新，尤其是激发中小企业的创新动力；创新企业组织制度，有助于企业应对快速变化的市场和技术，针对市场和消费需求的不确定性，减少产业研发时间，缩短产品生命周期；完善企业知识管理制度，通过对知识的获取、处理、应用、共享等全过程管理，推动企业的知识创新，提升企业成长能力。

（2）产业制度方面。根据新兴产业发展的不同阶段特征制定与之相适应的制度，包括：产业进入阶段的市场准入负面清单制度、反垄断制度，激发企业创新活力；产业发展阶段的推动技术研发和创新的制度，促进新兴技术扩散与成果转化、商品化和产业化的制度，以及进一步完善知识产权制度和产业标准制度。并且，通过制度创新，优化新兴产业与传统产业间的交互关系，保障不同类型产业主体在目标、利益、行为等方面的全面协同，通过上下游企业间的纵向合作，以及高校、企业、科研院所间的横向合作，形成全面合作机制；在地理空间上，通过区域间的相互协调，推动新兴产业的"链式"集成发展。

（3）基础设施建设制度方面。新兴产业的发展离不开基础研究、共性技术等基础平台的搭建，以及技术、管理、市场等服务体系的支持，尤其是以智能化、网络化、数字化等为特征的新型基础设施的支持，传统基础设施建设制度不能完全满足新兴产业培育的需求。中国科学院科技战略咨询研究院的王晓明和隆云滔（2020）指出，相比于传统基础设施，新型基础设施具有边际收益递增、边际成本递减的模式特征，但需要通过制度创新为新型基础设施的模式创新提供保障和支撑。这些保障和支持主要包括完善基础设施经营办法、创新基础设施融资制度、明确"数据"生产要素的产权保护制度以及构建法规体系、职能定位、监管标准等多元协同的监管模式。2015 年颁布的《基础设施和公用事业特许经营管理办法》的适用对象主要包括能源、水利、交通运输、市政工程和环境保护等传统基础设施，并没有涉及新型基础设施中的信息、创新、融合等基础设施。因此，对于适应新兴产业发展的新型基础设施特许经营办法还有待进一步完善。通过政府与社会资本的合作模式（PPP）能有效解决基础设施建设资金投入大、政府难以支撑的问题，但还需要制定相应的金融工具配套政策，以解决 PPP 项目入库流程复杂和入库周期过长的问题。与传统产业不同，"数据"成为新兴产业的关键生产要素。服务于新兴产业发展的新型基础设施主要采用开源共享模式，为了更好地保护新型基础设施参与主体的权益，应通过知识产权保护制度进一步明晰"数据"这一生产要素的产权界定。由于新型基础设施建设监管范围广、涉及的职能部门多，为避免发生信息不同步等问题，还需要借助大数据和"互联网+"等先进技术促进部门间的协同，以及各项制度的联动。

（三）新兴产业培育制度的作用路径

洪勇和张红虹（2015）将新兴产业培育过程看作自组织创新系统，由一定边界内各种产业要素交互联系而形成。创新系统主要包括系统形成和系统运行两个阶段，制度对新兴产业培育的促进作用主要通过对这两个阶段的传导效应体现。在创新系统形成阶段，制度主要通过对创新主体、创新资源的促进作用完善创新系统的基本构成，保障新兴产业培育中创新要素和创新功能的完备性。在创新系统运行阶段，制度需要从企业、产业、基础设施各个层面，以及对创新、竞争、合作多项活动进行系统性优化，确保创新系统的高效运行，为新兴产业培育奠定基础。鉴于此，可以将新兴产业培育制度的作用路径界定为，以创新系统的形成和高效运行为目标，从创新系统要素完备和创新系统运行优化两个方面对新兴产业的培育和发展活动进行调节，最终实现新兴产业的高质量发展。新兴产业培育制度的作用路径如图5-3所示。

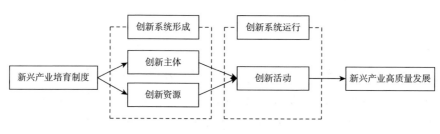

图 5-3 新兴产业培育制度的作用路径

新兴产业培育是我国经济发展方式转变和经济结构调整的重要环节，新兴产业培育制度是新兴产业形成和发展的保障。新兴产业培育制度的设计和实施最终目的是推动新兴产业的高质量发展和提升其全球竞争力。但是，新兴产业培育制度与产业发展绩效的提高并不存在必然联系。因此，新兴产业培育制度的作用是必须在创新系统形成阶段有针对性地促进创新系统的高质量建立，以及在创新系统运行阶段推动系统的高效率运行。

四 新兴产业培育制度系统的形成

从前面的分析可以看出，新兴产业培育制度不是某单一制度，而是不同层面多种制度的综合，并且各项制度相互影响、相互作用，形成一个制度系统（如图5-4所示）。因此，促进新兴产业培育的制度系统是由多个制度子系统组成的，各制度子系统间及子系统与外界环境间交换信息，从而使制度系统具有结构性、整体性和开放性的特征。

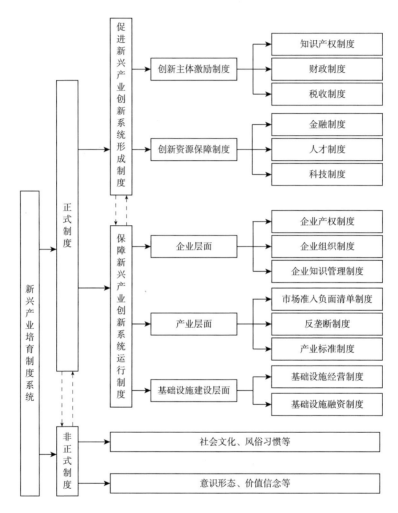

图 5-4 新兴产业培育制度系统结构

注：虚线箭头表示各制度子系统间的协同。

（一）新兴产业培育制度系统的构成

根据 North 对制度的分类，本书将新兴产业培育制度分为正式制度、非正式制度两大类。非正式制度主要是指社会文化、风俗习惯、意识形态、价值信念等。虽然非正式制度对新兴产业的培育也起着非常重要的作用，但本书主要从政府角度对正式制度展开探讨。

根据新兴产业培育制度的作用和作用路径，以弥补创新系统结构性缺陷和提升系统运行效率为目标，按照"结构-效率"框架，将正式制度分为促进新兴产业创新系统形成制度和保障新兴产业创新系统运行制度两大类。新兴产业培育制度系统的具体构成如图5-4所示。

促进新兴产业创新系统形成制度可进一步分为创新主体激励制度和创新资源保障制度两类。创新主体激励制度主要为创新主体进行创新活动提供动力，具体涉及知识产权制度、财政制度、税收制度。创新资源保障制度主要为新兴产业培育提供资金、人才、科技等生产要素保障，具体涉及金融制度、人才制度、科技制度，其中，科技制度包括产学研合作制度、科技评价制度。

保障新兴产业创新系统运行制度分别从企业、产业和基础设施建设三个层面保障创新系统的运行，为新兴产业培育提供支撑。企业层面的制度主要是激发企业的创新活力，从微观层面保障创新系统的高效运行，具体包括企业产权制度、企业组织制度和企业知识管理制度；产业层面的制度为不同发展阶段的新兴产业提供与之相适应的制度环境，具体包括市场准入负面清单制度、反垄断制度和产业标准制度；基础设施建设层面的制度为新兴产业培育提供以智能化、网络化、数字化等为特征的新型基础设施，通过基础研究、共性技术等基础平台的搭建确保创新系统的高效率运行，具体包括基础设施经营制度和基础设施融资制度。

（二）新兴产业培育制度系统中各子系统的相互关系

制度系统中，从新兴产业培育角度看，需要有保障创新系统的形成和运行两个方面的制度，并且，每个方面都包含相应的制度子系统。各制度子系统以及各项制度并非独立地起作用，而是相互交叉、相互配合，体现为制度系统的协同性。

（1）促进新兴产业创新系统形成制度子系统与保障新兴产业创新

系统运行制度子系统间的协同。企业主体在进行创新决策过程中，不仅需要创新资源的保障和政府对创新主体的激励，还需要确保创新系统平稳、高效运行的制度保障，以降低创新风险，因此，为了有效促进创新系统的形成，需要实现两个子系统间的协同。并且，只有保证了创新系统的形成，才能促进创新系统的高效率运行，从而有效推动新兴产业培育。

（2）各项制度间的协同。技术创新需要科技制度作为基础保障，同时还需要人才、资本市场的支持，以及政府财政制度、税收制度和知识产权制度的激励。政府的财政补贴、税收优惠一方面通过降低市场交易成本、提高新兴企业的收入和利润，激励企业主体的创新；另一方面与人才培育制度的协同可以推动人才的培育，为企业的研发和技术创新提供人才支撑。明晰的企业产权制度、具有创新特征的企业组织制度以及完善的企业知识管理制度为新兴产业培育提供了微观基础，但新兴产业的培育离不开与其发展阶段相适应的市场环境和基础设施条件，也就是说，新兴产业培育还需要通过市场准入负面清单制度降低进入门槛，通过反垄断制度和产业标准制度建立公平的竞争环境，以及通过新型基础设施的建设为新兴产业的培育提供支持。新型基础设施的建设不仅需要经营制度和融资制度作为保障，由于涉及"数据"这一特殊生产要素，还需要知识产权制度以确保投资主体的利益，以及政府的金融制度以解决融资问题。

综上，新兴产业培育制度系统中，促进新兴产业创新系统形成制度子系统与保障新兴产业创新系统运行制度子系统及各项具体制度相互依赖、相互影响，只有促进各子系统之间和各具体制度之间相互协同才能有效促进各生产要素流向新兴产业，并且引导各项制度的有效创新，最终实现新兴产业的培育和持续发展。

第三节 西部低碳城市新兴产业培育制度联动机制构建

西部低碳城市新兴产业培育不是低碳城市建设与新兴产业培育的简

单相加，而是一项复杂的系统工程，需要相关制度联动形成制度合力来推进。一方面，低碳城市是新兴产业发展的重要载体，低碳城市建设的关键是碳解锁，西部低碳城市建设的重点在于产业碳解锁，因此，西部低碳城市建设制度系统不仅包括推动低碳城市建设的城市制度、低碳发展制度，还包括有利于新兴产业培育的产业制度，从而在破解产业碳锁定的同时实现城市的经济增长。另一方面，新兴产业的培育过程可以看作创新系统的形成和运行过程。新兴产业培育制度主要解决创新系统中存在的结构性缺陷和运行效率低下等问题，通过促进创新系统形成制度和保障创新系统运行制度构成新兴产业培育制度系统。尽管西部低碳城市建设与新兴产业培育密切相关，低碳城市建设制度系统和新兴产业培育制度系统也存在交叉，但是，部门间的条块分割、沟通不畅及协调不力等问题普遍存在。建立制度联动机制有利于整合各类资源，形成低碳城市建设系统与新兴产业培育系统的互补互动，推动低碳城市建设与新兴产业培育间的协同，最终全方位促进低碳城市新兴产业培育，从而实现"1+1>2"的效果。

一 低碳城市新兴产业培育制度联动机制的内涵

（一）制度联动的基础理论

1. 系统论

Edquist（1997）强调，学习是创新的基本过程，也是创新的基础，但是制度是创新和科技进步的关键。因此，技术创新推动下的新兴产业培育离不开制度的保障，低碳城市新兴产业培育制度更需要从系统的角度促进低碳城市建设制度与新兴产业培育制度的协同。

系统是若干要素在一定环境中相互联系、相互作用、相互制约的有机集合体，并且，由多个子系统可以组成整体性系统。当把低碳城市新兴产业培育制度作为一个完整系统，低碳城市建设制度系统和新兴产业培育制度系统则为其子系统。系统中各子系统有其自身功能的侧重点。低碳城市建设制度子系统的功能侧重于通过城市空间规划、产业发展等实现碳解锁；新兴产业培育制度子系统的功能侧重于促进产业创新系统的形成和运行。各子系统之间存在直接或者间接的关系，子系统间的相互影响、相互制约形成整体系统的结构和功能。通过低碳城市建设制度子系统与新兴产业培育制度子系统间的相互作用可以实现低碳城市碳解锁和经济增长的双赢。

系统论强调从系统的角度看待问题，认为如果只侧重某一个方面，则不能发挥其整体的最优效果。低碳城市新兴产业培育要遵循系统规律，将系统的整体性与各子系统间的互动性结合，建立并完善已有低碳城市建设制度子系统和新兴产业培育制度子系统，形成低碳城市新兴产业培育制度系统，充分发挥整体系统的综合作用。根据系统论理论，各制度子系统应相互匹配、相互协同，形成和谐、有序的运行状态，即只有建立制度联动机制才能真正促进低碳城市新兴产业的培育。

2. 协同和联动理论

协同论来自自然科学，最早由物理学家赫尔曼·哈肯在 1971 年提出，并在经济管理领域得到广泛运用。协同论强调系统内各子系统间的相互协作，通过各子系统间的信息、能量交换，促进由无序状态向有序状态的转变，最终形成统一的系统。并且，基于各子系统相互协同而形成的整体系统的功能往往大于单个子系统功能的简单叠加，即产生"协同剩余"。

联动通常理解为相互联系的事物中的一个事物发生变动时其他事物也随之而变动（叶森，2009）。制度的联动可以理解为存在关联的各项制度之间，当一项制度改变时其他制度也会随之而改变。国内一些学者提出在分配制度与财产权制度（韩保江，2003）、农村税费改革（岳芳敏和李芝兰，2006）、户籍制度与土地制度（朱识义，2014）、新型城镇化建设（凌永辉和查婷俊，2019）等方面进行制度联动改革，通过推动存在密切联系的各项制度之间的协同变革来更好地实现共同的改革目的。

从制度联动的思想来看，制度之间的协同是其重要内容，制度间协同的目的是实现制度联动。基于此,在低碳城市新兴产业培育制度系统中,通过制度子系统间的协同可以获得协同剩余。制度系统中,子系统间协同产生的协同剩余将进一步强化各项制度的联动,通过制度联动,使各项制度在低碳城市建设和新兴产业培育中,充分调动系统内和系统间的资源,从而更好地促进低碳城市新兴产业培育。

(二) 制度联动机制的内涵

"机制"的概念来源于机械工程学,表示机器构造与工作原理。"机制"被引申到生物和医学领域,生物机制表示生物有机体内各器官间相互联系、相互作用和相互调节的方式。将"机制"引申到经济学领域,经济机制表示经济机体内不同构成要素间相互联系和相互作用的关系及其形成的功能。鉴于此,制度联动机制主要包括两个方面:第一,相互联系和相互作用的主体必须存在,如制度联动机制中,各项制度既是机制的主体,也是建立机制的前提。第二,存在一种具体的运作方式,通过这种运作方式协调各主体间的关系。低碳城市新兴产业培育制度联动机制就是以一定的运作方式将涉及低碳城市建设和新兴产业培育的各项制度联系起来,促使各项制度协同运行,更好地发挥其作用。

马维野和池玲燕(1995)基于系统论对机制进行了新的定义,机制是系统为维持其功能而以一定规则规范系统内各部分的联系,以及调节系统与外部环境关系的协调方式和原理。由此可见,系统是机制的重要载体,机制通过对系统中各组成部分的调节来保障各部分的运行符合系统整体功能;机制也可以看作推动系统进化的内在因素,通过其调节作用引导系统中各部分按一定的规则运行。在此基础上,我们可以将西部低碳城市新兴产业培育制度联动机制进一步描述为,低碳城市新兴产业培育制度系统通过一定的规范和调节方式,推动低碳城市建设制度子系统与新兴产业培育制度子系统间的协同,以及各项具体制度在子系统中和子系统间的协同,从而推动低碳城市新兴产业培育制度系统中各项制度协同发挥作用,实现制度联动,以有效促进低碳城市新兴产业培育。

二　西部低碳城市新兴产业培育制度联动机理

根据前面的分析，基于系统论将低碳城市新兴产业培育制度作为一个系统，那么，就可以将西部低碳城市新兴产业培育制度联动看作低碳城市建设制度子系统与新兴产业培育制度子系统的相互联系、相互作用。遵循这一思路，在分析各子系统间的基本联系和促进制度联动的动力基础上，本部分对西部低碳城市新兴产业培育制度联动的机理展开进一步分析。

（一）制度子系统间的基本联系分析

系统之所以能形成是因为在系统中存在构成其结构的基本要素，并且存在某一要素可以使系统中的各子系统相互联系、相互作用。综合前面对低碳城市建设制度子系统和新兴产业培育制度子系统的分析可以看出，技术创新是低碳城市建设的重要因素，也是新兴产业发展的重要驱动力，因此，可以认为技术创新是推动低碳城市建设制度子系统和新兴产业培育制度子系统相互联系的关键要素。

低碳城市建设中技术创新是城市经济增长的重要动力，也是城市低碳发展的关键因素，因此，如何通过低碳城市建设制度促进技术创新成为学术界研究的热点。国内学者基于波特假说，对我国的低碳试点政策与技术创新间的关系进行了广泛研究。逯进和王晓飞（2019）就我国低碳城市试点政策对技术创新的影响进行了实证分析，结果显示，低碳城市试点政策对城市技术创新有明显的正向影响；进一步的机制分析表明，低碳城市试点政策影响城市技术创新的路径主要有三条，分别是通过政策性研发资金投入以解决创新主体的资金约束、增加科技人才数量为技术创新提供人才保障以及促进产业结构升级为城市技术创新提供基础。佘硕等（2020）指出，在低碳城市建设初期会遇到经济社会成本上升、新兴产业培育缓慢等问题，因此需要充分发挥技术创新和产业结构转型的主导作用。熊广勤等（2020）、徐佳和崔静波（2020）的实证研究结果均显示，我国的低碳试点城市政策能有效促进企业的绿色技术创新。由此可以认为，低碳城市建设推动了技术创新和产业结构升级，进而促进了新兴产业发展。李翔和邓峰（2019）的实证研究表明，技术创新对经济增长存在显著的促进作用，并且会与产业结构升级产生协同效应，化解产业结构升级对经济增长产生的负向影响。

（二）制度联动的动力因素

1. 部门自身利益与公共利益的互容

西部低碳城市新兴产业培育制度联动机制构建的内生动力在于部门利益，包括基于"经济人"假设的政府部门自身利益，以及作为公共部门的公共利益（秦艳，2017）。Hurwicz（1960）提出的机制设计理论认为，通过机制设计可以实现个人利益和公共利益的兼容。在此基础上，Maskin（1977）进一步运用博弈论方法分析了各参与者的决策因素，分析了个人利益和公共利益的一致性。基于这些研究，我们可以认为，制度的设计和实施部门为了消除部门自身利益与公共利益间的矛盾，促进两者的互容，会主动寻求制度联动机制，从而更好地降低部门自身的监管成本及部门间的交易成本。

2. 创新资源利用率的提升

制度联动机制构建的另一个动力在于提高资源利用率，尤其是提高技术、人才、研发资金等创新资源的利用率。基于资源依赖观，低碳城市建设制度子系统和新兴产业培育制度子系统都对创新资源存在资源依赖，从政府部门自身利益考虑，各部门都想控制关键创新资源。但是，基于资源基础观和资源互补性，专业性资源高度内部化不利于资源利用率的提高（周志太和翟文华，2020），因此各部门在制度设计和制度实施的过程中，倾向于通过联动方式充分发挥创新资源的互补性，以提高创新资源利用率。这种联动方式包括低碳城市建设和新兴产业培育相关部门间跨部门的协作和资源共享，并且在制度设计和制度实施上真正实现协调、同步。

3. 制度创新

制度创新也是促进西部低碳城市新兴产业培育制度联动的重要动

力。制度创新会对市场主体的创新活动产生动力和压力，推动创新主体的合作重构，进而实现创新资源共享。通过制度创新，推动知识产权制度、人才制度、金融制度等与低碳城市建设和新兴产业培育相关制度的建设，完善对研发、生产、消费等创新活动的保护制度。通过制度创新，可以更好地发挥低碳城市作为新兴产业培育的空间载体和需求市场功能，同时新兴产业的发展有利于低碳城市产业结构的优化，并进一步推动低碳城市的建设，从而形成良性循环。

（三） 制度联动机理

基于系统论理论，以破解西部地区产业碳锁定、实现西部经济增长与碳减排双赢为目标，将低碳城市建设制度系统与新兴产业培育制度系统置于同一分析框架。一方面，西部低碳城市建设制度系统对新兴产业培育产生创新效应，进而对新兴产业培育制度系统产生影响；另一方面西部新兴产业培育制度系统对低碳城市建设产生产业结构升级效应，进而对低碳城市建设制度系统产生影响。西部低碳城市新兴产业培育制度的联动机理可以用图 5-5 来表示。

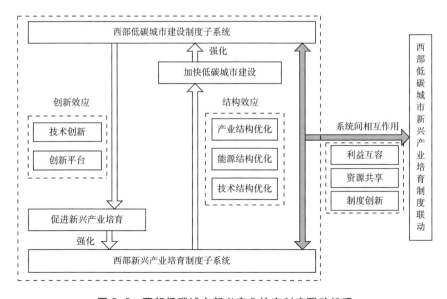

图 5-5 西部低碳城市新兴产业培育制度联动机理

1. 西部低碳城市建设制度子系统对新兴产业培育的创新效应

低碳城市建设制度将创新、绿色、协调、开放和共享的新发展理念融入城市建设，为城市创新和低碳发展注入活力。我国经济发展正值实现绿色发展、新旧动能转换的关键时期，因此，实施碳减排和建设创新型国家是我国当前两大重要举措。城市碳减排不仅指控制碳排放这一表层目标，其深层次目标是对企业技术创新形成倒逼机制，实现城市的创新驱动发展。

既有文献中关于低碳城市建设创新效应的研究侧重于对环境规制的创新补偿效应的探讨。根据波特假说，合理的环境规制有利于促进企业技术创新。围绕着波特假说，国内外学者从产业和企业的角度展开了探讨。一方面，环境规制产生的遵循成本会阻碍企业的创新活动（Zhao和Sun，2016）；另一方面，环境规制也会产生创新补偿效应，促进企业进行技术创新，从而验证了波特假说的存在（Xie等，2017）。环境规制同时存在遵循成本和创新补偿，也导致了环境规制对技术创新的影响存在不确定性，这种不确定性主要存在时间异质性和区域异质性（蒋伏心等，2013）。但是，低碳城市建设制度不仅局限于环境规制，其主旨是基于低碳理念规划、城市基础设施建设，通过制度创新，制定与之相适应的财政、税收和科技政策，以及为技术创新提供政策性研发资金投入、科技人才培育。

低碳城市建设制度子系统对新兴产业培育的创新效应可以表示为：在低碳城市建设中，通过城市、低碳、产业等相关制度的制定和实施，推动城市技术创新、加快创新平台的搭建，为城市新兴产业培育奠定技术基础，进而对新兴产业培育制度起到强化作用。其中，完善基础设施是低碳城市建设的重要部分，低碳城市建设制度在加强城市低碳交通、低碳建筑，尤其是新型基础设施的建设方面具有重要作用，通过推动重大科技、产业创新等基础设施建设，为产学研一体化创新平台的搭建提供基础，从而进一步促进城市新兴产业的培育。

禄进和王晓飞（2019）就低碳城市试点政策对城市技术创新的影

响进行了实证分析，从全国层面看，低碳城市试点政策主要通过增加政策性研发资金投入、科技人才数量等，对城市技术创新起着显著的促进作用。但在西部地区，低碳城市试点政策并没有对城市技术创新水平产生积极的促进作用，其原因在于，西部地区作为东部地区高污染、高能耗企业转移的承接地，自身的创新水平较低、技术人才缺乏。本书第四章的实证分析结果证实了该结论。由此可见，在西部地区，单纯依靠低碳城市试点政策无法产生创新效应，这更凸显了建立西部低碳城市建设制度系统的重要性，即西部低碳城市建设中须促进城市、低碳、产业三方面制度的相互协同，以有效推动城市技术创新，进而为城市新兴产业培育提供根本动力。

2. 西部新兴产业培育制度子系统对低碳城市建设的结构效应

新兴产业培育制度子系统对低碳城市建设的结构效应是指新兴产业的培育制度会引起城市产业结构、能源结构、技术结构的优化，加快西部低碳城市建设，进而对低碳城市建设制度起到强化作用。

第一，新兴产业培育制度有利于推动产业结构优化，为低碳城市建设提供产业基础。低碳城市建设要求城市具有合理的产业结构，在保持经济增长的同时保证较低的碳排放。新兴产业属于知识、技术和人才密集型产业，在提高经济增长质量和发展绿色低碳经济方面起着重要的促进作用（王忠宏和石光，2010）。新兴产业培育制度一方面通过加快新兴产业培育，提高新兴产业在城市产业中的比重；另一方面，通过促进技术创新，为传统产业的转型升级提供动力，加快高能耗和高碳排放的传统产业所占比重的降低，最终实现城市产业结构的合理化，为低碳城市建设提供产业基础。

第二，新兴产业培育制度有利于加快新能源的开发和利用，优化能源结构，为低碳城市建设提供能源基础。风能、太阳能、生物质能等新能源产业是新兴产业的重要组成部分，在新兴产业培育制度下，新能源产业将得到快速发展，从而推动能源结构向低碳清洁型结构转变，并实现对化石能源的逐步替代。根据白皮书《新时代的中国能源发展》（2020

年）中的数据，以 2012 年为基期，2019 年我国水电、天然气、风电、核电等清洁能源消费量占能耗总量的比重提高了 8.9 个百分点，达到 23.4%；并且，新能源产业的发展带动了新能源汽车产业的发展，2019 年我国新能源汽车保有量达到 380 万辆[①]，为新能源产业的发展提供了较大的市场需求。新兴产业培育制度促进了新能源产业的发展，为低碳城市建设中的清洁能源需求提供了保障。

第三，新兴产业培育制度有利于充分发挥新兴产业对新兴技术的载体功能，加快新兴技术的研发、运用、推广和扩散，进而逐步取代高碳技术，优化技术结构，为低碳城市建设提供技术基础。新兴产业培育制度子系统主要包括促进创新系统形成和保障创新系统运行两个方面，在加快创新系统的形成和保障创新系统的运行的基础上促进新兴产业的培育。新兴技术是新兴产业发展的重要驱动力，而新兴产业则是新兴技术的重要载体。新兴产业培育制度通过激发创新主体的积极性、加快创新资源的流动，推动新兴技术研发，为新兴产业的发展提供驱动力。新兴产业培育制度在保障创新系统运行的同时，促进新兴技术在企业、产业和基础设施层面的运用，促进新兴技术的推广和扩散，为低碳城市建设提供技术支撑。

综上所述，西部低碳城市新兴产业培育制度联动机理较为复杂，低碳城市建设制度子系统与新兴产业培育制度子系统虽然是不同的子系统，但两者相互联系并相互作用。因此，应充分发挥政府部门自身利益与公共利益的互容、创新资源共享、制度创新等动力因素的作用，推动两个子系统的协同，最终实现西部低碳城市新兴产业培育的制度联动。基于协同论，子系统间的协同可以产生协同剩余，强化各项制度的联动，产生"1+1＞2"的效果，从而更好地促进低碳城市新兴产业的培育。

---

① 《〈新时代的中国能源发展〉白皮书》，中华人民共和国中央人民政府网站，http://www.gov.cn/zhengce/2020-12/21/content_ 5571916. htm，2020 年 12 月 21 日。

三　西部低碳城市新兴产业培育制度联动机制的构建

（一）制度联动机制构建的目的和核心

1. 制度联动机制构建的目的

西部低碳城市新兴产业培育制度联动机制构建的主要目的是促进西部低碳城市的新兴产业培育，以实现西部城市经济增长和碳减排的双重目标。低碳城市建设是实现城市碳减排目标的最佳途径，西部低碳城市建设面临的主要问题是产业碳锁定，而新兴产业发展是破解城市产业碳锁定的重要措施。但是，在新兴产业发展过程中，作为主要驱动力的技术创新具有正外部性的特征，完全依靠市场机制无法解决对创新主体提供正外部性贡献的经济补偿，因而会降低创新主体的积极性。构建制度联动机制就是要便于政府在低碳城市新兴产业培育中运用相关机制，并将之作为城市制度制定和实施的依据，强化各项制度的联动，促进西部低碳城市新兴产业培育，最终实现经济增长和碳减排的双赢。并且，通过建立系统的低碳城市新兴产业培育制度联动机制，可以帮助政府建立近期和远期低碳城市建设和新兴产业发展的制度目标体系和实施方案。

2. 制度联动机制构建的核心

低碳城市新兴产业培育制度联动机制构建的核心是实现城市、产业、低碳三个方面制度目标的整合与协同。随着城市化、工业化进程的加快，温室气体排放导致的全球气候变暖等环境问题也变得日益严重，城市亟须寻求低碳发展之路，而低碳城市建设成为减少城市碳排放的重要措施。低碳城市将低碳作为城市发展的主要理念，将低碳经济作为城市经济发展的主要模式，在一定程度上促进了城市制度与低碳制度的结合。

对于西部城市而言，要实现经济的赶超，会倾向于发展比较成熟的传统高能耗产业，形成"利碳化"产业制度，因而西部低碳城市建设目标与城市产业制度目标存在较大差异。为了使低碳城市建设在减少西部城市碳排放的同时，能在一定程度上实现城市的经济增长，就需要破除

"利碳化"产业制度锁定，实现低碳城市建设制度与西部城市产业制度目标的整合。技术创新驱动的新兴产业，相比于传统高能耗、高排放的传统产业，具有技术含量高、资源集约、碳排放低、附加值高等特点，因此新兴产业的发展能很好地解决经济增长与碳减排之间的矛盾。为此，西部低碳城市新兴产业培育制度联动机制构建的核心就是为破解城市经济增长目标与碳减排目标之间的冲突提供分析工具，从而实现低碳城市建设制度与新兴产业培育制度的目标整合与协同。构建的重点在于，基于系统论和协同论，理顺低碳城市建设制度子系统和新兴产业培育制度子系统间的关系，明确促进各制度子系统间及各子系统内各项制度间协同运行的方式，进而使之发挥联动作用，以最终促进西部低碳城市新兴产业的培育。

（二）制度联动机制

西部低碳城市新兴产业培育制度联动机理表明，低碳城市建设制度子系统与新兴产业培育制度子系统之间具有协同发展关系，可以通过两者的协同推动城市建设、低碳发展、产业培育制度间的联动，从而进一步强化创新系统的形成制度和运行制度，促进新兴产业的培育，并实现西部低碳城市经济增长与碳减排的双赢。其中，目标整合机制、创新协同机制、管理协调机制是构成西部低碳城市新兴产业培育制度联动机制的核心部分（如图5-6所示）。这三个机制相互影响、相互促进，共同助推低碳城市新兴产业培育制度联动的实现。

1. 目标整合机制

目标整合机制就是在制度制定的过程中，建立碳减排的激励机制，解决经济增长目标与碳减排目标间的冲突，加强低碳城市建设制度目标与新兴产业培育制度目标的一致性，从而破除政府部门职能条块分割的局限，形成部门利益与公共利益的互容。

低碳城市建设制度系统以低碳经济作为城市的发展模式和发展方向，主要目标侧重于促进城市的碳减排，最终实现碳减排与经济增长的双赢；新兴产业发展是我国"十四五"规划中促进我国经济高质量发

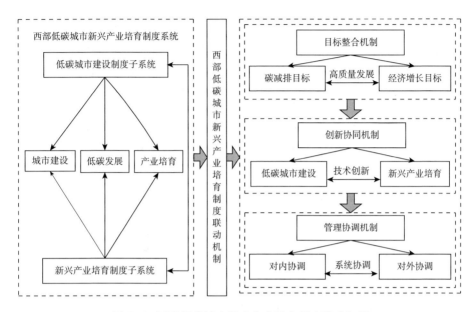

图 5-6　西部低碳城市新兴产业培育制度联动机制

展的重要内容，新兴产业培育制度系统的主要目标是实现经济的高质量发展。从国家层面看，低碳城市建设制度系统和新兴产业培育制度系统两者在目标上基本没有冲突。但是，对于生态环境脆弱、经济基础和技术发展水平较为落后的西部地区，为了实现经济追赶，往往将经济增长目标置于碳减排目标之上，从而导致低碳城市建设制度系统的碳减排目标与新兴产业培育制度系统的经济增长目标之间存在目标分异。因此，如何实现西部低碳城市建设制度系统与新兴产业培育制度系统的目标整合，实现西部地区的高质量发展，是西部低碳城市新兴产业培育制度联动首先需要解决的问题。

具体来看，为实现目标整合，应建立健全以下关键机制。一是制度目标评估和整合机会识别机制。根据制度目标整合的要求，建立对城市、产业、低碳制度中的各项具体制度目标进行全面评估的机制，找出各制度目标的差别并进行权衡，从中识别出制度目标整合的各种机会并找出最合理可行的整合机会。二是制度目标整合的信息沟通机制。建立各项制度制定主体间的信息高效互动交流渠道，促进各主体对其他主体事务的理解和制度目标诉求的相互交流，充分明确制度目标整合的方案和具体内容。三是目标整合协同的决策机制。在制度目标评估、整合机会识别以及充分有效沟通的基础上，对城市、产业、低碳制度的目标进行选择和调整，实现制度目标的协同。四是制度目标整合的反馈机制。对制度目标整合的结果是否达到目标协同要求进行评估，发现问题并及时反馈，不断改进，以获得城市、产业、低碳制度目标的最佳协同效应。

2. 创新协同机制

创新协同机制是在制度制定和实施过程中，建立创新共享平台，促进创新资源的优化配置和创新成果的共享，通过不断持续的创新加强低碳城市建设制度和新兴产业培育制度间的联系和协同，从而为低碳城市建设提供技术支撑，同时为新兴产业培育提供内在动力。

在前面的分析中提到，技术创新是促进低碳城市建设制度子系统与新兴产业培育制度子系统之间联系的关键要素，尤其是对于技术创新能力较弱的西部地区，技术创新这一要素显得更为重要。一方面，低碳城市建设的碳减排目标产生的遵循成本效应和创新补偿效应，成为市场主体技术升级和自主创新的内在动力，并且，低碳城市建设对人力资本、创新服务、相关基础设施的支持为技术创新提供了动力。另一方面，低碳城市建设离不开低碳技术创新，低碳技术通过关联效应、溢出效应、示范效应，为新兴产业培育提供驱动力。因此，促进低碳城市建设制度系统与新兴产业培育制度系统间的创新协同，加强低碳城市建设与新兴产业培育间的相互联系、相互作用，是西部低碳城市新兴产业培育制度联动的核心问题。

具体来看，创新协同机制的达成需要建立健全以下关键机制。一是创新信息的多部门沟通机制。充分发挥政府在多向信息沟通中的管理主体作用，搭建和完善低碳城市建设和新兴产业培育的创新协同信息平台，及时交流和共享创新发展动态、创新资源、技术研发与应用、创新政策制度等多方面信息，为开展多部门协同创新提供信息支持。二是技术创新资源的整合机制。由于西部低碳城市的低碳技术和产业基础相对薄弱，加强技术创新资源的整合十分必要。要以新兴产业企业为主体，采取政府引导、市场驱动等多种方式对企业、研究院所、技术中心、高校等优质技术创新资源进行整合，建立有效的人才交流和技术设备开放合作平台，形成合理的利益分享和风险分担体系。三是技术协同创新的服务机制。低碳技术创新的收益不确定、正外部效应等特点，对各主体的协同创新积极性有明显的负面影响。因此必须切实做好协同创新服务，营造良好的创新环境，以提高协同创新积极性；要建立健全技术协同创新的服务体系，建设低碳技术协同创新服务平台，培育技术协同创新服务基地。

3. 管理协调机制

管理协调机制指在目标整合机制和创新协同机制基础上，以实现制度联动为目标，对低碳城市建设制度子系统和新兴产业培育制度子系统加以协调，以保证子系统间的步调一致。

低碳城市新兴产业培育制度系统是一个复杂的系统，涉及部门较多，部门与部门之间的关系较为复杂，只有实现部门间的相互合作、相互协调，才能保障整个制度系统的正常运行。基于"木桶理论"，系统内各部门相互协调、均衡发展是保证系统正常运行的基础。低碳城市新兴产业培育同时涉及低碳城市建设和新兴产业培育，这就需要促进低碳城市建设制度子系统与新兴产业培育制度子系统之间的协调。管理协调机制包括系统内部各部门之间的对内协调，以及与其他系统各部门之间的对外协调。建立有效的管理协调机制，促进系统内和系统间各部门的协调，是西部低碳城市新兴产业培育制度联动的基础保障。

具体来看，管理协调机制的形成应建立健全以下关键机制。一是健全系统内部门的协作机制。调整各级相关部门及其内设机构的工作职责，将低碳发展和新兴产业培育作为相关部门及内设机构的核心工作内容，建立常设的工作机构，促进低碳发展和新兴产业培育管理职能的一体化。二是完善系统之间的跨部门协调机制。进一步推动各低碳城市政府协调议事机构改革，整合城市、低碳、经济、产业发展等方面的各类工作领导小组式的协调议事机构，组建新型综合协调议事机构，统筹领导协调碳减排和经济社会发展。三是建立协调管理的考核机制。明确各部门推进管理协调的目标责任，制定对管理协调实施情况的考核评价办法，每年定期进行评价，将评价结果应用于部门的政府绩效考评。

四 西部低碳城市新兴产业培育制度联动机制的保障措施

（一） 强化制度联动机制构建工作的组织领导

西部各低碳城市党委要全面加强对建设低碳城市和发展新兴产业工作的领导，支持联动机制的构建。市政府统筹低碳城市建设和新兴产业培育制度联动机制的构建工作，制定工作任务重点并分解落实。各级政府部门要根据任务制定本部门的行动计划，推进工作职责的转变，开展低碳城市建设项目和新兴产业发展项目协调联动的专项工作。通过加强组织领导，形成"党委全面领导、政府统筹推进、部门协同联动"的长效机制。

（二） 推进整体化政策制定方式改革

当前的部门分割式政策制定方式，不利于西部低碳城市的低碳、城市、产业等政策的目标整合，因此应改革当前的政策制定方式，借鉴"多规合一"的规划体制改革经验，推进整体化政策制定方式改革，建立以规划、发改、工信和环保四部门为主体的多部门联席政策制定机构，配备专门人员，负责统筹制定低碳城市建设和产业发展相关政策，并对现有政策制度进行整合清理。

（三） 加强部门协调联动能力建设

这部分工作应从以下几个方面着手。（1）加快新型综合协调议事机构的建设，强化工作职责和人员配备；（2）建立和完善各部门内部机构协调联动的规章制度，配备专人负责政策制定协同工作；（3）加强各部门的信息化、数据化能力建设，充分利用现代信息技术手段全面畅通信息沟通渠道，实现信息交流"零延时"；（4）加强人才队伍培养。无论是政策制定的协同还是管理的协调，都需要提高部门职员对政策协同的理解力和执行力，因此，应通过组织培训、加强部门人员交流任职，培养具备全局视野、熟悉部门协同业务的综合性人才队伍。

（四）增进低碳城市建设和新兴产业发展制度建设的对外交流合作

西部低碳城市有关低碳发展、新兴产业培育的制度建设经验较为欠缺，加强与国内外低碳发展先进城市的交流，有利于学习其低碳发展、产业培育的成功经验，借鉴其先进的低碳法规制度、产业政策等以改善自身的制度建设。一方面，要加强与国内发达地区低碳试点城市的交流合作，将其在制度建设中的成功做法在本地进行推广运用；另一方面，要加强与发达国家低碳先进城市的交流，学习借鉴其相关法规制度。在与国内外低碳发展先进城市的交流合作中，还应注意充分利用其制度建设的专业人才资源，通过引进、合作、咨询等多种方式，为西部低碳城市的相关制度建设提供支持。

（五）深化低碳观念和企业绿色低碳发展的宣传教育

文化、风俗、习惯、观念等属于非正式制度，对法规政策等正式制度的形成和演进具有重要影响。加强低碳观念的宣传教育，有利于树立政府部门、企业、公众的绿色低碳价值观，增强社会的低碳发展信念。开展企业绿色低碳发展的专题宣传教育，有利于有针对性地推动企业转变发展模式，自觉践行绿色低碳发展。通过宣传教育，将增强政府部门、企业、公众在低碳城市建设中的自觉性，从而有利于减少相关制度政策在制定和实施中的摩擦。要充分利用各种宣传手段和方式，全方位地持续宣传；要结合"世界环境日""全国低碳日"等加大宣传；要在政府部门、企业开展低碳知识和低碳理念普及宣传。

小　结

西部低碳城市建设面临着实现经济增长与碳减排的双重目标约束。在低碳城市建设中，破解碳锁定的关键是实现产业碳解锁。实现西部低碳城市产业碳解锁不仅需要技术创新和产业共生系统培育产生的内在动力，还需要环境规制、产业政策、城市空间规划等制度产生的外部动力，在内外部动力的共同作用下通过促进新兴产业培育，实现城市经济增长和碳减排的双重目标。因此，西部低碳城市新兴产业培育是实现西部地区高质量发展的重要途径。但是，西部低碳城市新兴产业培育不是低碳城市建设与新兴产业培育的简单相加，而是一项复杂的系统工程，离不开制度的保障，即需要低碳城市建设制度与新兴产业培育制度联动形成制度合力来推进。

基于系统论理论，西部低碳城市建设制度系统包括保障城市建设的城市制度、促进城市低碳发展的低碳制度和加快城市产业碳解锁的产业制度；新兴产业培育制度系统包括促进新兴产业创新系统形成制度和保障新兴产业创新系统运行制度，具体包括知识产权、金融、人才、科技、市场准入和反垄断等多个方面的制度。西部低碳城市建设制度系统与新兴产业培育制度系统相互作用，低碳城市建设制度系统对新兴产业培育产生创新效应，进而对新兴产业培育制度系统产生影响；新兴产业培育制度系统对低碳城市建设产生产业结构升级效应，进而对低碳城市建设制度系统产生影响。基于此，本章构建了西部低碳城市新兴产业培育制度联动机制，整合各类资源，形成低碳城市建设系统与新兴产业培育系统的互补互动，推动低碳城市建设与新兴产业培育间的协同，最终全方面促进低碳城市新兴产业培育。

西部低碳城市新兴产业培育制度联动机制就是通过一定的规范和调节方式，推动低碳城市建设制度子系统与新兴产业培育制度子系统间的协同，以及各项具体制度在子系统内和子系统间的协同，推动低碳城市新兴产业培育制度系统中各项制度协同发挥作用。西部低碳城市新兴产业培育制度联动机制具体包括目标整合机制、创新协同机制、管理协调机制。为保障制度联动机制的建立和运行，需要强化组织领导、推进整体化政策制定方式改革、加强部门协调联动能力建设、增进制度建设的对外交流合作以及深化低碳观念和企业绿色低碳发展的宣传教育。

参考文献

奥古斯丹·古诺.1994.财富理论的数学原理的研究［M］.陈尚霖译.北京：商务印书馆.

V.奥斯特罗姆，D.菲尼，H.皮希特编.1992.制度分析与发展的反思——问题与抉择［M］.王诚等译.北京：商务印书馆.

白恩来，赵玉林.2018.战略性新兴产业发展的政策支持机制研究［J］.科学学研究，36（03）：425-434.

白恩来.2018.战略性新兴产业发展的政策支持机制研究［D］.武汉理工大学博士学位论文.

毕军.2009.后危机时代我国低碳城市的建设路径［J］.南京社会科学，11：12-16.

曹霞，于娟.2015.绿色低碳视角下中国区域创新效率研究［J］.中国人口·资源与环境，25（05）：10-19.

曾德珩.2017.城市化与碳排放关系研究以重庆市为例的实证分析［M］.重庆：重庆出版社.

陈飞，诸大建.2009.低碳城市研究的内涵、模型与目标策略确定［J］.城市规划学刊，4：7-13.

陈刚.2004.新兴产业形成与发展的机理探析［J］.理论导刊，2：40-42.

陈洪波.2018."产业生态化和生态产业化"的逻辑内涵与实现途径［J］.生态经济，34（10）：209-213+220.

陈玲，林泽梁，薛澜.2010.双重激励下地方政府发展新兴产业的动机与策略研究［J］.经济理论与经济管理，9：50-56.

陈柳钦.2007.高新技术产业发展的制度环境分析［J］.学习论坛，8：35-37.

陈柳钦.2010.低碳城市发展的国外实践［J］.环境经济，9：31-37.

陈楠，庄贵阳.2018.中国低碳试点城市成效评估［J］.城市发展研究，25（10）：88-95+156.

陈小坚.2014.财税制度及政府激励模式对城市经济发展的影响［J］.现代城市研究，29（11）：104-109.

陈瑶，吴婧.2021.工业绿色发展是否促进了工业碳强度的降低？——基于技术与制度双解锁视角［J］.经济问题，1：57-65.

陈忠.2003.城市制度：城市发展的核心构架［J］.城市问题，4：13-18.

程巍，郎丽.2006.基于产业生命周期理论的新兴产业的思考［J］.当代经理人，21：1240-1241.

崔健.2011.中日低碳城市建设政策比较［J］.环境保护，7：63-65.

笪凤媛，张卫东.2009.我国1978~2007年间非市场交易费用的变化及其估算——基于MIMIC模型的间接测度［J］.数量经济技术经济研究，26（08）：123-134.

大卫·李嘉图.2011.政治经济学及赋税原理［M］.郭大力，王亚南译.南京：译林出版社.

戴亦欣.2009.中国低碳城市发展的必要性和治理模式分析［J］.中国人口·资源与环境，19（03）：12-17.

道格拉斯·C·诺斯.1994.经济史中的结构与变迁［M］.陈郁，罗华平等译.上海：上海人民出版社.

邓大才.2002.论制度变迁的组合模式——制度创新方式与制度演进方式相机组合研究［J］.北京行政学院学报，4：42-47.

邓子基，杨志宏．2011．财税政策激励企业技术创新的理论与实证分析［J］．财贸经济，5：5-10+136．

狄乾斌，周乐萍．2011．中国战略性新兴产业培育与发展路径探讨［J］．经济与管理，25（07）：92-96．

董铠军．2019．战略性新兴产业培育——从"范式价值链"角度［J］．科技管理研究，39（02）：129-139．

董卫．1996．城市制度、城市更新与单位社会——市场经济以及当代中国城市制度的变迁［J］．建筑学报，12：39-43．

董战峰，王玉．2021．生态文明制度创新的逻辑理路与实践路径［J］．昆明理工大学学报（社会科学版），21（01）：43-50．

董直庆，王辉．2019．环境规制的"本地—邻地"绿色技术进步效应［J］．中国工业经济，1：100-118．

段超．2020．构建民族地区金融支持体系 促进战略性新兴产业健康发展［N］．中国社会科学报，03-17（008）．

段小华．2011．战略性新兴产业的投入方式、组织形式与政策手段［J］．改革，2：89-94．

凡勃伦．1964．有闲阶段论［M］．北京：商务印书馆．

范小雷．2008．发达国家发展战略产业的金融支持路径研究［D］．武汉理工大学硕士学位论文．

范英．2011．温室气体减排的成本、路径与政策研究［M］．北京：科学出版社．

封颖，蔡博峰．2012．中国城市低碳规划方法探索［J］．中国科技论坛，6：43-49．

付允，汪云林，李丁．2008．低碳城市的发展路径研究［J］．科学对社会的影响，2：5-10．

付允，刘怡君，汪云林．2010．低碳城市的评价方法与支撑体系研究［J］．中国人口·资源与环境，8：44-47．

高鹏飞，陈文颖．2002．碳税与碳排放［J］．清华大学学报（自然科学版），10：1335-1338.

耿世刚，孟卫东，尹凡.2019. 低碳城市建设与产业转型升级的对接研究 ［J］. 云南社会科学，4：153-158.

耿玉德.2005. 我国国有林区林业产业化研究 ［J］. 绿色中国，3：31-35.

公欣.2014. 想两年建成几个低碳城市不现实——访中国社科院创新工程重大项目首席专家、全球低碳城市联合研究中心主任梁本凡 ［J］. 中国战略新兴产业，5：24-25.

谷方杰.2017. "新兴11国"（E11）新兴产业发展与产业结构调整研究 ［D］. 东北财经大学博士学位论文.

顾朝林，谭纵波，刘宛，于涛方等.2009. 气候变化，碳排放与低碳城市规划研究进展 ［J］. 城市规划学刊，3：38-45.

顾朝林，谭纵波，刘志林，戴亦欣等.2010. 基于低碳理念的城市规划研究框架 ［J］. 城市与区域规划研究，2：23-42.

顾海峰.2011. 战略性新兴产业培育、升级与金融支持 ［J］. 改革，2：29-34.

顾海峰.2011. 战略性新兴产业演进的金融支持体系及政策研究——基于政策性金融的支持视角 ［J］. 科学学与科学技术管理，32（07）：98-103.

顾强，董瑞青.2011. 从新制度经济学看战略性新兴产业政策的作用 ［J］. 新型工业化，1：44-50.

郭铁成.2010. 新兴产业形成规律和政策选择 ［J］. 中国科技产业，11：60-62.

韩保江.2003. 分配制度与财产权制度要联动创新 ［N］. 中国改革报，07-14（006）.

韩凤晶，石春生.2010. 新兴产业企业动态核心能力构成因素的实证分析——基于中国高端装备制造业上市公司的数据 ［J］. 中国软科学，12：166-175.

韩炜，薛红志 .2008. 基于新进入缺陷的新企业成长研究前沿探析 [J] . 外国经济与管理，5：14-21.

何建坤 .2010. 中国绿色发展与低碳城市建设 [J] . 绿叶，12：48-51.

贺俊，吕铁 .2012. 战略性新兴产业：从政策概念到理论问题 [J] . 财贸经济，5：106-113.

赫尔曼·哈肯 .2005. 协同学：大自然构成的奥秘 [M] . 凌复华译 . 上海：上海译文出版社 .

洪世键，曾瑜琦 .2016. 制度变迁背景下中国城市空间增长驱动力探讨 [J] . 经济地理，36（06）：67-73.

洪银兴 .2020. 以新发展理念全面开启现代化新征程 [J] . 人民论坛，31：24-27.

洪勇，张红虹 .2015. 新兴产业培育政策传导机制的系统分析——兼评中国战略性新兴产业培育政策 [J] . 中国软科学，6：8-19.

侯光文，王学定，柏凌 .2005. 兰州新兴产业的因子分析选择及发展途径研究 [J] . 社科纵横，4：61-63.

胡鞍钢 .2007. 中国如何应对全球气候变暖的挑战 [R] . 国情报告第十卷（下）：98-116.

胡吉亚 .2020. 财税政策激发战略性新兴产业创新能力：效应问题及优化路径 [J] . 深圳大学学报（人文社会科学版），37（05）：76-86.

黄凯南 .2016. 制度演化经济学的理论发展与建构 [J] . 中国社会科学，5：65-78.

黄凯南，乔元波 .2018. 产业技术与制度的共同演化分析：基于多主体的学习过程 [J] . 经济研究，12：161-176.

黄南 .2008. 世界新兴产业发展的一般规律分析 [J] . 科技与经济，5：31-34.

黄宗远 .2008. 当代欠发达地区产业发展的系统分析原理 [M] . 北

京：经济科学出版社.

季卫兵，刘魁.2015."后工业社会"理论的现实境遇与当代启示 [J].社会科学论坛，8：239-245.

贾建国，王其藩.1998.基于新古典增长理论的两产业系统动力学模型及对于经济增长问题的研究 [J].系统工程理论方法应用，4：54-62.

江洪，赵宝福.2015.碳排放约束下能源效率与产业结构解构、空间分布及耦合分析 [J].资源科学，37（01）：152-162.

姜大鹏，顾新.2010.我国战略性新兴产业的现状分析 [J].科技进步与对策，27（17）：65-70.

蒋伏心，王竹君，白俊红.2013.环境规制对技术创新影响的双重效应——基于江苏制造业动态面板数据的实证研究 [J].中国工业经济，7：44-55.

蒋海勇，秦艳.2015.实现西部地区"负成本"低碳转型的经济政策 [M].北京：线装书局.

蒋珩.2014.基于自组织理论的战略性新兴产业系统演化：不确定性和跃迁 [J].科学学与科学技术管理，35（01）：126-131.

金碚，吕铁，邓洲.2011.中国工业结构转型升级：进展、问题与趋势 [J].中国工业经济，2：5-15.

金石：2008.WWF 启动中国低碳城市发展项目 [J].环境保护，3：22.

金书秦，Arthur P. J. Mol，Bettina Bluemling.2011.生态现代化理论：回顾和展望 [J].理论学刊，7：59-62.

金玉国，张伟.2005.1991—2002 年我国外在性交易费用统计测算——兼论体制转型绩效的计量 [J].中国软科学，1：35-40.

金玉国.2005.体制转型对交易费用节约效应的实证分析：1991-2002 [J].上海经济研究，2：18-25.

康家梁，杭莎妮.2020.用能权制度与碳减排制度协同——以浙江省为例［J］. 河北环境工程学院学报, 30（06）: 78-82.

康芒斯 . 2021. 制度经济学［M］. 于树生译 . 北京: 商务印书馆 .

柯武刚, 史曼飞 . 2000. 制度经济学——社会秩序与公共政策［M］. 北京: 商务印书馆 .

邝国良, 万莉 . 2005. 市场导向型产业集群模式下的技术扩散与政策选择［J］. 科学学与科学技术管理, 6: 77-80.

李超, 李伟, 张力千 . 2015. 国外新兴产业生命周期理论研究述评与展望［J］. 科技进步与对策, 32（02）: 155-160.

李宏伟 . 2013. "碳锁定" 与 "碳解锁" 研究: 技术体制的视角［J］. 中国软科学, 4: 39-49.

李继凯 . 2018. 创新人才制度是人才强国战略的关键［N］. 中华工商时报, 05-30（007）.

李建德 . 2000. 论 "制度成本" ［J］. 南昌大学学报（社会科学版）, 1: 44-49.

李健, 周慧 . 2012. 中国碳排放强度与产业结构的关联分析［J］. 中国人口·资源与环境, 22（01）: 7-14.

李金兵, 唐方方 . 2010. 低碳城市系统模型［J］. 中国人口·资源与环境, 20（12）: 67-71.

李奎, 陈丽佳 . 2012. 基于创新双螺旋模型的战略性新兴产业促进政策体系研究［J］. 中国软科学, 12: 179-186.

李强 . 2008. 新制度主义方法论对我国城市空间发展内在机制研究的启示［J］. 现代城市研究, 11: 13-19.

李瑞昌 . 2020. 联体与联动: 作为社会治理制度的在线调解创新［J］. 行政论坛, 27（04）: 83-89.

李善同, 许召元 . 2009. 中国各地区能源强度差异的因素分解［J］. 中外能源, 14（08）: 1-10.

李翔, 邓峰 . 2019. 科技创新、产业结构升级与经济增长［J］. 科研管理, 40（03）: 84-93.

李晓华，刘峰．2013．产业生态系统与战略性新兴产业发展［J］．中国工业经济，3：20-32．

李桢，刘名远．2012．中国战略性新兴产业培育与发展支撑体系建设研究［J］．经济与管理，26（02）：5-9．

李忠，刘峥延．2018．开启生态文明建设新时代［J］．中国经贸导刊（理论版），2：8-10．

李忠民，姚宇，庆东瑞．2010．产业发展、GDP增长与二氧化碳排放脱钩关系研究［J］．统计与决策，11：108-111．

连玉明．2010．低碳城市的战略选择与模式探索［J］．城市观察，2：5-18．

梁中．2017．"产业碳锁定"的内涵、成因及其"解锁"政策——基于中国欠发达区域情景视角［J］．科学学研究，35（01）：54-62．

林伯强．2009．把"低碳城市"作为调整产业结构的机会．搜狐财经，https：//business.sohu.com/20090525/n264143929.shtml。

林姚宇，吴佳明．2010．低碳城市的国际实践解析［J］．国际城市规划，1：121-124．

林颖．2017．制度变迁视角下城市设计诱致性实施路径研究［D］．华中科技大学博士学位论文．

凌永辉，查婷俊．2019．新型城镇化中的制度联动改革及其协调效应［J］．经济体制改革，5：44-50．

刘昌寿．2008．城市生态现代化：理论、方法及案例研究［D］．同济大学博士学位论文．

刘畅，王蒲生．2020．"十四五"时期新兴产业发展：问题、趋势及政策建议［J］．经济纵横，7：77-83．

刘洪昌．2011．中国战略性新兴产业的选择原则及培育政策取向研究［J］．科学学与科学技术管理，32（03）：87-92．

刘继兵，王琪，马环宇．2015．制度环境对战略性新兴产业创新能力的影响［J］．科技进步与对策，32（23）：54-61．

刘嘉宁.2011.战略性新兴产业与区域产业结构升级耦合机制分析[J].求索,7:14-16+36.

刘骏.2016.我国低碳城市发展战略研究[J].科技进步与对策,33(01):45-50.

刘琳.2016.基于产业结构理论的欠发达地区产业结构优化研究[J].学术论坛,39(08):58-62.

刘天乐,王宇飞.2019.低碳城市试点政策落实的问题及其对策[J].环境保护,47(01):39-42.

刘铁,王九云.2012.区域战略性新兴产业选择过度趋同问题分析[J].中国软科学,2:115-127.

刘文玲,王灿,Gert Spaargaren,Arthur P.J.Mol.2012.中国的低碳转型与生态现代化[J].中国人口·资源与环境,22(09):15-19.

刘文玲,王灿.2010.低碳城市发展实践与发展模式[J].中国人口·资源与环境,20(4):17-22.

刘晓龙,葛琴,崔磊磊,李彬,杜祥琬.2020.新时期我国战略性新兴产业发展宏观研究[J].中国工程科学,22(02):9-14.

刘玉忠.2011.后危机时代中国战略性新兴产业发展战略的选择[J].中国科技论坛,2:45-49.

刘志彪,安同良,王国生.2001.现代产业经济分析[M].江苏:南京大学出版社.

刘志林,戴亦欣,董长贵,齐晔.2009.低碳城市理念与国际经验[J].城市发展研究,16(06):1-7+12.

柳卸林,程鹏,中国科学发展战略研究小组.2012.中国科技发展研究报2011——全球视野中的战略性新兴产业发展[M].北京:科学出版社.

柳卸林,高雨辰,丁雪辰.2017.寻找创新驱动发展的新理论思维——基于新熊彼特增长理论的思考[J].管理世界,12:8-19.

龙惟定,白玮,梁浩,范蕊.2009.低碳城市的能源系统[J].暖通空调，39（08）：79-84+127.

龙英锋，丁鹤.2020.英国气候变化税与碳排放权交易综合运用的经验及借鉴［J］.税务研究，1：82-85.

卢现祥.1996a.马克思理论与西方新制度经济学［J］.中国经济问题，5：23-27.

卢现祥.1996b.西方新制度经济学［M］.北京：中国发展出版社.

卢现祥，李程宇.2013.论人类行为与低碳经济的制度安排［J］.江汉论坛，4：23-28.

鲁鹏.2002.制度与发展关系论纲［J］.中国社会科学，3：14-23+204.

陆国庆，王舟，张春宇.2014.中国战略性新兴产业政府创新补贴的绩效研究［J］.经济研究，49（07）：44-55.

陆立军，于斌斌.2012.传统产业与战略性新兴产业的融合演化及政府行为：理论与实证［J］.中国软科学，5：28-39.

逯进，王晓飞.2019.低碳试点政策对中国城市技术创新的影响——基于低碳城市试点的准自然实验研究［J］.中国地质大学学报（社会科学版），19（06）：128-141.

逯进，王晓飞，刘璐.2020.低碳城市政策的产业结构升级效应——基于低碳城市试点的准自然实验［J］.西安交通大学学报（社会科学版），40（02）：104-115.

路超君.2017.中国低碳城市发展阶段与路径研究［D］.河南大学博士学位论文.

栾春娟.2012.战略性新兴产业共性技术测度指标实证研究［J］.中国科技论坛，6：73-77.

罗曦，郑伯红.2016.低碳城市规划体系中的能源规划思路［J］.求索，12：133-137.

马世骏，王如松.1984.社会-经济-自然复合生态系统［J］.生态学报，1：1-9.

马维野，池玲燕．1995．机制论［J］．科学学研究，4：2-6+83．

缪仁炳，陈志昂．2002．中国交易费用测度与经济增长［J］．统计研究，8：14-21．

潘海峰，张定胜．2008．信贷约束、房价与经济增长关联性及空间溢出效应——基于省域面板数据的空间计量［J］．中央财经大学学报，11：82-95．

潘海啸，汤諹，吴锦瑜，卢源，张仰斐．2008．中国"低碳城市"的空间规划策略［J］．城市规划学刊，6：57-64．

潘家华．2020．压缩碳排放峰值 加速迈向净零碳［J］．环境经济研究，5（04）：1-10．

彭佳雯，黄贤金，钟太洋，赵雲泰．2011．中国经济增长与能源碳排放的脱钩研究［J］．资源科学，33（04）：626-633．

齐峰，项本武．2015．中国战略性新兴产业经济绩效实证检验［J］．统计与决策，14：110-114．

霍利斯·钱纳里，谢尔曼·鲁宾逊，摩西·赛尔奎因．1989．工业化和经济增长的比较研究［M］．吴奇，王松宝等译．上海：三联书店上海分店．

乔晓楠，李宏生．2011．中国战略性新兴产业的成长机制研究——基于污水处理产业的经验［J］．经济社会体制比较，2：69-77．

秦艳．2017．基于部门利益博弈的产业低碳转型机制设计［J］．生态经济，33（6）：64-68．

曲永军，毕新华．2014．后发地区战略性新兴产业成长动力研究［J］．社会科学战线，5：245-247．

曲永军，周晓斐．2015．后发地区战略性新兴产业成长动力演化分析［J］．财经问题研究，12：38-44．

任萍．2011．新企业网络导向、资源整合与企业绩效关系研究［D］．吉林大学博士学位论文．

佘硕，王巧，张阿城．2020．技术创新、产业结构与城市绿色全要素生产率——基于国家低碳城市试点的影响渠道检验［J］．经济与管理研究，41（08）：44-61.

申进忠．2011．低碳城市的制度创新：以天津民用建筑能效交易为核心［J］．法学杂志，32（S1）：51-57.

沈坤荣，金刚，方娴．2017．环境规制引起了污染就近转移吗？［J］．经济研究，52（05）：44-59.

盛广耀．2016．中国低碳城市建设的政策分析［J］．生态经济，32（02）：39-43.

盛广耀．2017．低碳城市建设的政策体系研究——基于混合扫描模型的视角［J］．生态经济，33（05）：14-18+34.

史丹，李晓斌．2004．高技术产业发展的影响因素及其数据检验［J］．中国工业经济，12：32-39.

史丹．2018．中国工业绿色发展的理论与实践——兼论十九大深化绿色发展的政策选择［J］．当代财经，1：3-11.

T. W. 舒尔茨．1994．制度与人的经济价值的不断提高［A］．载 R. 科斯，A. 阿尔钦，D. 诺斯．1994．财产权利与制度变迁［M］．刘守英等译．上海：三联书店上海分店，上海人民出版社，253.

宋德勇，张纪录．2012．中国城市低碳发展的模式选择［J］．中国人口·资源与环境，22（1）：15-20.

宋弘，孙雅洁，陈登科．2019．政府空气污染治理效应评估——来自中国"低碳城市"建设的经验研究［J］．管理世界，35（06）：95-108+195.

宋彦，彭科．2011．城市总体规划促进低碳城市实现途径探讨——以美国纽约市为例［J］．规划师，27（04）：94-99.

宋永昌，由文辉，王祥荣．2000．城市生态学［M］．上海：华东师范大学出版社.

苏东水．2000．产业经济学（第三版）［M］．北京：高等教育出版社.

眭纪刚，陈芳．2016．新兴产业技术与制度的协同演化［J］．科学学研究，34（02）：186-193.

孙国民 . 2014. 战略性新兴产业概念界定：一个文献综述［J］. 科学管理研究，32（02）：43-46.

孙军，高彦彦 . 2012. 产业结构演变的逻辑及其比较优势——基于传统产业升级与战略性新兴产业互动的视角［J］. 经济学动态，7：70-76.

孙早，宋炜 . 2012. 战略性新兴产业自主创新能力评测——以企业为主体的产业创新指标体系构建［J］. 经济管理，34（08）：20-30.

覃成林 . 2002. 高新技术产业发展中一种有效的市场与政府作用模式［J］. 经济纵横，2：23-27.

谭丹，黄贤金，胡初枝 . 2008. 我国工业行业的产业升级与碳排放关系分析［J］. 四川环境，2：74-78+84.

汤萱，高星，周秋萍 . 2020. 金融发展、地方政府激励与企业技术效率［J］. 金融经济学研究，35（02）：99-112.

陶银海 . 2020. 我国新能源产业发展的资本市场支持机制研究［D］. 兰州大学博士学位论文 .

万钢 . 2010. 把握全球产业调整机遇，培育和发展战略性新兴产业［J］. 求是，1：28-31.

汪丁丁 . 1992. 制度创新的一般理论［J］. 经济研究，5：69-80.

王昶，卢锋华，左绿水，孙桥 . 2020. 地方政府发展战略性新兴产业的政策组合研究［J］. 科学学研究，38（06）：1001-1008.

王丹丹 . 2016. 低碳城市建设模式与实现路径研究［J］. 生态经济，32（09）：46-51.

王华星，石大千 . 2019. 新型城镇化有助于缓解雾霾污染吗——来自低碳城市建设的经验证据［J］. 山西财经大学学报，41（10）：15-27.

王欢芳，张幸，熊曦，胡琴芳，宾厚 . 2018. 中国生物产业的空间集聚度及其变动趋势——基于上市公司的经验数据［J］. 经济地理，

38（08）：101-107.

王卉彤，刘传明，刘笑萍 . 2019. 中国城市战略性新兴产业发展质量测度及时空特征分析［J］. 城市发展研究，26（12）：130-136.

王钦，邓洲，张晶 . 2017. "十三五"战略性新兴产业发展的政策选择——能力导向与机制创新［J］. 北京师范大学学报（社会科学版），2：140-148.

王如松 . 1988. 高效·和谐：城市生态调控原则和方法［M］. 长沙：湖南教育出版社.

王胜，孙贵艳 . 2017. 我国低碳城市规划存在的问题及对策探析［J］. 科技管理研究，37（20）：225-229.

王世福，易智康 . 2021. 以制度创新引领城市更新［J］. 城市规划，45（04）：41-47+83.

王晓明，隆云滔 . 2020. 新基建的模式与制度创新［N］. 经济日报，12-14（009）.

王效科，苏跃波，任玉芬，张红星等 . 2020. 城市生态系统：人与自然复合［J］. 生态学报，40（15）：5093-5102.

王雅捷，何永 . 2015. 基于碳排放清单编制的低碳城市规划技术方法研究［J］. 中国人口·资源与环境，25（06）：72-80.

王珍珍，王旭 . 2014. 新制度经济学视角下中国低碳城市发展的困境解析［J］. 现代城市研究，7：74-80.

王忠宏，石光 . 2010. 发展战略性新兴产业 推进产业结构调整［J］. 中国发展观察，1：12-14.

温洪涛 . 2010. 交易费用和制度变迁的分析与启示［J］. 经济问题，4：20-23+45.

文启湘 . 2005. 产业经济理论前沿［M］. 北京：社会科学文献出版社.

吴传清，周勇 . 2010. 培育和发展战略性新兴产业的路径和制度安排［J］. 学习月刊，19：8-9.

吴金希，李宪振 . 2012. 地方政府在发展战略性新兴产业中的角色和作用［J］.科学学与科学技术管理，33（08）：117-122.

吴敬琏.1999.制度重于技术——论发展我国高新技术产业［J］.经济社会体制比较，5：1-6.

吴力波，钱浩祺，汤维祺.2014.基于动态边际减排成本模拟的碳排放权交易与碳税选择机制［J］.经济研究，49（09）：48-61+148.

吴永林，万春阳.2015.制度环境对高技术企业技术创新动力的影响［J］.商业经济研究，13：97-98.

吴咏虹.2003.论制度创新与企业技术创新激励［J］.经济体制改革，4：40-42.

吴远翔.2011.基于新制度经济学理论的当代中国城市设计制度研究［D］.哈尔滨工业大学博士学位论文.

夏堃堡.2008.发展低碳经济 实现城市可持续发展［J］.环境保护，3：33-35.

项目综合报告编写组.2020.《中国长期低碳发展战略与转型路径研究》综合报告［J］.中国人口·资源与环境，30（11）：1-25.

肖兴志，邓菁.2011.战略性新兴产业组织的政策评价与取向［J］.重庆社会科学，4：55-62.

肖兴志.2011.中国战略性新兴产业发展战略研究［J］.经济研究参考，7：47-60.

肖兴志，谢理.2011.中国战略性新兴产业创新效率的实证分析［J］.经济管理，33（11）：26-35.

肖兴志.2011.中国战略性新兴产业发展的财税政策建议［J］.财政研究，12：51-54.

肖兴志.2013.中国战略性新兴产业发展报告2012［M］.北京：人民出版社.

肖兴志，王伊攀，李姝.2013.政府激励、产权性质与企业创新——基于战略性新兴产业260家上市公司数据［J］.财经问题研究，12：26-33.

肖兴志，何文韬，郭晓丹.2014.能力积累、扩张行为与企业持续生存时间——基于我国战略性新兴产业的企业生存研究 [J].管理世界，2：77-89.

肖兴志，王伊攀.2014.战略性新兴产业政府补贴是否用在了"刀刃"上？——基于254家上市公司的数据 [J].经济管理，36（04）：19-31.

肖兴志等.2017.中国培育发展战略性新兴产业跟踪研究 [M].北京：中国社会科学出版社.

谢更放，余侃华.2015.低碳城市发展模式及推进策略研究 [J].生态经济，31（06）：84-87+91.

熊广勤，石大千，李美娜.2020.低碳城市试点对企业绿色技术创新的影响 [J].科研管理，41（12）：93-102.

熊勇清，郭兆.2012.战略性新兴产业培育和发展中的利益关系及协调机制 [J].求索，7：5-7.

熊勇清，郭三温.2018.战略性新兴产业规模化的节能减排效应研究——基于厦门高新区的实证分析 [J].江西社会科学，38（05）：65-73.

徐飞，武鑫，宋波.2018.战略性新兴产业技术与制度创新的共同演化 [J].现代管理科学，9：3-5.

徐佳，崔静波.2020.低碳城市和企业绿色技术创新 [J].中国工业经济，12：178-196.

许冠南，周源，吴晓波.2020.构筑多层联动的新兴产业创新生态系统：理论框架与实证研究 [J].科学学与科学技术管理，14（07）：98-115.

许珂，耿成轩.2018.制度环境与战略性新兴产业创新能力发展研究 [J].技术经济与管理研究，10：106-111.

许明政，牛树莲.2000.交易费用和制度变迁 [J].华东经济管理，5：11-12.

许箫迪，王子龙，张晓磊 .2014. 战略性新兴产业的培育机理与政策博弈研究［J］. 研究与发展管理，26（01）：1–12.

亚当·斯密 .2019. 国富论［M］. 孙善春，李春长译 . 北京：中国华侨出版社 .

阎小培，翁计传 .2002. 现代化与城市现代化理论问题探讨［J］. 现代城市研究，1：40–46.

杨国锐 .2010. 低碳城市发展路径与制度创新［J］. 城市问题，7：44–48.

杨瑞龙 .1998. 我国制度变迁方式转换的三阶段论——兼论地方政府的制度创新行为［J］. 经济研究，1：5–12.

杨小凯，黄有光 .1999. 专业化与经济组织——一种新兴古典微观经济学框架［M］. 北京：经济科学出版社 .

叶森 .2009. 区域产业联动研究——以浦东新区与长三角地区 IC 产业联动为例［D］. 华东师范大学博士学位论文 .

于斌斌 .2012. 传统产业与战略性新兴产业的创新链接机理——基于产业链上下游企业进化博弈模型的分析［J］. 研究与发展管理，24（03）：100–109.

袁宝龙 .2018. 制度与技术双"解锁"是否驱动了中国制造业绿色发展？［J］. 中国人口·资源与环境，28（03）：117–127.

袁晓玲，仲云云 .2010. 中国低碳城市的实践与体系构建［J］. 城市发展研究，17（05）：42–47+58.

袁中华 .2013. 我国新兴产业发展的制度创新研究［D］. 西南财经大学博士学位论文 .

袁中华，冯金丽 .2012. 制度变迁与新兴产业——理论分析与实证［J］. 经济经纬，2：47–51.

约瑟夫·熊彼特 .2019. 经济发展理论［M］. 贾拥民译 . 北京：中国人民大学出版社 .

岳芳敏，李芝兰 .2006. 制度联动：农民减负可持续的根本保障——来自广东顺德的启示 [J]．管理世界，8：56-64．

张成，周波，吕慕彦，刘小峰．2017．西部大开发是否导致了"污染避难所"？——基于直接诱发和间接传导的角度 [J]．中国人口·资源与环境，27（04）：95-101．

张芳山，刘浩林．2006．政府行为规制的新制度经济学分析 [J]．求索，8：74-75+89．

张昊楠，秦卫华，周大庆，范鲁宁等．2016．中国自然保护区生态旅游活动现状 [J]．生态与农村环境学报，32（01）：24-29．

张晖．2011．产业升级面临的困境与路径依赖锁定效应——基于新制度经济学视角的分析 [J]．现代财经（天津财经大学学报），31（10）：116-122．

张冀男，苏相锟．2012．基于地方政府层面的战略性新兴产业培育的对策选择 [J]．社会科学战线，5：51-53．

张雷，李艳梅，黄园淅，吴映梅．2011．中国结构节能减排的潜力分析1 [J]．中国软科学，2：42-51．

张丽．2015．模糊信息下战略性新兴产业评价模型构建及应用 [J]．统计与决策，10：81-83．

张鹏等．2019．中国上市公司蓝皮书：中国上市公司发展报告（2019）[M]．北京：社会科学文献出版社．

张平，王树华．2009．产业结构理论与政策 [M]．武汉：武汉大学出版社．

张文龙．2009．城市化与产业生态化耦合发展研究 [D]．暨南大学博士学位论文．

张五常．1999．交易费用的范式 [J]．社会科学战线，1：1-9．

张晓娣，刘学悦．2015．征收碳税和发展可再生能源研究——基于OLG-CGE模型的增长及福利效应分析 [J]．中国工业经济，3：18-30．

张旭昆．2004．制度系统的关联性特征 [J]．浙江社会科学，3：79-84．

张杨勋 . 2020. 产业政策、技术比较优势与创新产出——基于战略性新兴产业政策实施的分析 [J] . 广东财经大学学报, 35 (02): 46-54.

张宇, 李进兵, 罗加蓉 . 2019. 后发国家新兴产业发展中制度创新的规律与经验研究 [J] . 世界科技研究与发展, 41 (01): 88-96.

章文光, 马振涛 . 2014. 低碳城市试点中地方政府制度创新角色及行为——以珠海市为例 [J] . 中国行政管理, 11: 28-31.

赵红军 . 2005. 交易效率: 衡量一国交易成本的新视角——来自中国数据的检验 [J] . 上海经济研究, 11: 5-16.

赵术高, 李珍 . 2021. 信息不对称、交易费用与国家治理现代化——兼论大数据在国家治理现代化中的应用逻辑 [J] . 财经问题研究, 4: 28-36.

赵涛, 于晨霞, 潘辉 . 2019. 低碳城市 3E1S 系统耦合协调度研究 [J] . 统计与决策, 35 (22): 131-135.

赵晓雷 . 1992. 工业化: 20 世纪中国主流经济思想 [J] . 上海经济研究, 4: 70-74+22.

赵玉林 . 2006. 创新经济学 [M] . 北京: 中国经济出版社.

赵玉林, 石璋铭 . 2014. 战略性新兴产业资本配置效率及影响因素的实证研究 [J] . 宏观经济研究, 2: 72-80.

中国城市科学研究会 . 2009. 中国低碳生态城市发展战略 [M] . 北京: 中国城市出版社.

中国科学院可持续发展战略研究组 . 2009. 2009 中国可持续发展战略报告: 探索中国特色的低碳道路 [M] . 北京: 科学出版社.

仲伟周, 孙耀华, 庆东瑞 . 2012. 经济增长、能源消耗与二氧化碳排放脱钩关系研究 [J] . 审计与经济研究, 27 (06): 99-105.

周红英, 贺正楚, 张训 . 2011. 战略性新兴产业与我国产业结构优化升级 [J] . 经济地理, 12: 2060-2064.

周燕, 潘遥 . 2019. 财政补贴与税收减免——交易费用视角下的新能源汽车产业政策分析［J］. 管理世界, 35 (10): 133-149.

周枕戈, 庄贵阳, 陈迎 .2018. 低碳城市建设评价: 理论基础、分析框架与政策启示［J］. 中国人口·资源与环境, 28 (06): 160-169.

周志太, 翟文华 .2020. 协同创新网络研究［M］. 北京: 中国社科科学出版社.

朱猛 .2018. 制度与行为视角的城市空间增长研究［D］. 重庆大学博士学位论文.

朱瑞博, 刘芸 .2011. 我国战略性新兴产业发展的总体特征、制度障碍与机制创新［J］. 社会科学, 5: 65-72.

朱瑞博 .2010. 中国战略性新兴产业培育及其政策取向［J］. 改革, 3: 19-28.

朱识义 .2014. 户籍制度与农村土地制度联动改革机理研究［J］. 求实, 12: 86-91.

朱迎春 .2011. 政府在发展战略性新兴产业中的作用［J］. 中国科技论坛, 1: 20-24.

诸大建, 陈飞 .2010. 上海发展低碳城市的内涵、目标及对策［J］. 城市观察, 2: 54-68.

庄贵阳, 张伟 .2004. 中国城市化: 走好基础设施建设低碳排放之路［J］. 环境经济, 5: 39-43.

庄贵阳 .2007. 低碳经济: 气候变化背景下中国的发展之路［M］. 北京: 气象出版社.

庄贵阳, 李红玉, 朱守先 .2011. 低碳城市发展规划的功能定位与内容解析［J］. 城市发展研究, 8: 88-91+102.

庄贵阳 .2020. 中国低碳城市试点的政策设计逻辑［J］. 中国人口·资源与环境, 30 (03): 19-28.

庄贵阳等 .2020. 现代化经济体系: 绿色导向与实践路径［M］. 北京: 社会科学文献出版社.

踪家峰, 林宗建 .2019. 中国城市化 70 年的回顾与反思［J］. 经济问题，9：1-9.

Agterbosch S，Vermeulen W，Glasbergen P. 2004. Implementation of wind energy in the Netherlands：The importance of the social-institutional setting [J] . *Energy Policy*，32（18）：2049-2066.

Arrow K J. 1962. The economic implications of learning by doing [J] . *The Review of Economic Studies*，29（3）：155-173.

Arrow K J. 1969. The organisation of economic activity：Issues pertinent to the choice of market versus non-market allocation [C] . The Analysis and Evaluation of Public Expenditure：The PPB System US Joint Economic Committee，91st Congress：59-73.

Badham R. 1984. The sociology of industrial and post-industrial societies [J] . *Current Sociology*，32（1）：1-136.

Bahro R. 1984. *From Red to Green* [M] . London：Verso Books.

Baker T，Nelson R E. 2005. Creating something from nothing：Resource construction through entrepreneurial bricolage [J] . *Administrative Science Quarterly*，50（3）：329-366.

Bart L. 2004. Identification of strategic industries：A dynamic perspective [J] . *Journal of Economics*，83（4）：669-698.

Bell D. 1974. *The Coming of Post-industrial Society* [M] . London：Heinemann Educational Books Ltd.

Benner M J，Tripsas M. 2012. The influence of prior industry affiliation on framing in nascent industries：The evolution of digital cameras [J] . *Strategic Management Journal*，33（3）：277-302.

Bergek A，Tell F，Berggren C，et al. 2008. Technological capabilities and late shakeouts：Industrial dynamics in the advanced gas turbine industry，1987-2002 [J] . *Industrial & Corporate Change*，17（2）：335-392.

Bhatt V，Friley P，Lee J. 2003. Integrated energy and environmental systems analysis methodology for achieving low carbon cities [J] . *Journal of*

Renewable & Sustainable Energy, 2 (3): 121-147.

Bianchi M, Cavaliere A, Chiaroni D, et al. 2011. Organisational modes for open innovation in the bio-pharmaceutical industry: An exploratory analysis [J] . *Technovation*, 31 (1): 22-33.

Brouthers K D, Brouthers L E. 2003. Why service and manufacturing entry mode choices differ: The influence of transaction cost factors, risk and trust [J] . *Journal of Management Studies*, 40 (5): 1179-1204.

Boute A. 2012. The quest for regulatory stability in the EU energy market: An analysis through the prism of legal certainty [J] . *European Law Review*, 37 (6): 675-692.

Buenstorf G. 2007. Evolution on the shoulders of giants: Entrepreneurship and firm survival in the German laser industry [J] . *Review of Industrial Organization*, 30 (3): 179-202.

Cappetta R, Cillo P, Ponti A. 2006. Convergent designs in fine fashion: An evolutionary model for stylistic innovation [J] . *Research Policy*, 35 (9): 1273-1290.

Chen E H W, Choy L H T, Yung E H K. 2013. Current research on low-carbon cities and institutional responses [J] . *Habitat International*, 37 (1): 1-3.

Chen F, Zhu D. 2013. Theoretical research on low-carbon city and empirical study of Shanghai [J] . *Habitat International*, 37 (1): 33-42.

Cheung S. 1983. The Contractual Nature of the Firm [J] . *Journal of Law and Economics*, 26 (1): 1-21.

Ciaian P, Pokrivcak J, Drabik D . 2009. Transaction costs, product specialisation and farm structure in Central and Eastern Europe [J] . *Post-Communist Economie*s, 21 (2): 191-201.

Clarysse B, Moray N. 2004. A process study of entrepreneurial team formation: The case of a research-based spin-off [J] . *Journal of Business*

Venturing, 19（1）：55-79.

Coase R H. 1937. The nature of the firm［J］. *Economica*, 4（16）：386-405.

Crane R, Landis J. 2010. Planning for climate change：Assessing progress and challenges［J］. *Journal of the American Planning Association*, 76（4）：389-401.

Crawford J, French W. 2008. A low-carbon future：Spatial planning's role in enhancing technological innovation in the built environment［J］. *Energy Policy*, 36（12）：4575-4579.

De Soto H. 1989. *The Other Path：The Invisible Revolution in the Third World*［M］. New York：Harper & Row.

Dhakal S. 2009. Urban energy use and carbon emissions from cities in China and policy implications［J］. *Energy Policy*, 37（11）：4208-4219.

Dias M F, Silva A C, Nunes L J R. 2021. Transaction cost theory：A case study in the biomass-to-energy sector［J］. *Current Sustainable/ Renewable Energy Reports*, 8：57-69.

DiMaggio P J, Powell W W. 1983. The iron cage revisited：Institutional isomorphism and collective rationality in organizational fields［J］. *American Sociological Review*, 48（2）：147-160.

Dollery B, Leong W H. 2002. Measuring the transaction sector in the Australian economy, 1911-1991［J］. *Australian Economic History Review*, 38（3）：207-231.

Dong J X. 2010. The Beijing games, national identity and modernization in China［J］. *The International Journal of the History of Sport*, 27（16-18）：2798-2820.

Dosi G, Marengo L, Pasquali C. 2006. How much should society fuel the greed of innovators? On the relations between appropriability, opportunities and rates of innovation［J］. *Research Policy*, 35（8）：

1110-1121.

Edquist C. 2001. Innovation policy in the systems of innovation approach: Some basic principles [J] . *Advences in Spatial Science*, 6: 46-57.

Edquist C. 1997. *Systems of Innovation: Technologies, Institutions and Organizations* [M] . London and Washington Printer.

Enzensberger N, Wietschel M, Rentz O. 2002. Policy instruments fostering wind energy projects: A multi-perspective evaluation approach [J] . *Energy Policy*, 30 (9): 793-801.

Feldman M P, Kelley M R. 2006. The ex ante assessment of knowledge spillovers: Government R&D policy, economic incentives and private firm behavior [J] . *Research Policy*, 35 (10): 1509-1521.

Foxon T, Pearson P. 2008. Overcoming barriers to innovation and diffusion of cleaner technologies: Some features of a sustainable innovation policy regime [J] . *Journal of Cleaner Production*, 16 (1-S1): 148-161.

Freeman C, Perez C. 1988. Structure crises of adjustment, business cycles and investment behavior [M] // Dosi C, et al, eds. *Technical Change and Economic Theory*. London: France Pinter.

Gabre-Madhin E Z. 2001. *Market Institutions, Transaction Costs, and Social Capital in the Ethiopian Grain Market* [M] . Washington, D. C. : International Food Policy Research Institute.

Gort M, Klepper S. 1982. Time paths in the diffusion of product innovation [J] . *The Economic Journal*, 92 (367): 630-653.

Hazledine T. 2001. Measuring the New Zealand transaction sector, 1956-98, with an Australian comparison [J] . *New Zealand Economic Papers*, 35 (1): 77-100.

Ho C S, Matsuoka Y, Simson J, et al. 2013. Low carbon urban development strategy in Malaysia: The case of Iskandar Malaysia development corridor [J] . *Habitat International*, 37 (1): 43-51.

Horvath M, Schivardi F, Woywode M. 2001. On industry life-cycles: Delay, entry, and shakeout in beer brewing [J]. *International Journal of Industrial Organization*, 19 (7): 1023-1052.

Huber J. 2004. *New Technologies and Environmental Innovation* [M]. Cheltenham: Edward Elgar Publishing.

Hurwicz L. 1960. *Optimality and Informational Efficiency in Resource Allocation Processes* [M]. London: Stanford University Press.

IPCC. 2014. *Climate Change* 2014: *Mitigation of Climate Change* [M]. New York: Cambridge University Press.

Islam M R, Mekhilef S, Saidur R. 2013. Progress and recent trends of wind energy technology [J]. *Renewable and Sustainable Energy Reviews*, 21 (May): 456-468.

Jaffe A B, Palmer K. 1997. Environmental regulation and innovation: A panel data study [J]. *Review of Economics and Statistics*, 79 (4): 610-619.

Janicke M. 2008. Ecological modernisation: New perspectives [J]. *Journal of Cleaner Production*, 16 (5): 557-565.

Jenks M, Burton E, Williams K, eds. 1996. *The Compact City: A Sustainable Urban Form?* [M]. New York: E & FN Spon.

Jiang J. 2016. China's urban residential carbon emission and energy efficiency policy [J]. *Energy*, 109 (Aug. 15): 866-875.

Jiang Z, Lin B. 2012. China's energy demand and its characteristics in the industrialization and urbanization process [J]. *Energy Policy*, 49 (Oct.): 608-615.

Jong M D, Chang Y, Chen X, et al. 2013. Developing robust organizational frameworks for sino-foreign eco-cities: Comparing Sino-Dutch Shenzhen low carbon city with other initiatives [J]. *Journal of Cleaner Production*, 57 (Oct. 15): 209-220.

Kemp R, Schot J, Hoogma R. 1998. Regime shifts to sustainability through processes of niche formation: The approach of strategic niche management [J] . *Technology Analysis & Strategic Management*, 10 (2): 175-198.

Kocabas A. 2013. The transition to low carbon urbanization in Turkey: Emerging policies and initial action [J] . *Habitat International*, 37 (1): 80-87.

Ks A, Yt B, Kg C, et al. 2007. Developing a long-term local society design methodology towards a low-carbon economy: An application to Shiga Prefecture in Japan [J]. *Energy Policy*, 35 (9): 4688-4703.

LeSage J, Pace R K. 2009. *Introduction to Spatial Econometrics* [M] . New York: CRC Press.

Li H, Wang J, Yang X, et al. 2018. A holistic overview of the progress of China's low-carbon city pilots [J] . *Sustainable Cities and Society*, 42 (Oct.): 289-300.

Li Y, Wu H, Zhao Z. 2016. Analysis on Chinese Experience of Macmillan Gap Management [C] 4th International Conference on Management Science, Education Technology, Arts, Social Science and Economics.

Liu F, Simon D F, Sun Y, et al. 2011. China's innovation policies: Evolution, institutional structure, and trajectory [J] . *Research Policy*, 40 (7): 917-931.

Lucas R. 1990. Why doesn't capital flow from rich to poor countries? [J] . *The America Economic Review*, 80 (2): 92-96.

Lugaric L, Krajcar S. 2016. Transforming cities towards sustainable low-carbon energy systems using emergy synthesis for support in decision making [J] . *Energy Policy*, 98 (Nov.): 471-482.

Maskin E. 1977. Nash equilibrium and welfare optimality [J] . *The*

Review of Economic Studies, 66 (1): 23-38.

McCann L, Easter K W. 2000. Estimates of public sector transaction costs in NRCS programs [J]. *Journal of Agricultural and Applied Economics*, 32 (3): 555-563.

McGahan A M, Silverman B S. 2001. How does innovative activity change as industries mature? [J]. *International Journal of Industrial Organization*, 19 (7): 1141-1160.

McGranahan G, Jacobi P, Songsor J, et al. 2001. *The Citizens at Risk: From Urban Sanitation to Sustainable Cities* [M]. London: Earthscan.

Metcalfe S. 1995. The economic foundations of technology policy: Equilibrium and evolutionary perspective [M] // Stoneman P, eds. *Handbook of the Economics of Innovation and Technological Change*. Oxford: Blackwell Publishers.

Mettepenningen E, Verspecht A, Huylenbroeck G V. 2009. Measuring private transaction costs of European agri-environmental schemes [J]. *Journal of Environmental Planning and Management*, 52 (5): 649-667.

Mezias S J, Kuperman J C. 2001. The community dynamics of entrepreneurship: The birth of the American film industry, 1895 – 1929 [J]. *Journal of Business Venturing*, 16 (3): 209-233.

Mingay S. 2007. Green IT: The new industry shockwave [EB/OL]. http://mediaproducts. gartner. Com/reprints/microsofe/153703. html.

Mol A P J. 2006. Environment and modernity in transitional China: Frontiers of ecological modernization [J]. *Development and Change*, 37 (1): 29-56.

Nakamura K, Hayashi Y. 2013. Strategies and instruments for low-carbon urban transport: An international review on trends and effects [J]. *Transport Policy*, 29 (Sep.): 264-274.

Nelson R R., Winter S G. 2001. *Growth Theory from an Evolutionary*

Perspective：*The Differential Productivity Puzzle* ［M］．The Williams & Wilkins Company.

Nelson R R. 2002. Bringing institutions into evolutionary growth theory ［J］．*Journal of Evolutionary Economics*，12（1-2）：17-28.

North D C. 1990. *Institutions*，*Institutional Change and Economic Performance* ［M］．London：Cambridge University Press.

Nowak M J，Grantham C E. 2000. The virtual incubator：Managing human capital in the software industry ［J］．*Research Policy*，29（2）：125-134.

Ostrom E. 2009. A general framework for analyzing sustainability of social-ecological systems ［J］．*Science*，325（5939）：419-422.

Ouyang X，Lin B. 2014. Levelized cost of electricity（LCOE）of renewable energies and required subsidies in China ［J］．*Energy Policy*，70：64-73.

Polski M M. 2012. Measuring transaction costs and institutional change in the US commercial banking industry ［EB/OL］：http：//mason. gmu. edu/-mpolski/documents/PolskiBankTCE. pdf，2012-12-27.

Porter M E，van der Linde C. 1995. Toward a new conception of the environment-competitiveness relationship ［J］．*Journal of Economic Perspectives*，9（4）：97-118.

Porter M E. 1980. *Competitive Strategy*，*Techniques for Analyzing Industries and Competitors* ［M］．New York：Free Press.

Poumanyvong P，Kaneko S. 2010. Does urbanization lead to less energy use and lower CO_2 emissions? A cross-country analysis ［J］．*Ecological Economics*，70（2）：434-444.

Rindova V P，Kotha S. 2001. Continuous "morphing"：Competing through dynamic capabilities，form and function ［J］．*Academy of Management Journal*，44（6）：1263-1280.

Romer P M. 1986. Increasing returns and long-run growth [J]. *Journal of Political Economy*, 94 (5): 1002-1037.

Romer P M. 1990. Endogenous technical change [J]. *Journal of Political Economy*, 98 (5): 71-102.

Rosker J S. 2014. China's modernisation: From daring reforms to a modern Confucian revival of traditional values [J]. *Anthropological Notebooks*, 20 (2): 89-102.

Rothwell R, Zegveld W. 1985. *Reindustrialization and Technology* [M]. London: Logman Group Limited.

Royer A. 2011. Transaction costs in milk marketing: A comparison between Canada and Great Britain [J]. *Agricultural Economics*, 42 (2): 171-182.

Ruan Y, Hang C, Wang Y. 2014. Government's role in disruptive innovation and industry emergence [J]. *Technovation*, 34 (12): 785-796.

Santos F M, Eisenhardt K M. 2009. Constructing markets and shaping boundaries: Entrepreneurial power in nascent fields [J]. *Academy of Management Journal*, 52 (4): 643-671.

Schnaiberg A. 1980. *The Environment: From Surplus to Scarcity* [M]. New York: Oxford University Press.

Schot J, Geels F W. 2008. Strategic niche management and sustainable innovation journeys: Theory, findings, research agenda, and policy [J]. *Technology Analysis & Strategic Management*, 20 (5): 537-554.

Scott W R. 1995. *Institutions and Organizations* [M]. California: Thousand Oaks.

Solow R M. 1956. A contribution to the theory of economic growth [J]. *The Quarterly Journal of Economics*, 70 (1): 65-94.

Spaargaren G, Mol A. 1992. Sociology, environment, and modernity: Ecological modernization as a theory of social change [J]. *Society & Natural*

Resources, 5 (4): 323-344.

Stoll H R, Whaley R E. 1983. Transaction costs and the small firm effect [J]. *Journal of Financial Economics*, 12 (1): 57-79.

Suchman M C. 1995. Managing legitimacy: Strategic and institutional approaches [J]. *Academy of Management Review*, 20 (3): 571-610.

Sun Y, Liu F. 2010. A regional perspective on the structural transformation of China's national innovation system since 1999 [J]. *Technological Forecasting and Social Change*, 77 (8): 1311-1321.

Tapio P. 2005. Towards a theory of decoupling: Degrees of decoupling in the EU and the case of road traffic in Finland between 1970 and 2001 [J]. *Transport Policy*, 12 (2): 137-151.

Ullrich O. 1979. Weltniveau [M] //*Der Sackgasse Der Industriegesellschaft (The Dead End of Industrial Society)*. Berlin: Rotbuch Verlag.

Unruh G C. 2002. Escaping carbon lock-in [J]. *Energy Policy*, 30 (4): 317-325.

Upham P, Dendler L, Bleda M. 2011. Carbon labelling of grocery products: Public perceptions and potential emissions reductions [J]. *Journal of Cleaner Production*, 19 (4): 348-355.

Vernon R. 1966. International investment and international trade in the product cycle [J]. *The Quarterly Journal of Economics*, 80 (2): 190-207.

Wade J B, Porac J F, Yang M. 1999. Interorganizational personnel dynamics, population evolution, and population-level learning [C]. Conference on Knowledge Transfer and Levels of Learning.

Wallis J J, North D C. 1986. Measuring the transaction sector in the American economy: 1870-1970 [M] // Engerman S L., Gallman R E, eds. *Long-term Factors in American Economic Growth*. Chicago: University of Chicago Press: 95-162.

Williamson O E. 1979. Transaction-cost economics: The governance of contractual relations [J]. *Journal of Law & Economics*, 22 (2): 233-261.

Williamson O E. 1985. *The Economic Institutions of Capitalism* [M]. New York: The Free Press.

Windrum P, Birchenhall C. 1998. Is product life cycle theory a special case? Dominant designs and the emergence of market niches through coevolutionary-learning [J]. *Structural Change and Economic Dynamics*, 9 (1): 109-134.

Woolthuis R K, Lankhuizen M, Gilsing V. 2005. A system failure framework for innovation policy design [J]. *Technovation*, 25 (6): 609-619.

Wu J. 2013. Diverse institutional environments and product innovation of emerging market firms [J]. *Management International Review*, 53 (1): 39-59.

Xie R, Yuan Y, Huang J. 2017. Different types of environmental regulations and heterogeneous influence on "green" productivity: Evidence from China [J]. *Ecological Economics*, 132 (Feb.): 104-112.

Zhang C, Zhou B, Wang Q. 2019. Effect of China's western development strategy on carbon intensity [J]. *Journal of Cleaner Production*, 215 (Apr.): 1170-1179.

Zhao X, Sun B. 2016. The influence of Chinese environmental regulation on corporation innovation and competitiveness [J]. *Journal of Cleaner Production*, 112 (Jan.): 1528-1536.

Zhao Z, Gao L, Zuo J. 2019. How national policies facilitate low carbon city development: A China study [J]. *Journal of Cleaner Production*, 234 (Otc.): 743-754.

Zhuang G, Zhou Z. 2017. Formulation of low-carbon city development roadmap: Technical elements and recommendations [J]. *Chinese Journal of Urban and Environmental Studies*, 5 (4): 1-14.

后　记

本书是在我们完成的国家社科基金一般项目"西部低碳城市新兴产业培育的制度联动机制研究"（项目编号：16BJL118）结题成果的基础上修订而成的。这是我们完成的低碳经济领域的第二个国家社科基金项目。研究期间几经波折，新冠肺炎疫情的出现对项目研究的调研和资料收集造成较大负面影响，但我们克服种种困难，查阅大量文献，完成了通过制度联动促进低碳城市新兴产业培育以实现城市碳减排和经济增长双重目标的理论构想，详细收集了 2010～2020 年全国，尤其是西部 26 个低碳试点城市有关法律法规、综合政策以及专项政策（包括城市空间规划、低碳城市产业等 7 个方面），挖掘整理了覆盖全国 153 个城市 2007～2018 年的生物医药、电子等主要新兴产业的企业数据，并实证检验了西部低碳城市各项制度对新兴产业培育影响机制的理论假设，在此基础上完成了西部低碳城市新兴产业培育制度联动机制的构建。经过不懈努力，我们终于圆满完成了项目研究。回望我们走过的研究历程，真可谓"艰辛困苦 玉汝于成"。光阴似箭，自项目获得立项以来，弹指间又过五年。我国经济社会发展全面绿色转型之路已经开启，城市低碳建设与新兴产业发展如何深化有效互动值得进一步关注，我们也将继续探索。

衷心感谢广西壮族自治区科学技术协会副主席刘家凯研究员对本书修订的指导并为本书作序！衷心感谢国家社科基金匿名评议专家的修改意见，使本书得以进一步完善！感谢项目组其他成员为项目研究提供的帮助！感谢社会科学文献出版社相关同志为本书做的认真细致的编辑和校对工作!

　　当然，由于作者水平有限，本书研究尚存不足，欢迎读者批评指正。

秦　艳　蒋海勇

2021 年 12 月于桂林

图书在版编目（CIP）数据

新兴产业培育的制度联动机制：基于西部低碳城市
的研究／秦艳，蒋海勇著. －－北京：社会科学文献出
版社，2022.8

ISBN 978-7-5228-0213-8

Ⅰ.①新… Ⅱ.①秦… ②蒋… Ⅲ.①新兴产业-产
业发展-研究-中国 Ⅳ.①F269.24

中国版本图书馆 CIP 数据核字（2022）第 099230 号

新兴产业培育的制度联动机制
——基于西部低碳城市的研究

著　　者／秦　艳　蒋海勇

出 版 人／王利民
责任编辑／田　康
责任印制／王京美

出　　版／社会科学文献出版社·经济与管理分社（010）59367226
　　　　　　地址：北京市北三环中路甲 29 号院华龙大厦　邮编：100029
　　　　　　网址：www.ssap.com.cn
发　　行／社会科学文献出版社（010）59367028
印　　装／三河市龙林印务有限公司

规　　格／开　本：787mm×1092mm　1/16
　　　　　　印　张：14.75　字　数：210 千字
版　　次／2022 年 8 月第 1 版　2022 年 8 月第 1 次印刷
书　　号／ISBN 978-7-5228-0213-8
定　　价／98.00 元

读者服务电话：4008918866